아이엠 MD

1판 3쇄 발행 | 2018년 1월 5일

지은이 | 최낙삼(voicec@naver.com)
기　획 | 한복전
교　정 | 홍영숙
디자인 | 배경태
펴낸이 | 배규호
펴낸곳 | 책미래

출판등록 | 제2010-000289호
주　소 | 서울시 마포구 공덕동 463 현대하이엘 1728호
전　화 | 02-3471-8080
팩　스 | 02-6353-2383
이메일 | liveblue@hanmail.net

아이엠 MD
I am Merchandiser

최낙삼 지음

머리말

처음 블로그를 시작한 것이 2010년 4월인 것 같습니다. 우연한 기회에 한 교수님으로부터 현장 일도 하면서 책도 쓰고 강의도 하시는 분이, 현장에 살아있는 얘기를 들려주는 것이 좋지 않겠느냐며, 추천해 주셨던 블로그(Blog).

그전까지만 해도 귀찮고 시간도 없고 조금은 '남사스러워서' 개인적인 자료보관용으로만 사용하는 것으로 만족하고 있었는데, 왠지 그때는 블로그를 본격적으로 꼭 해야 되는 일인 것처럼 느껴졌었습니다. 그게 인연이었던 것이었을까요!

그리고 곧 날을 잡았습니다. 블로그의 콘셉트를 정하고 목차를 정하고 하루 종일 시간을 들여 스킨도 만들고 위젯(Widget)도 만들고 이것도 해보고 저것도 해보고 그러다가 생긴 블로그가 바로 '상품기획전문가 최낙삼의 Hidden Card'라는 지금의 블로그입니다. 블로그를 처음 만든 날 저는 블로그 프로필에 이런 글을 남겼습니다.

사실 블로그가 새로운 커뮤니케이션 수단으로 이미 중요한 '1인 매체'로 자리 잡고 있다는 것은 알고 있었지만 아마 제 맘속에는 은근히 '굳이 나까지' 하는 마음이 있었던 것 같습니다. 그러다가 2010년 3월말부터 맘을 바꿨습니다. 좀 적극적으로 소통할 필요성과 나름의 즐거움을 느낀 것이죠.

내용과 구성은 제 관심분야와 아직 배울 것이 많은 상품기획과 MD (Merchandiser), BM(Brand Manager)에 대한 경험과 과정을 담으려고 하고, 특히 세 번째 책을 쓰면서 많이 배우게 된 '잘나가는 MD'들을 위한 얘기도 하려고 합니다. 물론 가족 얘기가 빠질 수 없겠죠. 직장과 직업은 조금만 포기하면 언제든 바꿀 수 있지만 가정은 바꿀 수도 없고 바꿔서도 안 되는 것이라고 믿기 때문입니다.

돌이켜보니 블로그를 시작하길 너무 잘했고 무엇보다 꾸준히 하기를 잘했다는 생각이 듭니다. 누구에게 배운 것 없이 혼자서 궁시렁거리며 배운 탓에, 처음에는 많이 빈약했던 구성들이 점차 고리들이 더해지고 서로의 의견들이 엮이면서 여전히 변화무쌍하지만, 네이버 검색엔진의 취향과 변덕스러운 '그'의 스타일도, 블로그 이웃들의 성향도 조금 알게 된 것 같습니다. 때로는 대놓고, 때로는 잠자고 있는 사이 슬며시 이웃을 맺어주신 여러 블로그 이웃들이 남겨주신 글, 검색과 소개를 통해 방문해 주신 분들이 남겨주신 댓글 덕분에 내용도 많이 탄탄해졌습니다.

생각해 보면 참 복 받은 일입니다. 3년여의 시간이 흐르는 동안 저는 글을 쓰는 사람만이 느낄 수 있는 '글을 통한 소통'에 참여하는 재미가 얼마나 쏠쏠한지 알게 되었습니다. 블로그는 제게 세상과 소통할 수 있는 또 다른 다리를 놔주었고 강의와 컨설팅, 개별적인 미팅으로는 해결할 수 없는 소소하고 깨알 같은 기쁨을 알게 해 주었습니다. 국문학을 전공했던 것이 얼마나 감사한지 모릅니다.

그동안 제게 블로그를 운영할 수 있는 나름의 기쁨과 힘, 글을 쓰는 원동력을 제공했던 코너가 바로 '젊은MD를 위한 팁'과 '젊은(미래)MD들의 질문과 답'이라는 코너입니다. 블로그를 처음 시작할 때부터 블로그 메뉴의 중앙에 자리 잡고 있었던 이 코너는 대학이나 학원에서 강의하면서, 장래에 MD가 되려고 하는 학생과 후배들이 메일을 통해 질문하는 내용에 답을 해주기 위해 만들어진 꼭지였습니다. 더 해서 Q&A 형식으로 올린 글들과 개인적으로 미래의 MD들을 위해 필요하다고 판단되는 정보를 개인의 경험과 주변 전문가들의 조언, 책과 보도자료에서 발췌한 내용을 바탕으로 구성한 코너였습니다. 비슷한 처지에 있는 학생들이 공감할 수 있는 대표적인 걱정거리들을 풀어주는 일종의 상담코너였다고 할까요?

그런데 지금은 어쩌다 보니 여기에 가장 많은 글들이 쌓였고 지금도 여전히 쌓이고 있어 이젠 제 블로그의 '대표꼭지'가 된 것 같습니다.

블로그를 운영하면서 알게 된 것이 있습니다. 많은 사람들이 특정한 목적과 키워드를 가지고 방문을 하지만 정작 필요를 느끼는 자신을 향해 '콕' 집어주는 얘기는 듣지 못하고 있어, 여기에 대한 많은 아쉬움을 가지고 있다는 것이었습니다. 그래서 저는 처음부터 후배들이나 미래MD들이 궁금해 하는 부분에 대해서 돌려 말하지 않기로 마음을 정했습니다. 한 번에 분명하게, 있는 그대로를 얘기해주는 방식을 선택했습니다. 이를테면 '돌직구' 같은 것입니다. 어차피 돌려서 좋게 얘기해주는 곳은 이미 인터넷에도 많고 이유는 알 수 없지만 좋게좋게 모든 것이 된다고 말하며, 마치 기회가 항상 자기를 잡아주기만을 턱 놓고 기다리는 것처럼, 달콤한 말을 해주는 곳은 많았기 때문에 저까지 보태는 것은 의미가 없어 보였습니다. 더군다나 제 마음을 좀 까탈스러운 방향으로 굳어지게 한 것은, 길지 않지만 세상을 살아보니 세상의 일은 책상에서 배우는 것과 시장에서 일어나는 것이 판이하게 다른 경우가 너무 많았기 때문에, 선배된 양심으로 후배들에게 불투명한 미래를 마냥 좋게만 얘기할 수는 없었습니다. 어찌 보면 얼굴도 알지 못하고 누군지 확인할 방법이 없는, 그래서 더 솔직하게 그대로를 말할 수 있는 환경이 제 블로그를 찾는 미래MD들의 가려운 곳을 긁어주었던 것 같습니다.

이 책은 제 블로그에 소개되었던 젊은 미래MD들의 질문과 현장의 솔직한 대답들로 구성되어 있습니다. 질문은 혹시나 하는 마음과 질문자가 누군지 아실 수도 있을지도 모른다는 가정하에 조금 윤색(潤色)을 했습니다. 내용은 2년여 동안 700여 명의 국내·외 거주하는 중학교 2학년부터 32세의 청년까지 미래MD들을 상담해 주는 과정을 통해 인상 깊었던 질문, 가장 많았던 질문, 특정한 유형의 질문, 한번 알면 다시는 궁금해 하지 않은 얘기, 회사가 가르쳐 주지 않는 신입MD를 위한 조건 등을 가능하면 겹치지 않고 실무적인 얘기들을 곁들여서 이해될 수 있도록 모았습니다. 그리고 책의 다양한 사례를 통해 내용을 읽어 내린 미래MD들의 궁금한 마음에 시원함이 더해지기를 바랍니다.

미래MD들에 대한 블로그를 통한 멘토링이 2001년 처음 CJ오쇼핑에서 사내강의를 시작했을 때처럼, 제게 교훈과 용기와 다짐과 비전을 새롭게 하고 있습니다. 블로깅은 제게 상품기획의 원리와 일종의 법칙 같은 것들을 생각하게 했고, 기업의 책임과 직원의 역할에 대해서도, 우리나라의 미래에 대해서도, 사람이 자산인 한국의 경쟁력에 대해서도 폭넓은 고민을 하게 했습니다. 그리고 보니 저는 블로그를 통해 젊은(미래)MD들 뿐 아니라 그들과 함께 랜(Lan)선 건너에 있는 또 다른 제 자신에게 새로운 기운을 불어 넣었던 것 같습니다. 덕분에 세상을 보는 제 눈이 기분학상 훨씬 밝아진 것을 느낍니다.

제 블로그에는 아직도 프로필에 이런 글이 쓰여 있습니다.

블로그를 통해 하고 싶은 일은 저와 이웃들이 함께 지식을 공유하는 일입니다. 상품기획을 하는 사람이니 상품에 대한 얘기, 트렌드에 대한 얘기, 상품기획에 대한 얘기, 마케팅에 대한 얘기를 주로 하겠죠? 지금은 심지어 교회까지 마케팅을 해야 한다고 할 만큼 마케팅이 중요한 시대니까 커뮤니케이션이 제일 중요한 이슈가 되지 않겠습니까? 그래서 세상에서 일어나는 일들을 상품을 하는 사람의 시각에서 보고 분해하고 뜯어보면, 세상에 더 많은 기회가 있음을 보게 될 것이고 서로 감탄하게 될 것이고 그렇게 본 기회를 누군가는 '찬스'라고 생각하게 될 것이고, 그런 '기회'를 만드는 일을 블로그를 통해 해보고 싶습니다.

저는 세상을 사는 중간에 '그 시간 그 자리'에 있었다는 이유로, 너무나 운이 좋게 상품기획과 머천다이징에 대한 지식을 가질 수 있게 되었고, 그것이 재산이 되었습니다. 그리고 그것을 밑천삼아 지금은 남들이 들으면 신기하고 재미있어 하는 상품에 대한 얘기, 트렌드에 대한 얘기, 상품기획에 대한 얘기, 새로운 사업에 대한 얘기를 할 수 있게 되었습니다.

제가 바라는 것은 더 많은 젊고 똑똑한 후배들이 머천다이저(Merchandiser)가 되기를 기대합니다. 그냥 머천다이저말고 똑똑하고 유능한 머천다이저, 세상과 사람을 보면서 어떻게 하는 것이 사람에게 더 좋은 것이고, 사람에게 더 유익하고 안전한 것인지를 끊임없는 가설과 검증을 통해, 그 필요를 상품과 서비스로 만들어 내는 그런 머천다이저요. 그래서 한국인으로서 세계를 오가며 미국의 일류 백화점과 스위스의 일류 호텔, 남미 최고의 리조트, 유럽 최대의 SPA 브랜드의 정상에 우리 젊은이들이 오를 수 있기를 바랍니다.

비록 불충분하고 불안하지만 인생에 대해서 비슷한 고민을 하고 있는 젊은이들의 심호흡과 행간의 의도들이 비슷한 환경의 후배들에게 느껴졌으면 좋겠습니다. 그래서 이 짧은 글들이 미래MD들의 결심을 굳게 하고 MD에 대한 의문을 확신으로, 바꾸는 계기가 되기를 바랍니다. 누구나 MD를 희망할 수는 있지만, 아무나 MD가 되지는 못하는 빡빡한 세상에 누구든 그 아무나가 될 수 있기를 먼저 된 자로서 간절히 희망합니다. 아울러 이 기회를 통해 혹시 그동안 제 메일을 받고 뜻지 않은 딱딱함으로 인해 마음에 상처를 받았다면 널리 양해와 이해를 구합니다.

언제나 제게 꼭 맞는 여건을 허락하시고 그에 적절한 모사를 생각나게 하시는 하나님께 감사드립니다. 새로운 일로 바쁜 가운데서도 따뜻한 말을 해주는 사랑하는 아내 영빈이와 아름답게 자라는 서림이와 서안이 그리고 계획되지 않은 만남으로부터 알게 된 사이임에도 저의 비전과 계획을 위해 조언과 격려를 해주고, 제 생각을 펼칠 수 있도록 기회를 만들어 준 많은 분들에게 고마운 마음을 전합니다.

아련했던 마케팅에 대한 '감(感)'을 단단한 학문적 이유로 설명할 수 있게 해준 한양대학교 MBA교수님들과 대학원 동기들, 블로그를 펼칠 수 있도록 공간을 제공해준 네이버가 없었다면 지금의 저는 여기에 있지 못할 것입니다.

제 자신과 젊은 미래MD 모두에게 더 젊고 더 싱싱하고, 더 도전적이며 더 유쾌하고, 지금 떠오르는 기막힌 생각과 많은 상상들이 신나게 펼쳐지는 날을 기대합니다.

구의동에서 최낙삼

CONTENTS

지금이 걱정인 미래MD

CONTENTS

3장 그냥 문제가 많은 미래MD

CONTENTS

4장 앞으로가 걱정인 미래MD

5장 현직MD 8명이 말하는 "나는 이렇게 MD가 되었다"

아이엠 MD

제1장

MD가 궁금해요

MD가 궁금해요

본 장은 2012년 5월 24일에 소개된 다음커뮤니케이션 TV팟의 인터뷰 내용을 재구성한 것입니다.

안녕하세요. 최낙삼MD님, 인터뷰 가능하세요?

저는 다음 커뮤니케이션 ○○○이라고 합니다.

Q MD란 어떤 직업인가요?

여러 가지로 얘기할 수 있을 것 같은데 '소비자들을 대신해서 최적의 상품과 서비스를 골라주는 직업'이라고 하는 것이 제일 쉬울 것 같습니다. 이 직업을 가진 사람은 회사를 위해서는, 안정적인 수익을 창출할 수 있는 상품을 골라 협상을 하고, 고객을 위해서는 가장 저렴한 가격에, 가장 높은 가치를 가진 상품과 서비스를 골라 제안을 하는 것이, 직업의 정체성(Identity)이라고 할 수 있습니다. 그래서 이 일을 하는 사람은 어떤 상품이 왜 회사와 소비자에게 필요한지를 명확하게 알아야 합니다. 그래서 그것을 바탕으로 많은 공급자들을 상대로 사전에, 시장조사와 미팅을 한 후 고객들에게 가장 좋은 상품을 소개해주는 사람입니다. 좋은 상품을 찾으려다 보니 한국은 물론 외국에서도 찾아야 되고, 큰 회사뿐 아니라 작은 회사에서도 찾아야 하니까, 굉장히 바쁘게 움직여야 하는 매우 활동적인 전문직입니다.

Q MD란 어떤 사람인가요?

좀 어렵게 얘기하면 '기업의 마케팅 목표를 달성하기 위하여 특정상품이나 서비스를 가장 효과적인 장소, 시간, 가격과 수량에 맞도록 소비자에게 제공하는 일에 관한 계획과 관리를 하는 사람'이라고 정의할 수 있습니다. 다만, 이 사람은 목표만을 위해서 인정사정없이 상황을 고려하지 않는 장사꾼이나 장사치(Merchant)와는 다른 사람으로서, 소비자와 생산자를 고려하여 고객과 협력사가 모두 만족할 수 있는 최적의 균형점을 찾기 위해 계속해서 움직이는 사람이라고 할 수 있습니다.

예전에 안철수원장님의 강연을 들은 일이 있었습니다. "균형이란 양쪽 끝의 가장 중앙에 그냥 서 있는 것이 아니라 양극단을 오고 가면서 부지런히 가장 중심이 되는 점을 찾기 위해 계속해서 움직이는 과정이다."라고 하셨는데 그 얘기를 들으면서 마음속으로 '어, MD네!'라는 생각이 들었습니다. 이처럼 MD는 소비자와 생산자 사이에 있는 유통이라는 시소(Seesaw) 위에서 부지런히 균형을 잡는 주체라고 할 수 있습니다.

Q MD라는 말은 흔한 표현인가요?

우리나라는 1980년 후반만 해도 매우 낯선 단어였고, 온라인 비즈니스가 터지면서 본격화된 표현입니다. 오히려 지금은 MD라는 단어가 너무 흔하지만 미국은 그렇지 않은 것 같습니다. 미국에서 비슷한 일을 하는 사람들을 만날 수 있는 기회가 있었는데 그 사람들은 MD라고 줄여 부르지 않고, 머천다이저(Merchandiser)라고 부르거나 혹은 슈퍼바이저(Supervisor)라고도 부르더군요. 물론 역할은 서로 차이가 있습니다. 우리나라만 좀 심하다 싶게 아무 것이나 줄여 버릇하니까 MD는, 한국에서만 유난히 많이 들리는 직업이라고 할 수 있습니다. 아마 외국 사람에게 'MD'라고 하면, 거의 대부분이 'Missail Defence'나 'Medical Doctor'인 줄 알거나 혹은 'Merchandising Director'로 이해할 수도 있습니다.

제가 느낀 외국인들이 인지하고 있는 머천다이저라는 직책은, 우리가 느끼는 것보다 훨씬 무겁고 책임감이 있으며, 다방면의 이해가 깊은 사람을 뜻합니다. 실제로 미국의 리테일(Retail Business)에서 근무하는 머천다이저들의 대부분은 판매경험을 기본적으로 가지고 있으며, MBA(Master of Business Administration)과정을 거친 베테랑들이었습니다.

Q 머천다이저라는 직업은 언제 생겼고 왜 생긴 것인가요?

머천다이저가 생긴 것은 세계 1차대전 후에 미국에서 먼저 생겼습니다. 세계가 전쟁의 혼란에 빠져있던 시기에 미국은, 전쟁불참을 선언했고 연합군과 동맹군을 오가며, 양쪽에 엄청난 면직물을 비롯한 전쟁 물자를 수출하여, 아주 많은 양의 금(Gold)을 자국으로 끌어 모으기 시작했습니다. 미국은 전쟁물량을 공급하기 위해 공장을 세웠고 밤낮으로 공장을 돌려 대량생산 체제로 돌입하게 되었죠. 그런데 전쟁이 끝나자 수요가 급감을 했는데도 불구하고 미국은 적절한 대응을 하지 못합니다. 공장은 계속해서 돌아가는데 물건은 팔리지 않게 되었습니다. 이전까지는 물건이 없어서 못 팔았는데 이젠 물건이 넘쳐도 팔리지 않는 시대가 온 것입니다. 사람들은 당황하기 시작했고 1929년에 시작된 대공황은 미국을 큰 곤란으로 빠트리면서 무려 10년간(1929~1939)을 괴롭힙니다. 이때부터 사람들은 처음으로 판매(Sales)라는 것을 생각하게 되었다고 합니다. 만들고 난 다음에 파는 것이 아니라 뭐가 팔릴지를 알고 나서, 팔릴 물건을 만들자는 마케팅(Marketing)의 개념이 생겼습니다. 그리고 마케팅과 함께 그럼 몇 개를 만들 것이냐, 얼마에 만들 것이냐, 재고부담을 어떻게 누가 할 것이냐에 대한 이슈들을 도출해 내고 이걸 풀어가는 과정에서 머천다이징(Merchandising)이라는 개념이 나오게 되었습니다. 역사적으로 가장 빨리 머천다이징을 체계화한 회사는 1887년 카탈로그 전문업체로 시작한 시어스 로벅(Sears Roebuck and company)이라는 회사로 1920년경부터 머천다이징 조직을 만들어 지금까지 유지해 오고 있으며, 지금도 유명한 시어스 타워(Sears Tower)와 시어스(Sears)라는 백화점으로 미국에서 손꼽히는 체인점을 운영하고 있습니다.

한국은 그보다 약 100년 뒤인 1986년경 서비스를 시작한 아메리칸 익스프레스(AMEX) 카드사의 DM(Direct Mail) 잡지 '더 머천다이즈(The Merchandise)'의 상품소싱을 하던 사람들을 'MD'로 지칭하면서부터 처음으로 MD라는 말이 사용된 것으로 알려지고 있습니다.

Q 머천다이저가 갑자기 이렇게 유명해진 무슨 계기가 있었나요?

한국에는 아주 결정적인 이유가 있었습니다. 일본을 통해 근대화를 강요받은 우리나라는 유통체계와 시스템이 모두 일본의 영향을 받았습니다. 특히 우리나라의 백화점을 보면 하다못해 용어까지도 일본 스타일의 표현방식과 운영방식을 그대로 따르는 경우가 지금도 많이 있습니다. 그런데 1995년 우리나라에 개국한 홈쇼핑은 일본의 영향이 아닌 미국의 영향을 직접적으로 받으면서 미국의 시스템과 조직, 명칭들이 그대로 들어오게 됩니다. 개국 후 초기 3년간 부동의 1위를 고수했던 당시 홈쇼핑 텔레비전(지금의 CJ오쇼핑)의 컨설팅을 했던 회사는 미국의 1위이며 세계 홈쇼핑 매출 1위인 QVC라는 회사였습니다. 이 회사는 한국에 전문 스태프를 1년 넘게 파견하여 컨설팅을 하면서 초기 홈쇼핑의 비즈니스 모델을 구축하게 되었는데 이때 상품을 소싱하는 역할을 가진 사람을 바이어나 슈퍼바이저가 아닌 머천다이저로 부르게 되면서 본격적인 MD의 시대가 열렸다고 할 수 있습니다. 이후 1997년 오픈한 인터파크 역시 상품을 소싱하는 사람을 바이어가 아닌 MD, 즉 머천다이저로 부르게 되면서 머천다이저라는 직업이 업계에서 급부상하게 되었습니다.

더군다나 IMF가 터지면서 일반 오프라인에서의 영업활동이 어렵게 되자 온라인 비즈니스가 집중적인 주목을 받으면서, 머천다이저에 대한 관심은 순식간에 치솟아 여성부가 선정한 '21세기에 대표적인 유망직종' 등에 선정되는가 하면, 각종 드라마에 MD라는 직업이 주인공으로 소개되고 유명한 영화에 홈쇼핑 콜센터에서 일하는 여직원이 주인공으로 등장하는 등 집중을 받는 계기가 되었습니다.

〈각 시대별 MD의 직무 발전 단계〉

대한민국 MD의 발전

2000년대 중반 업무의 세분화

1990년대 후반 E–Biz 확대에 따른 확실한 업의 개념 정리

1990년대 중반 TV홈쇼핑의 출현으로 직무의 대중화

1990년대 초반 바이어와의 혼용 사용

1980년대 후반 태동기(직무개념 미확실)

2000년대에 들어서면서는 머천다이저에 대한 인식이 각계에서 퍼지고 필요성이 인식됨에 따라 MD라는 직업이 좀 더 세분화되는 시대를 맞이하게 되었습니다. 그냥 MD가 아니라 영업MD, 생산MD, 기획MD, 콘텐츠MD, 바잉MD 등 구분이 생기면서 약 30여개의 다른 이름으로 불리게 된 것이 이때였습니다. 결론적으로 한국에서 머천다이저라는 직업은 온라인 비즈니스의 확대와 함께 부상한 직업이라고 말할 수 있겠습니다.

Q 시대에 따라서 머천다이저의 역할에도 변화가 있었나요?

앞에서 말씀드린 대로 1980년대 후반에 한국에 소개된 머천다이저라는 직업은, 관련된 교육을 제대로 받은 전문가들에 의해서 소개된 것이 아니었습니다. 처음으로 MD라는 직업을 소개한 카탈로그 사업은 당시만 해도 외부에서 아웃소싱을 하는 일이 대부분이었습니다. 내부적으로 한다고 해도 외주사의 벤더가 중심이 되어 '필요한 상품을 기획하는 것'이 아니라, '있는 상품으로 채우는 경우'가 대부분이어서 상품기획이라는 말 보다는, 상품배치라는 말이 더 업무에 대한 적당한 설명이라고 할 수 있습니다. 당연히 제대로 훈련된 사람이 없었고 이를 위해 전문가를 영입해야 한다는 개념 자체가 없었던 시기였습니다. 그나마 이 일에 안목이 있는 사람들은 거래처가 많은 유능한 벤더 출신이거나, 기업에서 이런 상품의 수주를 관리하던 전산담당자들이 대부분이었기 때문에, 머천다이저로서의 역량은 매우 미비했던 시기였다고 할 수 있습니다. 지금과 달리 상품은 경계 없이 채워졌고 마진율은 매우 낮았으며, 모든 것이 수기(Hand writing)로 관리되던 때였습니다.

1990년대에 들어서면서 가장 큰 변화는 온라인으로 대변되는 홈쇼핑과 인터넷시장의 출발이었습니다. 이때 온라인으로 자리를 옮긴 대부분의 인력들은 제조사, 또는 백화점과 같은 전통 유통회사에서 초기 훈련을 받은 인력들과, 오로지 열정으로 가득한 새내기들이었기 때문에 이전 1980년대와 다른 맨파워(Man power)를 결집하는 시기였습니다. 맨파워를 지닌 초기 머천다이저들은 벤더와 함께 제조사와 수입사를 직접 연결하면서, 독자적인 상품구성과 기획을 도모하게 되고 이때부터 머천다이저들은 상품기획자로서의 역할을 수행하게 되었습니다.

홈쇼핑의 경우 이들의 역할 수행에 결정적인 지지세력이 되어 준 것은 폭발적인 케이블 가구 수의 증가였습니다. 이로 인해 날이 갈수록 커지는 구매력은, 머천다이저의 맨파워를 매우 빠른 시간 안에 강력하게 하는 계기가 되었습니다. 아울러 시골 촌구석까지 깔린 초고속 인터넷(Internet)은 인터넷 머천다이저와 카테고리 매니저(Category Manager)들의 역량을 발휘할 수 있는, 온라인 쇼핑의 장을 완전히 여는 기회가 되었습니다. 각 카테고리에는 전담 머천다이저가 생기기 시작했고, 머천다이저들은 상품개발과 상품소싱의 전문화에 박차를 가하게 되었습니다.

2000년대 들어서면서 머천다이저의 역할에 있어 가장 큰 변화는, 상품기획과 개발에 직접 참여를 하게 되었다는 것입니다. 이전까지는 머천다이저가 상품개발에 있어 판매대행자로서의 '조언자' 역할이었다면, 이 시기는 실제로 물량을 책임지고 자신들의 고객에 맞는 최적의 상품을, 독자적으로 만들거나 수입함으로써 고객에게 상품을 제안하는 상품개발자(Product Developer)로서의 역할을 수행하게 됩니다. 이들은 직거래(Direct Sourcing)라는 방식을 통해, 냉장고와 세탁기로 대변되는 백색가전을 포함해서 컴퓨터는 물론, 가구와 패션산업 전반에 걸쳐 뛰어난 기술력을 가지고 있음에도 불구하고, 우수한 브랜드의 그늘에 가려 소매시장에 이름을 올리지 못했던 OEM(Original Equipment Manufacturing) 업체나 ODM(Original Development Manufacturing) 업체들을 직접 발굴하여, 이들을 브랜드화하고 상품화하기 시작함으로써 각 유통업체들은 자신들의 독자상품(PB)을 앞다투어 출시를 하게 되었습니다.

TV홈쇼핑과 공간은 좀 다르지만 1993년 시작한 대형 할인점도 독자브랜드 개발에 박차를 가하면서, 저원가 전략(Cost-leadership)을 구현할 수 있는 해외로 발을 넓히면서 MD들로 하여금, 글로벌 머천다이징(Global Merchandising)을 시도할 수 있는 발판을 마련했습니다.

2010년대에 들어서자 분위기는 좀 더 공격적으로 바뀌게 되었습니다. 머천다이저의 역할은 더 세분화되었고, 더 크고 넓은 시야를 전제로 한 조율자로서의 역할 비중이 강화되게 되었습니다. 이 시기는 예상하지 못했던 미국경제의 불황과 유럽경제의 몰락, 일본의 지진 등으로 인해 한류(Korean Wave)가 마치 등에 떠밀리듯 세계인들의 주목을 받으면서 개별 상품뿐만 아니라, 서비스 영역까지 국내 유통업체들의 해외진출이 전격화되는 시기를 맞게 되었습니다. 이마트와 롯데마트를 포함한 오프라인의 강자를 비롯해서, CJ오쇼핑을 비롯한 홈쇼핑 업체들이 머천다이징 파워를 앞세워 아시아를 향해 광범위하게 진출을 했습니다. 2004년 중국에

〈시대에 따른 MD의 역할 변화〉

시대	역할 변화
2010년대	1. From Global Sourcing to Global Selling의 주도자 2. 직무의 세분화 + 잦은 업무 순환 → 재교육 강화 필수 3. 멀티플레이어(마케팅, 기획, 판매, 디자인 등)
2000년대	1. 시스템 구축으로 인한 상품발굴 제안자로서의 역할 변화 2. 글로벌 상품기획의 발판 마련 3. 직거래를 통한 독자(PB)상품 개발
1990년대	1. 상품기획자로서의 역할 주도 2. 제조사/수입사와의 직거래 시작 3. 카테고리별 전담MD의 발생 → 상품개발, 상품소싱의 전문화
1980년대	1. 경계 없는 상품발굴(소싱) 2. 위탁의뢰 3. 벤더사의 주도적 역할(MD의 역량 미비) 4. 전산담당(DB)자들의 겸업 → 전문성 저하

성공적인 론칭을 한 동방CJ홈쇼핑의 경우, 2011년 5천억을 넘기는 매출의 성장세를 이어가고 있으며, 2013년 1조원 매출을 바라보는 중국 최고의 홈쇼핑 업체로의 발돋움을 기반으로, 현재는 중국남방, 인도, 태국, 터키, 베트남 등에 진출을 가시화하고 있습니다. 이러한 유통업체들의 진출은 앞으로 글로벌 소싱을 한 제품이 글로벌 세일즈(G2G)가 가능하도록 한다는데 큰 의미가 있습니다. 즉, 한 가지 제품이 소싱이 되면 그 제품을 제한된 나라뿐 아니라 이들이 진출해 있는 모든 나라에, 동시에 판매할 수 있기 때문에 상품기획력의 파워는 정말 커진다고 할 수 있습니다.

이런 이유로 지금의 머천다이저들에게는 급변하는 시장에 대한 이해와 적응, 이를 리드할 수 있는 재교육은 필수사항이 되었습니다. 그래서 단순한 상품기획뿐 아니라 작은 경영인으로서의 역할이 기대됨에 따라, 경영에 대한 지식과 마케팅에 대한 지식, 다양한 외국어 구사 능력, 경영학 석사, MBA, 디자인, 컴퓨터 등 다양한 형태의 보충교육과 재교육을 하는 것이 최근 MD들의 새로운 역할 변화에 대한 예시라고 할 수 있습니다.

Q 머천다이저가 필요한 회사가 따로 있나요?

머천다이저는 말 그대로 상품과 서비스를 기획하고 만들어내고 실행하는 사람이니까, 구매자를 상태로 상품이나 서비스를 제공하는 모든 회사에서 필요하다고 할 수 있습니다. 일반적으로 가장 많고 흔한 곳은 소매 유통 분야인데 한정된 분야가 아닌, 전 분야에 이르러 백화점이나 홈쇼핑을 비롯한 유통업체, 제품을 생산하는 제조업이나 심지어는 도매업에도 역할의 비중이 좀 다를 뿐이지 존재의 필수 여부는 다르지 않습니다.

머천다이저는 미술전시 분야에도 필요합니다. 초대하고 싶은 고객들의 수준이나 취향을 파악해서 어떤 작가의 작품을, 어떤 이슈로 제공할 것인지를 고민하는 사람, 업계에서는 큐레이터(Curator)라고 부르는 사람이 머천다이저의 역할을 하고 있습니다. 식품 분야에서도 어떤 고객들을 대상으로 어떤 식재료를 사용해서, 어떤 레시피로 만들어, 어떻게 프리젠테이션을 하고, 어떤 가격에 판매를 할 것인지를 고민하는 사람을 흔히 셰프(Chef)라고 부르지만, 결국 이 사람의 역할이 머천다이저라고 할 수 있습니다.

도서 분야에서도 최근의 어떤 이슈를 감안해서 어떤 인물의 어떤 이야기를 어느 관점에서 어떤 논조로 쓸 것인지, 혹은 그렇게 쓴 원고를 발굴해서 적당한 가격과 매력적인 제목을 붙여서 언제 서점에 내 놓을 지를 고민하는 사람을 업계에서는 PD(Producer), 또는 북플래너(Book Planer)라고 하지만 이 역시 머천다이저의 역할입니다. 구매대행은 말할 것도 없고 요즘엔 서비스 행정 분야에서까지도 지역주민들에게 어떤 서비스를 제공할지, 어떤 프로그램을 운영할지, 지방자치 행사로 무엇을 기획할지, 누구를 섭외할 지와 같이 동일한 서비스를 제공하더라도 프로세스와 접근 방법, 만족도, 편의성 등 모든 것을 기획하고 필요에 따라 배치를 총괄하는 사람을, 사무실에서는 계장이나 과장이라고 부를지 모르겠지만, 역시 머천다이저의 일이라고 할 수 있습니다. 이 때문에 머천다이저의 영역은 그야말로 산업의 전 분야라고 할 수 있습니다.

결국 명칭만 통일되지 않았지 각 분야에 맥(脈)을 같이 하는, 그러니까 이미 MD의 역할을 하는 사람은 오래전부터 있었고, 오히려 '그 일을 하는 사람이 그 사람인 줄 몰랐다'고 하는 것이 더 맞는 표현일 것 같습니다.

일반적으로 보통의 회사에서 이런 머천다이저의 역할을 해왔던 사람은 대부분이 오너였습니다. 누가 시키지 않아도 모든 프로세스와 타깃팅, 시장에 대한 이해, 자금문제, 수익에 대한 문제, 효과에 대한 문제, 물류와 재고 문제를 고민해야 했기 때문입니다.

머천다이저로 일을 하다 보면 'MD마인드'라는 말을 많이 듣습니다. 제가 보기에 'MD마인드'란 '사장마인드'로 사장처럼 생각하고 사장처럼 일하는 마음과, 그 마음에서 비롯된 행동들을 하는 직책만 다른 사람이 머천다이저이니, 결국 오너가 있는 곳, 경제활동을 해야 하는 곳, 서비스를 해야 하는 곳 등 모두 머천다이저가 필요한 것 같습니다.

Q 회사 내에서 머천다이저의 구체적인 역할은 무엇인가요?

실무에 있어 머천다이저의 역할은 다양하고 매우 포괄적입니다. 가장

〈머천다이저가 필요한 분야〉

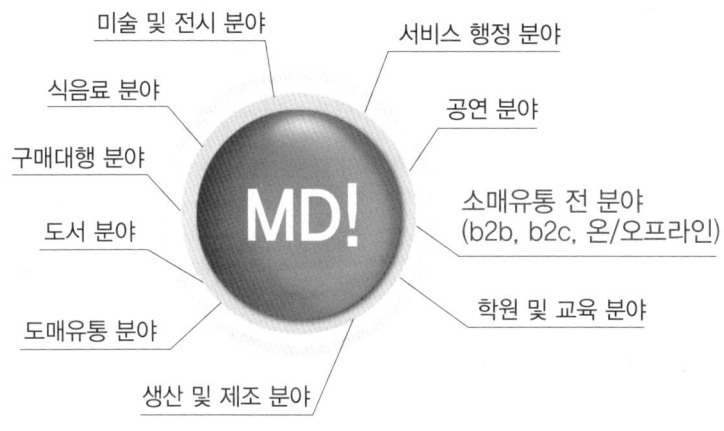

미술 및 전시 분야

서비스 행정 분야

식음료 분야

공연 분야

구매대행 분야

MD!

소매유통 전 분야
(b2b, b2c, 온/오프라인)

도서 분야

도매유통 분야

학원 및 교육 분야

생산 및 제조 분야

중요한 일은 첫 번째로 회사 내 매출을 담당해야 하는 매출담당자로서의 역할입니다. 머천다이저는 이유를 막론하고 매출이라는 숫자로 평가를 받을 수밖에 없기 때문에, 업무의 가장 많은 시간을 투입하는 부분과 모든 프로세스를 통해 궁극적으로 이루어야 하는 목표는, 매출담당자로서 매출확대입니다. 두 번째는 매출을 일으킬 수 있는 상품과 서비스를 개발하는 측면에서의 상품개발자 역할입니다. 상품개발자는 개별 상품에 대한 시장조사부터 상품화 단계, 판매와 재고처리까지 모든 역할의 중심에서 주도적인 역할과 궁극적인 책임을 지는 사람을 뜻합니다. 실무에 있어서 매우 중요한 상품개발자로서의 역할에는 다양한 지식은 물론 커뮤니케이션 능력, 사고력과 판단력이 필요한데 이는 머천다이저가 의사결정을 해야 하는 일이 많기 때문입니다. 세 번째는 프로세스관리자로서의 역할로 이는 머천다이징이 한두 과정으로 종료되는 것이 아니라, 회사의 전 분야에 걸쳐 연관된 일이다 보니 전체 프로세스를 알고 이를 통제할 수 있어야 하기 때문입니다. 머천다이저는 하나의 상품이나 서비스가 제공되기까지 업무의 로드(Load)가 어디서 가장 많이 걸리고, 특정한 변화가 어떤 변화를 가져올 수 있는지를 예상할 수 있어야, 변화에 따른 대응과 예측이 가능합니다. 네 번째로는 카운터파트너, 즉 조율자로서의 역할입니다. 머천다이징은 많은 협력업체와의 조화를 통해 이루어지는 하모니의 결과물입니다. 이 결과물이 나오기까지 다양한 내부인력과의 조율도 중요하지만 실제로 더 많은 부분을 차지하는 것은 외부와의 조율입니다.

협력사들은 그들이 상대하는 머천다이저의 의사결정과 판단에 따라 상품의 진행 방향과 볼륨을 바꾸기 때문에, 머천다이저는 늘 신중하고 책임감 있으며 신뢰할 수 있는 파트너로서, 회사를 대표하는 역할을 해 주어야 합니다. 또 대부분의 경우 협력사는 회사 내부의 의사결정에 참여할 수 없기 때문에, 머천다이저는 협력사를 대신해서 회사에 양사가 서로 상생하고 더 좋은 상품과 서비스를 고객에게 제공할 수 있는 방법을, 협력사의 입장에서 얘기해 주어야 하는 중간자의 역할도 감당해야 합니다.

Q 머천다이저로서 가장 힘든 순간은 언제인가요?

머천다이저로서 제일 힘든 순간은 뭐니 뭐니 해도 매출이 안 날 때입니다. 이유를 알면 좋겠는데 별다른 이유를 찾지 못하면 정말 답답합니다. 더군다나 스스로는 진짜 열심히 준비를 해서 뭔가를 했다고 생각한 것에서 매출이 안 나고 있는데 동료는 설렁설렁하고 성의도 없게 하는 것 같은데 매출은 나보다 나을 때, 그때의 스트레스는 정말 최고라고 할 수 있습니다. 매출이 안 나면 사장님이나 동료 혹은 주변에서 뭐라고 얘기하지 않아도 머천다이저가 제일 가슴이 아프고 답답합니다.

〈실전에 있어서의 머천다이저의 역할〉

Q 그럴 때 해결방법은 뭔가요?

처음에는 매출 때문에 아파서 좀 '매출앓이'를 해야 하는 것 같습니다. 저도 처음 머천다이저로 입사해서 OJT(On the Job Training)하고 3개월 후 머천다이저로 발령이 났었는데 아무리 열심히 해도 매출이 맘대로 오르질 않는 겁니다. 제가 생각한 대로 매출이 잡히질 않아 그 해엔 11월까지 집에 10시 이전에 가본 적이 없었고 갈 수도 없었습니다. 정말 고민스러웠기 때문에 속으로 끙끙 앓았던 것 같습니다.

그러다가 가만히 자신을 들여다봤더니 제가 어른들이 말씀하시는 일희일비(一喜一悲)라는 것을 하고 있었습니다. 하나 잘되면 너무 좋아하고 하나 안 되면 너무 낙담하고, 하루 매출이 좋으면 희희낙락(喜喜樂樂)하다가 하루 매출이 떨어지면 숨죽은 배추처럼, 도무지 뭘 하고 싶은 의욕도 안 생기고 제가 뭔가에 대한 긴 계획 없이 단기매출을 먹고 사는 하루살이처럼 살고 있더군요. 그런데 그런 저를 스트레스 받게 했던 동료가 한명 있었는데, 그 친구는 그런 것이 없는 것 같았습니다. 그 친구는 잘 돼도 그렇고 잘 안 돼도 그렇고 늘 변함이 없는 겁니다. 그래서 그 친구의 라이프 스타일을 유심히 살펴봤습니다.

저와 그 친구의 가장 다른 부분은 그는 머천다이징에 대한 단기와 중장기 계획을 세우고 있었고, 저는 당장의 매출이 걱정이니까 지금 당장, 오늘 당장의 매출을 어떻게 확보할 것이냐에 급급해 하는 것이 눈에 보였습니다. 저는 지금 당장의 것을 어떻게 하면 최고로 잘해볼까 온통 고민에 빠져있는데 그 친구는 지금 운영하고 있는 상품에도 집중하는 한편, 2~3주 후에 판매할 상품에 대해서도 효과적으로 사고와 여력을 안배하고 있었습니다. 그는 협력업체를 효과적으로 활용했고 말로 표현하기 어려운 '밀당(밀고 당기기)'을 통해 다음 번 방송에, 혹은 1개월 후에 판매할 상품을 준비하고 있었습니다. 현재 운영하는 상품에 예상치 못한 변수가 생길 것을 감안해서 다음 상품, 그 다음 상품으로 즉시 이를 만회할 수 있는 뭔가의 조치를 취하며, 훌륭하게 균형을 유지하면서 조절하고 있었습니다.

'이게 일희일비하면 안 되는구나! 마음이 들락날락 하면 안 되는 거구나! 계획이 있어야 하는구나!'

어렵지만 이길 수 있는 습관을 몸에 붙이기로 했습니다. 처음엔 어려울 것 같았는데 계획을 세워 시행착오를 거쳐서 습관을 몸에 붙이고 나니 요령도 생기고 그 다음엔 너무 쉬웠습니다. 그 이후로는 여유 있게 매출이 안 나도 고비를 넘길 수 있었고, 너무 많이 나면 다음 달을 위해 매출을 조율도 할 수 있게 되었습니다.

Q 마케터와 머천다이저는 서로 어떻게 다른가요?

처음 두 개의 직업이 나누어지게 된 계기는 저도 잘 모르겠습니다. 하지만 우리나라에는 확실히 마케터라는 직업이 먼저 들어온 것은 맞는 것 같습니다. 지금도 머천다이저가 없는 회사는 많지만 마케팅이 없는 회사는 없습니다. 개인적으로 생각하기에 마케터의 필요성은 앞서 말한 미국이 1930년대 대공황을 넘기기 위해 '소비자들의 필요(Need)와 요구(Want)충족시켜 자신의 상품이 다른 회사의 상품보다 우선적으로 선택될 수 있도록 하고자, 이를 고민하는 사람(Marketer)의 필요에 의해 발생한 것으로 보입니다. 그러면서 이를 생산과 기술, 운영측면에서 어떻게 하면 좀 더 효율화된 구조와 프로세스, 관리를 통해 가장 효과적으로 제공할 것이냐를 기획하고 실행하는 사람이 생겨난 것으로, 그 사람이 머천다이저가 아니었을까 생각합니다.

미국은 처음부터 유통업체가 주문을 해서 해당 상품을 매입하는 구조였기 때문에 유통부문에서 더욱 머천다이저가 필요했을 것입니다. 특히 체인점이 활성화되어 있는 시장의 특성상 '뭉뚱그려진 고객'이 아니라, 지역적 · 인구통계학적 분류에 근거한 '어떤 고객이냐?'에 따라 동일 상품으로의 다른 고객에 대한 접근이 필요했기 때문에, 가장 대중적이면서 물량이 많지만 한편으로는, 가장 까다로운 패션 분야에서 이를 핸드링하는 머천다이저가 생긴 것이 아닌가 싶습니다.

즉, 상대적으로 보면 마케터는 구조적으로 좀 더 소비자를 향하는 전방주시형이고, 머천다이저는 제조, 원료, 원가, 거래처 등을 알아야 하는 후방주시형에 전체를 고려해야 하는 전천후형이라고 하는 것이 맞을 것 같습니다. 마케터는 상품기획을 몰라도 마케팅을 하는데 별 지장이 없지만 상품기획을 하는 머천다이저는 마케팅을 모르면 제대로 된 머천다이징을 할 수 없습니다.

Q 머천다이저의 직무단계는 어떻게 구분되나요?

제가 머천다이저로 시작을 했던 1997년만 해도 MD는 그냥 MD였습니다. 그러다 중간에 본부장이라는 직책이 생기고 한국식 직함으로 가는 것이 좋겠다는 이슈가 나오더니 어물쩍 다른 회사와 똑같이 대리, 과장, 차장으로 불리게 되었습니다. 미국에는 역할이 있는 것이지 우리나라의 회사처럼 직무에 대한 등급이 있는 것이 아니어서 좀 다르기는 하지만, 머천다이저라는 직무에 대해서 이해하려면 외국의 사례를 보고 이해하시는 것이 빠릅니다.

개략적으로 말씀드리면 먼저 신입으로 들어가면 무조건 AMD(Assistant Merchandiser)로 직무를 시작하는데 이건 우리나라도 같습니다. 회사마다 기간의 차이가 있지만 지금은 거의 모두가 이 단계를 거쳐 머천다이저의 세계에 입문을 하게 됩니다. 그 위로는 바이어(Buyer)와 MD가 있는데 보통 바이어는 대외상품 소싱에 대한 직무 성격이 제일 강하고 MD는 플래닝(Planning)과 유지와 확장(Maintenance & Expansion)에 대한 업무의 비중이 더 많다고 보시면 되겠습니다. MD는 계획을 세우고 바이어는 MD의 의도에 따라 협력사와 상품을 소싱해야 하기 때문에, 실제로 바이어는 가장 많은 일을 수행해야 하며 업무 진행의 핵심이라고 할 수 있습니다. 회사의 규모와 조직의 체계상 대형 글로벌 유통회사는 이처럼 MD와 바이어가 나누어져 있지만 대부분 그렇지 않은 회사에서는, MD만 있거나 바이어만 있고 나머지는 지원팀이나 관리팀이라는 조직이 따로 있어서 운영을 하는 것이 일반적입니다.

최근에는 백화점 업계를 통해 CMD(Chief Merchandiser)라는 말을 듣게 되기도 하는데 이는 우리스타일로 MD에 선임이라는 의미로 'Chief'를 붙여 준 것으로 보입니다. 실제로 미국에서 CMD라고 불리는 경우는 보지 못 했습니다. 다만, 구매를 총괄하는 사람에게 CMO라는 직책을 주어서 구 매총괄 담당자(Chief Merchandising Officer)로서의 책임을 맡기기도 하는데 이는, 멀티채널의 유통을 가지고 있는 회사에서 구매를 총괄하는 직책을 가리키는 것으로, 한국에서 부르는 CMD와는 수준이 다른 직무입니다. 유추해 보자면 유통업계가 아닌 방송계에 PD중에 제일 높은 선임으로 CP(Chief Producer)라는 직책이 있는데, 거기서 온 것이 아닌가 하는 생각이 듭니다.

BM은 그야말로 브랜드(Brand)를 총괄(Manager)하는 사람입니다. 브랜드 를 총괄하는 사람이니 한 개 브랜드에 한 명만 있는 것이 정상이지만, 생 활용품을 담당하는 P&G 같은 회사에는 브랜드가 워낙 여러 개가 있으니 까 브랜드별로만 따져도 BM의 수는 여러 명이 있습니다. BM은 브랜드를 총괄하는 사람이니 생산부터 판매, 재고, 마케팅까지 확연하게 알거나 혹 은 알 수 있는 사람이 할 수 있는 직무가 되겠습니다. 직무의 특성이 이렇 다 보니 경력도 경력이지만 BM은 공부를 많이 해야 하는 대표적인 직무 이기도 합니다. 외국에서는 BM은 말할 것도 없고 Merchandiser라고만 명 함에 새겨져 있어도 당연히 MBA(Master of Business Administration)과정을 마 쳤다고 생각하기 때문에 얘기의 화제가 출신 MBA를 묻는 것이 되기도 합니다.

PM(Project Manager)은 대개 BM경력이 있는 사람 중에서 회사가 새로운 프로젝트나 브랜드를 런칭할 때 세우는 직책입니다. 프로젝트니까 한시 적인 경우가 많은데, 프로젝트 준비가 끝나면 대부분은 해당 프로젝트의 책임자로 가는 경우가 제일 많습니다. 업무의 비중이나 특성상 신임임원이나 차기 임원대상자 또는 오너가 하는 경우도 많은 직책입니다.

Q 현재 머천다이저로는 어떤 사람들이 근무를 하고 있나요?

우리나라 2010년 노동부에서 발표한 자료를 보니 약 3만 1천여 명 정도가 MD로 활동을 하고 있었습니다. 평균 연령은 32.4세, 평균 근무연수는 약 15년 6개월 정도였습니다. 한 카테고리에서 머무는 시간은 약 36개월, 남녀의 성비는 49:51로 큰 차이가 없는 것으로 조사되었습니다. 여성들이 일하기 좋은 직업이고 정말 성별의 차이가 없는 직업이어서 특히 최근에는 여성들의 전문직으로 주목을 받고 있는 것 같습니다.

특별한 카테고리를 제외하고 전공은 그야말로 '불문'입니다. 물론 특별한 기능과 안목을 요구하는 직무는 다르지만 리테일 분야에서는 특히 '어떤 과는 안 된다'라는 경우는 없습니다. 인문계열, 사회계열, 공학계열, 자연과학 계열, 예체능 계열까지 근소한 차이가 있을 뿐 각 분야에서 인재들이 모인 그룹이라고 보시면 되겠습니다.

2010년도 자료만 봐도 고졸MD들이 일부 있는 것으로 조사되었는데 아마 그것은 이전부터 MD를 해왔던 사람들에 대한 자료도 같이 반영이 된 것 같고, 현재 신입사원들 중에 고졸을 MD로 채용하는 회사는 거의 없습니다. 그러니까 MD로 입사하기 위한 최소한의 기본학력은, 준학사라고 불리는 전문대졸이 최저라고 하겠습니다. 가끔 자격증이 있으면 고졸도 되는 것 아니냐고 하는 친구들이 있던데 그렇지 않습니다. 다른 직무는 몰라도 어떤 회사도 아무리 대단한 자격증이 있다고 해도 고졸을 정규 MD로 채용하는 회사는 거의 없다고 봐야 합니다.

〈MD의 직무단계 - 글로벌 대형 유통회사 기준〉

구분	업무소개	자질
PM	-최상위 결정권자 -자금 및 인사의 최종적인 집행	-임원, 오너
BM	-브랜드의 실질적인 책임자 -목표 달성을 위한 의사결정권자 -브랜딩, 생산, 기획, 제조, 유통, 홍보 -마케팅, 물류, 재고 등에 대한 책임자	-대학원/유학 -차·부장~임원 -5년
MD	-브랜드 운영의 실무 최고 책임자 -목표에 맞는 업체 선정, 마진결정, 판매 상품 및 시기에 대한 의사결정 -하부 조직 관리	-대졸/대학원 -대리~차장 -3~5년
BUYER	-MD의 운영 방안에 적합한 최적의 운영 요소(거래처, 상품) 발굴 및 운영 -업체 관리, 상품관리, 매장관리, 인력관리 -효과적인 상품 판매와 목표 달성을 위한 현장 코디네이터(결정자가 아님)	-초대졸~대졸/대학원 -주임~대리 -3~5년
AMD	-조직상으로는 머천다이저의 보조역할 -실제로는 업무가 많은 바이어의 백업기능 -일상업무 수행 및 단순업체 관리, 매장관리, 수불관리 -단품관리, 품번관리, 발주관리 등	초대졸 주임급 2~3년

〈머천다이저 현황〉

Q 학생들이 가장 많이 되고 싶어 하는 MD가 따로 있나요?

네, 있습니다. 현재 가장 많은 내일의 MD들이 되고 싶어 하는 MD는 패션MD입니다. 물론 패션MD에는 기획MD, 생산MD, 바잉MD에 대한 기능

뿐 아니라 카테고리가 여성, 남성의류부터 캐주얼, 아웃도어, 잡화, 패션 액세서리 등 다양한 카테고리가 있어서 재분류를 할 필요가 있지만, 문의를 하는 대부분의 학생들은 본인의 실력이나 준비와는 상관없이 브랜드를 가지고 있는 어패럴회사의 패션의류를 선정하는 패션기획MD를 가장 선호하는 편입니다.

개인적으로는 이 선호도에 좀 거품이 있다고 봅니다. 최근 미디어나 방송을 통해 너무 이 직업이 좋게만 그려지고 있고 멋있는 면만 보이고 있어서, 여기에 대한 허상이 끼어 있는 것 같습니다. 성질도 막 부리는 것 같고, 해외출장도 다니고, 옷도 최신상으로 스타일리시하게 입고, 좋은 곳으로만 먹으러 다니는 것 같고, 처음 보는 옷이나 액세서리를 하고 다

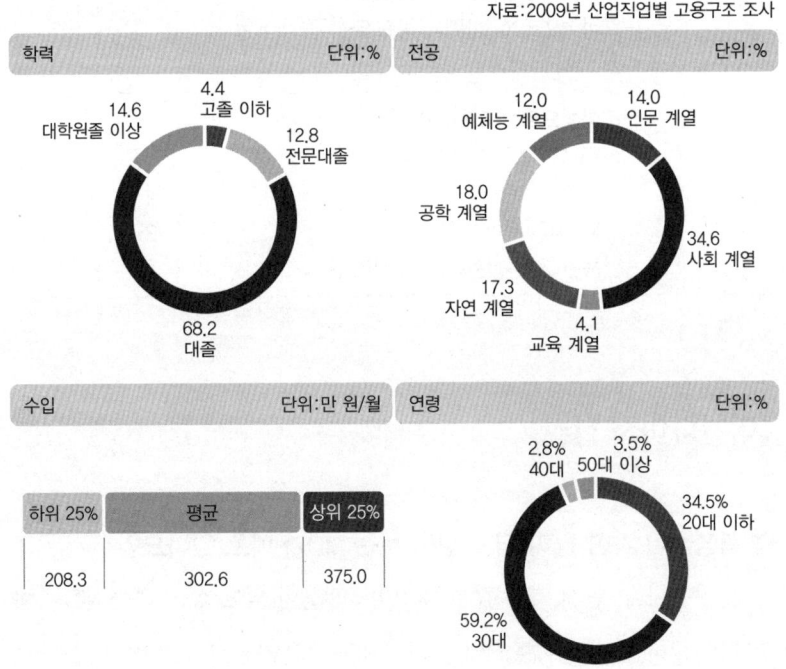

자료:2009년 산업직업별 고용구조 조사

학력   단위:%

4.4 고졸 이하
14.6 대학원졸 이상
12.8 전문대졸
68.2 대졸

전공   단위:%

12.0 예체능 계열
14.0 인문 계열
18.0 공학 계열
34.6 사회 계열
17.3 자연 계열
4.1 교육 계열

수입   단위:만 원/월

하위 25%	평균	상위 25%
208.3	302.6	375.0

연령   단위:%

2.8% 40대
3.5% 50대 이상
34.5% 20대 이하
59.2% 30대

니니까 소위 '간지(感じ)'가 나 보이는 것이라 할 수 있습니다.

그런데 많은 학생들이 너무나 그럴싸한 이유들로 본인의 패션MD에 대한 애정을 표현하지만 현실은 냉정합니다.

다음으로는 온라인을 통한 머천다이저의 활약상이 대두되면서 홈쇼핑 MD도 많이 선호하는 부분 중에 하나입니다. 오프라인MD가 힘들다는 소문을 어디서 들었는지 백화점이나 마트에서 근무하는 오프라인MD(또는 바이어)는 선호도가 그리 높은 편이 아니고, 또 여성들 중에는 화장품MD도 선호도가 높은 편입니다.

최근에 눈에 띄는 변화 중에 하나는 식품MD를 선호하는 젊은 친구들이 많아졌다는 것입니다. 최근 먹거리에 대한 관심과 소비자들의 이해가 높아지면서 새로운 먹을거리는 물론, 유기농, 천연, 건강기능 등의 식품과 축산, 농수산 할 것 없이 다양한 식품에 관련된 머천다이징에, 많은 젊은이들이 관심을 가지면서 새로운 변화가 진행되고 있다는 것을 느낄 수 있습니다.

이외에도 생활에 관련된 MD에 대한 관심도 꾸준하고, 보석MD와 도서 MD도 많지는 않지만 희망하는 사람들이 있는 편입니다.

Q 머천다이저가 되기 위해서 꼭 필요한 스펙이라면 어떤 것이 있을까요?

어느 회사도 머천다이저들만의 입사서류와 입사관련 자료를 오픈하지 않으니 정확하게는 알 수 없습니다. 그냥 전체적인 대졸 합격자에 대한 데이터와 실제로 MD로 입사한 사람들의 스펙을 물어물어 그것을 근거로 자료를 추출해내는 것이 지금으로서는 제일 정확하다고 할 수 있습니다. 그렇다 보니 완전히 믿을 것도 없고, 게다가 우리나라 최고의 회사로 알려진 S사는 스펙을 제일 많이 본다고 알고 있는데 총괄사장을 맡고 계신 분이 '우리는 눈에 보이는 스펙은 필요 없다'고 하는 판국이니 도무지 진실이 어디까지인지 잘 모르겠습니다.

하지만 분명한 것은 최종적인 채용 여부를 결정하는 것이 스펙은 아니라는 것입니다. 면접에서 느껴지는 그 사람의 기운, 행동과 말투, 눈빛과 태도, 목소리의 톤과 자극에 대한 반응의 속도와 반응의 표현 방법, 작은 제스처, 대답하는 자세, 질문하는 내용 등 모든 것이 복합적으로 맞아야 하고 더군다나 면접자의 기분, 개인적인 취향, 그날의 분위기 등에 따라서 좌우가 되기 때문에 절대로 스펙만을 믿어서는 안 됩니다. 하지만 필요조건이라는 측면에서 정리할 수 있는 것은 몇 가지가 있습니다.

우선 학력은 초대졸 이상이고, 학과는 앞서 얘기한 대로 특정 학과를 우대하는 MD분야가 매우 적게나마 있으나 그것은 예외라고 생각하시면 될 것 같고, 그런 MD를 제외하고 학과는 전공불문입니다. 성적 기준은 대기업의 경우 3.0 이하는 지원이 불가한 경우가 있으며, 최소 4.5만점에

〈미래MD들의 희망직업군〉

희망직업군		
가장하고 싶은 MD직업군은?		
전체설문자 수	2,490	
패션MD	1,031	41%
홈쇼핑MD	467	18%
리테일MD	319	12%
VMD	441	17%
바잉오피스MD	184	7%
기타	48	1%

출처 : 2011. 11 아카비전(www.acavision.com) 홈페이지 설문

3.2 이상은 필요합니다.

피면접자가 가장 많은 비중을 차지하고 있다고 생각하는 외국어는 기본이 영어입니다. 토익으로 치면 자료를 보니 720점 이상으로 최근 들어 중요도가 날로 높아지고 있는 말하기(Speaking)는 'LV 6'입니다. 자격증은 2012년도에 한 관련기관에서 발표한 자료를 보니, 새로 입사한 대졸사원들을 전체로 볼 때 보유한 자격증의 개수가 평균 2개로 전공에서 1개, 컴퓨터관련자격증(MOS를 포함한) 1개 정도면 충분한 것 같습니다. 대외활동이나 봉사활동은 1회 정도면 되는 것 같고, 특히 돈 안 받고 하는 해외봉사활동은 가산점의 요인이 된다고 하니 참고하면 좋겠습니다. 최근에는 공모전도 많고 다양하니까 한두 번의 경험은, 본인이 원하든 원하지 않든 4년 동안 충분히 활용할 수 있는 경험을 만들 수 있을 것입니다.

필수가 된 인턴십은 평균이 1.5회라고 하니 2회면 충분하고 특히 졸업을 한 뒤 인턴십만을 많이 하는 것이 본인에게는 마이너스입니다. 어디서도 정직원으로 채용할 만큼 경쟁력이 없었음이 판명되었다는 얘기니까 인턴자리가 났다고 아무 곳이나 들어가면 본인에게 좋을 것이 없습니다. 인턴십을 하면 어떻게든 그 회사의 정직원이 될 수 있는 방법을 찾으시기 바랍니다. 단, 외국계, 리테일, 무역, 세일즈, 기획 등 다양한 분야에서 체험형 인턴을 방학 중에 하는 것은 매우 도움이 되고 좋습니다.

어학연수는 다녀오면 좋지만 실제로 영어만 잘하면 크게 영향을 주는 요소는 아닙니다. 그럼에도 불구하고 요즘 대부분의 학생들은 짧게는 2개월부터 길게는 1년 이상 다녀오는 경우가 많은데 팁을 드리자면, 실제로 회사에서는 2년 이상의 공식적인 학교과정(고등학교, 대학, 대학원)을 졸업한 사람이 아니면 큰 의미를 두지 않으니까 형편이 되면 다녀오는 것이 좋지만, 그렇지 않다면 가뜩이나 어려운 부모님을 졸라서 굳이 안가도 됩니다. 자격증과 상관없이 어쨌든 조직의 막내로서 보유하면 도움이 되는 기술은 사진촬영법과 동영상편집 기술, 포토샵과 일러스트, 그리고 웹디자인 등의 잔재주와 SNS(Social Network Service)에 대한 이해와 운영 능력만 있으면, 필요한 조건은 빠지지 않게 갖추었다고 할 수 있습니다.

많은 사람들이 면접에서 떨어지면 본인의 스펙 때문에 떨어진다고 생각합니다. 물론 면접조차 기회가 안 되더라 하는 것은 충분히 스펙이 거론될 수 있지만, 만약 면접에서 떨어졌다면 그건 태도에서 떨어진 겁니다. 입사에 있어 가장 중요한 것은 태도로 스펙은 참고가 될 뿐이지만 태도는 결정적입니다.

Q 머천다이저가 되기 위해서 하지 말아야 하는 일이나 행동들이 있나요?

지금 말하는 것은 사람마다 환경과 형편이 있으니 어쩔 수 없는 상황이 발생하여, 선택이 아닌 강요에 의해 할 수 밖에 없는 상황을 말하는 것이 아닙니다. 그런 것은 얼마든지 자기소개서나 면접 시에 표현을 할 수 있고, 여기서 말하는 것은 의도적인 것이며 본인이 일부러 택한 선택에 대해서 얘기를 하는 것입니다.

쓸데없이 휴학하면 안 됩니다. 요즘은 휴학이 무슨 유행처럼 되어서 영어공부하기 위해서 쉬고, 여행가야 되니까 쉬고, 옆에서 쉬니까 불안해서 한번 쉬고, 남들 쉬니까, 놀 사람 없으니까 휴학하는 사람까지 있는데 제대로 졸업을 하는 학생이 오히려 드물 정도로 잘못 생각하고 있습니다. 나이가 어리다는 것은 많은 기회를 가지고 있고 가능성을 내포하기 때문에 기업은 같은 조건이라도 나이가 어린 사람을 훨씬 좋아합니다. 무슨 학원 다닌다고, 자격증을 따야 된다고 휴학하는 학생들이 있던데 학교에 다니는 학생이 학교를 중지하고 다녀야 될 만큼 중요한 그런 학원은 없습니다. 혹시 휴학을 생각하는 친구들이 있다면 진짜 잘 생각해서 어쩔 수 없는 휴학인지, 휴학 후에 계획이 분명하고 지킬 준비가 되어 있는지를 반드시 생각하기 바랍니다. 그리고 그 결정은 나중에 면접을 볼 때에 충분히 상대방이 설득할 만한 이유인지 잘 고민하고 결정하시기 바랍니다.

다음은 쓸모없는 자격증에 시간을 낭비하는 것입니다. 자격증은 전공과 관련된 것 1개, 컴퓨터와 관련된 것 1개면 충분합니다. 전공관련 자격증은 학과공부를 하다가 조금 더 열심히 해서 따는 것이지, 특별히 휴학해서 따는 것이 아닙니다. 또 이상한 사설 자격증에 속지 말기 바랍니다. 우리나라에서 인정해 주는 자격증은 한국산업인력공단(www.q-net)에 있는 것이 전부입니다. 무슨 사단법인이니 하는 이상한 사설기관에서 돈 받고 주는 자격증에 시간낭비하지 말고 차라리 그 시간에, 열심히 공부해서 학점과 영어실력을 높이는 것이 훨씬 경쟁력이 있습니다.

남들이 하기 싫어하는 지저분한 일, 힘든 일, 어려운 일은 해도 되지만 돈을 쉽게 버는 일이나, 돈을 많이 준다고 이상한 일을 하면 안 됩니다.

〈한국산업인력공단 – 큐넷 홈페이지〉

항상 본인이 하는 일이 신문에 난다고 생각하고 결정하되, 하고 싶은 일보다 해야 하는 일을 먼저 하시기 바랍니다. 인생사의 모든 일은 뭔가를 하기 위해서는 반드시 과정을 거쳐야 하고, 그 과정에서 반드시 수행해야 하는 일들이 있습니다.

많은 학생들이 패션MD가 되고 싶다고 하지만 대부분의 학생들은 말로만 되고 싶다고 합니다. 비전공자이면서도 패션MD가 되고 싶다는 사람이 뭘 배우지도 않고 뭔가를 연습하지도 않고 뭔가를 준비하지도 않습니다. 포트폴리오가 무엇인지도 모르고 그림은 소질도 없고 흥미도 없어서 너무 그리기 싫어한다고 불평만 합니다. 또 바잉MD를 하고 싶다고 하면서 영어는 잘 하지도 못한 채 배우지도 않고 있는 사람은, 스스로 자기 인생을 농락하는 것입니다. 반드시 먼저 해야 하는 일을 끝내야 합니다. 어떤 일을 하고 싶다면 그 일을 할 수 있게 필요한 준비가 무엇인지를 파악해서 그것부터 끝내 놓아야 비로소 자격이라는 것이 주어지는 것입니다.

간혹 큰 회사만 가려고 하는 사람들이 있습니다. 무조건 큰 회사, 이름 대면 아는 유명한 회사, 어디 외국계회사 등등 경쟁률이 센 곳만 골라서 시험을 치는 사람들은 마치 거기에 공채를 넣었다는 것에 의의를 두는 것 같습니다. 그렇다 보니 공채를 준비한다는 이유로 학교도 안 가고 아르바이트도 안 하고 하염없이 시간을 보내는 사람들이 생각보다 많습니다. 당연히 이유를 막론하고 공채로 한 번에 좋은 기업으로 들어가면 가장 좋습니다. 하지만 지금의 대학생들에게는 신입사원이라는 타이틀을 달고 당당하게 어떤 회사라도 들어갈 수 있는 기회가 아주 제한적입니다. 그런데 그런 제한적인 기회를 그렇게 좁은 곳만을 바라보면서 계속 찔러보는 것이 과연 맞는 행동일까요? 더군다나 내가 가고 싶은 기업은 여지없이 다른 사람도 가고 싶어서 경쟁률은 갈수록 높아지고 있는 상황이라면, 얼른

〈머천다이저가 되기 위해 해서는 안 되는 행동〉

- 대책 없는 휴학
- 쓸모없는 자격증에 시간 낭비하기
- 목적에서 벗어난 아르바이트
- 하고 싶은 일을 위해 해야 하는 일을 하지 않기
- 큰 회사, 하고 싶은 품목의 MD만 고집하기
- 그냥 어떻게 될 줄 알고 기다리기

플랜B를 생각해 내면서 방향을 돌려야 하지 않을까요?

기업은 우리회사에 정말 입사하기를 원하는 사람만 지원해 주기를 원합니다. 그래서 요즘 유사한 수준의 기업들은 아예 시험일자도 맞추는 경향까지 생길 정도입니다. 게다가 실제로 많은 기업들이 신입사원의 경우 졸업 후 1년 이상이 되면 공채의 기회를 주지 않는 경우도 비일비재하기 때문에, 마냥 거기만 바라보며 '언젠가 되겠지'라는 심정으로 바라봐서는 큰 실수를 하기가 쉽습니다.

'내가 그래도 이 정도는 가야지', '그래도 저 정도 회사는 가줘야 어디 가서 명함이라도 내밀지'라는 생각을 가지고 있다면, 마음을 빨리 바꾸기 바랍니다. 일을 잘하는 사람은 어디에서도 빛을 발하게 되어 있습니다. 공채로 들어가지 못했다면 나중에 실력을 쌓아 특채로, 헤드헌팅으로 들어가면 됩니다. 분명한 것은 일하는 자에게 기회가 오니까 일을 하는 것이 중요합니다.

하고 싶은 카테고리도 외골수일 필요가 없습니다. 회사는 여러 가지 이유로 MD에게 적어도 3년에 한 번씩 담당하는 카테고리를 바꿉니다. 자신이 지금 아무리 화장품이 좋다고 해도 입사를 해서 퇴사할 때까지 화장품만 하지를 못한다는 겁니다.

예를 들어, 본인이 회사에 화장품MD로 입사해서 일을 잘하고 있는데 어느 날 사장님이 본인을 따로 불러서 일을 너무 잘하니까 패션MD로 일을 하라고 할 때, "아니다, 무슨 소리냐! 나는 화장품MD로 입사를 했다, 그러니 무조건 화장품MD를 할 것이다. 만약 나를 패션MD로 발령을 낸다면 난 회사를 그만둘 것이다."라고 사장님께 얘기할 수 있는 정도의 애정과 간절함으로 화장품MD에 뜻이 있는 것이 아니라면, MD는 품목을 가릴 필요도 없고 업태를 가릴 필요도 없습니다. MD로 일할 수 있으면 MD로 시작을 하는 것이 가장 지혜로운 행동입니다.

또 미래MD들 중에는 신앙심이 너무 깊은 나머지 '어떻게든 되겠지, 자신이 알고 있는 절대자가 어떻게 해 주실 거야.'라며 완전히 뒤로 물러서는 친구들이 있습니다. 성경에서도 분명히 손이 아프도록 문을 두드려야만 열린다고 했고, 묻고 두루 다니며 구해야만 구할 수 있다고 했고, 눈이 시리도록 찾아야만 찾을 수 있다고 했건만, 이 말씀을 어떻게 이해했는지 문 앞에 서 있는 상태 그대로 눈만 껌뻑거리고만 있으면서, 마치 문이 열리고 뭔가 찾아지고 바라던 것이 구해지기를 바라는 젊은이들이 있다는 것에 깜짝깜짝 놀랍니다. 인생에서 공짜로 얻어지는 것은 부모님의 사랑 이외에는 아무 것도 없습니다. 세상의 모든 것에는 반드시 값을 치러야 합니다.

Q 머천다이저를 준비하는 후배들에게 제일 해주고 싶은 얘기는 무엇인가요?

실제로 인사담당자들이 가장 선호하는 면접자는 최고의 스펙남이나 스펙끝장녀가 아닌 '성실함 사람'이랍니다. 결국 '인성과 태도'를 보겠다는 것입니다. 제가 학생들을 만나면서 제일 아쉬운 것 중에 하나가 '예의 없음'입니다. 쉬운 예로 제 블로그를 방문하는 많은 후배들 중에 용기 있는 몇 친구들이 제게 이메일을 남기는데 오는 메일을 보고 있으면 가끔 너무 격이 없는 친근함에 놀랄 때가 있습니다. 친분 있는 동네 형이나 언니에게도 그렇게 쓰기가 쉽지 않을 것 같습니다. 그 친구들은 지금 제게 아주 중요한 인생상담을 하는 것이고 어떻게든 저로 하여금 공감을 끌어내서 조언을 들어야 하는 입장일 텐데 메일을 보면 부탁이 아니라 '자기가 얘기를 했고 기다리고 있으니 빨리 대답을 하라.'는 식입니다. 마치 제가 사전에 자신에게 대답을 해주기로 약속이라도 한 사람인 것처럼 대답할 것을 강요합니다. 그래서 한동안은 제가 마음이 상해서 그런 메일에 회신을 하지 않았더니 이번에는 "왜 회신을 안 해주시나요, 사람을 차별하시나요?"라는 식으로 메일이 오더군요. 그때 든 생각이 이 친구들이 '나빠서'가 아니라 '몰라서'라는 생각이 들었습니다. 그 후로 '왜 이런 식의 메일에 답을 안 주는지 설명해주어야겠다.'라는 생각이 들어서 그 다음부터 이런 메일을 받으면 메일을 쓰는 법이 잘못되었다는 것을 먼저 얘기해 주고 조언을 시작했던 기억이 있습니다. 메일을 쓰는 것도 그 사람의 태도가 드러나는 것인데 요즘에는 학교에서 학과공부, 영어공부만 하느라 인성과 태도에 대해서는 특별히 가르쳐주지 않아서 그런 것 같습니다. 그래서 그런지 요즘 회사는 예민하게도 학생들의 태도를 본다는 것이지요.

좀 거창하게 말하면 사람이 사회적 존재로서 존재감을 가지기 위해서 기본적으로 갖추어야 하는 기본 교육이 부족하다는 생각이 듭니다. 얘기하기는 치사하고 하지만 넘어가기에는 왠지 꺼림칙한 것이 사소한 '예의와 태도', '버릇과 습관'이 지금의 세대에 제일 부족한 것이 아닌가 생각합니다.

스펙(Spec)의 본질은 좋은 사람을 골라내기 위한 수단으로 성실하게 공부했는지, 남을 배려하며 살았는지, 주변의 어려움을 도와주었는지, 세상의 이런저런 모습들을 본 사람인지, 글로벌한 인재로 세상에 나서서 회사를 위해 세일즈와 마케팅과 머천다이징을 할 수 있는 인물인지를, 짧은 시간 내에 인지하게 하는 일종의 포장같은 것입니다. 하지만 스펙은 표시(Signal)일 뿐이고 실체는 그 사람입니다. 성실함과 신뢰감, 공손함과 안정감이 그대로 보일 수 있는 태도를 갖추는 것을 꼭 준비하시기 바랍니다. 이게 제일 중요합니다.

Q 머천다이저가 되기를 희망하는 학생들을 포함해서 취업을 준비하는 학생이 갖춰야 할 자세는 무엇인가요?

분명한 목표의식과 일을 직접 하겠다는 실전의 자세입니다. MD를 희망하거나 혹은 MD가 아니더라도 유통 분야에서 일을 하고 싶어 하는 사람은 누가 질문을 해도 왜 유통에 들어오려고 하는지, 왜 MD가 되려고 하는지에 대한 목표가 명확해야 합니다. 그것은 질문자의 입장에서 한두 가지만 질문하면 금방 알 수 있습니다. 구직도 일종의 사랑할 대상을 찾는 것과 같습니다. 그래서 이건 하고 저건 하지 않겠다, 그런 일을 하려고 입사지원을 한 것이 아니라는 눈빛은 일에 대한 그의 얄팍한 사랑을 대번 알 수 있게 합니다. 자기가 정말 그 직업을 갖고 싶고 그 회사에 들어가고 싶다면 사랑에 벅찬 이글거림의 눈빛이 있을 수밖에 없습니다. 그것이 다른 말로 자신감, 의지, 열정이라고 표현되는 것 같습니다.

다음으로는 자신감입니다. 자신감은 분명한 준비가 되어 있어야 합니다. 자신감을 가지기 위해서 해당하는 회사에 재직 중인 선배를 만나본다든지, 직접 매장을 가 본다든지, 서비스를 이용해 보는 등의 구체적인 활동을 통해 회사의 비전과 가치, 인재상 등을 알아야 합니다. 일단 회사에 대해서 이해를 하고 나면 자신감이 붙어서 면접관에게 자신이 이 회사에 최적화된 사람이고, 이 회사를 위해 준비된 사람이라는 메시지를 명확하게 전달할 수 있습니다. 혹여 예상치 못했던 당황스러운 질문일지라도 모르면, 모른다고 명확하게 얘기하고 자신의 생각은 이런 것이라고 분명하게 자기를 표현할 수 있어야 합니다. 신뢰감을 줄 수 있는 대답과 자세는 아주 중요합니다.

요즘 회사들이 정규직을 채용하지 않고 계약직이나 인턴직을 통해 인력을 채용하는 결정적인 이유 중에 하나는 직원을 믿지 못하기 때문입니다. 실력을 믿지 못하는 거고 성실함을 믿지 못하는 것이고 얼마나 오래 다닐지, 믿지 못하기 때문입니다. 믿고 일을 맡길 사람은 정말 필요한데 실컷 가르쳐 놓으면, 일만 열심히 배우고 나서 돈 몇 십만 원 월급 더 준다는 말에 다른 곳으로 도망갈 것 같으니까, 그 사람의 '싹'을 보기 위해서 최대한 시간을 두고 사람의 됨됨이를 평가하겠다는 겁니다. 그래서 기업들은 인턴직을, 혹은 언제든 그만두게 할 수 있는 계약직을 활용해서 인력을 임시로 채용하는 것입니다. 그리고는 날마다 평가하여 '정말 잘할까, 정말 이 일에 뜻이 있는 사람인가, 정말 우리회사에 오랫동안 있을 사람인가'를 관찰하는 것입니다. 이 기간 동안 회사는 직원에게 중요하거나 의미 있는 일을 주지 않습니다. 중요하지 않은 일을 주로 맡게 되는 인턴은 왜 자신이 그런 일들을 맡을 수밖에 없는지는 생각하지 않습니다. 그리고는 자신에게 허드렛일만을 시키는 회사가 불만스럽기만 합니다. 회사가 자신에게 중요한 일을 맡기지 않는다고 생각하지 않는데 충성심이 나올 리 없습니다. 건성으로 하고 시간을 때우면서 다른 곳을 알아보면 그때 회사는 생각합니다.

'그럼 그렇지, 역시 충성을 하지 않는군!' 그러면서 인턴을 했던 인력의 반 이상을 채용하지 않습니다. 그러면서 "요즘 애들은 기본이 안 되어 있다", "어디서 이상한 것만 배웠다."는 식으로 평가를 하게 되고 악순환이 계속되는 겁니다.

누가 먼저 상대가 신뢰할 수 있는 마음을 보여줘야 할까요? 저는 지원자가 먼저 보여줘야 한다고 생각합니다. 그래서 인턴이지만 정직원처럼 일하는 모습을 보여야 한다고 생각합니다. 정직원이라는 마인드로 회사를 생각하고 회사의 일을 돕고 아무리 작은 일이라도 최선을 다해서, 최대한 열심히 하는 겁니다.

인턴을 채용하는 모든 회사들은 지금도 여전히 사람을 찾고 있습니다. 국내의 모든 기업들이 일할 사람이 없다고 구인난이라고 합니다. 그러니까 어떻게든 회사로 하여금 믿음을 줄 수 있고 어떻게든 일을 맡길 수 있도록 신뢰를 보여주기만 하면 그 사람은 정직원이 되는 겁니다. 왜 회사가 정직원은 안 뽑고 인턴만 뽑냐로 불평하지 말고, 어떤 회사가 인턴을 찾는다는 것은 그 회사에 사람이 필요하다고 광고하는 것과 마찬가지입니다. 그러니까 거기에 맞도록 열심과 성의를 다한다면 본인의 자리는 보장될 겁니다. 채용당하고 싶다면 목표의식과 자신감, 그리고 책임감을 꼭 준비하시기 바랍니다.

Q 머천다이저가 되려는 학생들에게 칭찬을 해줄 만한 것은 어떤 것들이 있을까요?

자신감입니다. 자신감은 세계 최고 수준인 것 같습니다. 그리고 매우 적극적인 태도도 칭찬할만 합니다. 사실 저는 전혀 모르는 사람에게 자신의 형편과 처지를 그렇게 상세하게 얘기하면서 질문하고 물어보고, 전화해서 인터뷰하고 싶다고 하는 그런 결정과 행동이 쉽지 않을 것 같습니다. 그런데 대학생들은 물론이고 요즘 고1, 고2 학생들은 메일을 보내고 전화를 해서 직설적으로 인터뷰를 하고 싶다고 말합니다. 자기 인생의 목표가 MD가 되는 것인데 책을 찾다가 서점에서 제 책을 봤다는 겁니다. 그러면서 저와 미팅을 하고 싶다고 학교로, 직장으로 찾아오겠다고 합니다. 한번은 제가 중3인 여학생에게 우리 큰애가 지금 중학교 1학년인데 우리 애도 학생처럼 용기가 있었으면 좋겠다고까지 얘기한 일도 있었습니다. 인생의 목표를 정하고 앞서가는 사람을 찾고 그를 발견해서 메일을 보내고, 전화를 해서 "나는 이런 사람인데 앞서 경험한 선배에게 물어보고 싶다, 내게 알려 주시기를 부탁한다."고 말하는 것은 큰 용기입니다. 자기를 드러내고 꿈을 말하고 표현하는 모습은 아주 훌륭한 부분이라고 생각합니다.

Q 머천다이저가 되려는 후배들에게 당부하고 싶은 말씀이 있다면 무엇인가요?

한 번에 큰 성공을 하는 것도 참 좋고 중요한데 제가 살아보니까 작은 성공들이 모여서 큰 성공이 되는 것 같습니다. 그래서 큰 성공만 바라보지 말고 작은 성공들을 차근차근 쌓아 가는 것, 이게 굉장히 중요하다는 생각이 듭니다.

예를 들어, 3개월간 아침에 운동하기로 했다면 운동하는 겁니다. 새벽에 영어학원을 신청했다면 가서 자는 한이 있어도 학원에 가는 겁니다. 학교에서 수강을 신청했으면 구실을 만들어 빠지지 말고 자체휴강 같은 거 하지 말고 끝까지 수업을 듣는 겁니다. 이런 것들이 조그마한 성공입니다. 책을 손에 들었으면 끝까지 읽는 것, 그것이 성공이고 그런 작은 성공들이 모이면 자기의 습관이 되는 것입니다.

습관적으로 성공한다는 말은 아주 무서운 말입니다. 성공을 해본 사람은 자기 안에서 어떻게 해야 성공할 수 있는지 나름대로의 메커니즘(Mechanism)을 가지고 있습니다. 무엇인가에 대해서 성공을 해본 사람은 위기를 극복하는 법을 알고 있습니다. 바로 '이것'이라고 명확하게 그리거나 도식으로 설명할 수는 없지만, 위기를 극복하고 짜증을 이기면서 지루함을 탈출하는 자신만의 비법을, 성공한 사람은 누구나 가지고 있다는 것입니다.

제가 당부하고 싶은 것은 너무 큰 성공만 바라보지 말고 작은 성공들을 차근차근 만들어가라는 것, 그래서 성공의 성취감을 마음껏 느꼈으면 좋겠습니다. 결국 그 성취감이 여러분들에게 자신감을 만들어줄 겁니다. 그리고 그 자신감과 승기(勝氣)가 다음 일도 성공적으로 할 수 있도록 할 겁니다.

작은 성공들을 소홀히 여기지 말고 자기와 한 약속에 대해 무감각하지 말아야 하며, 부모님하고 한 약속도 무시하지 말고, 친구하고 한 약속도 우습게 생각하지 않고 하나하나씩 성공적으로 만들어가다 보면, 결국 여러분 앞에 놓인 큰 성공도 습관처럼 하던 대로 쉽게 가지게 될 것입니다.

여러분의 성공을 기원하고 조금 앞선 선배로서 여러분의 미래에 큰 축복을 기원해 드립니다.

제2장

지금이 걱정인 미래 MD

지금이 걱정인 미래MD

1) 나이문제

식물생의약과를 졸업하고 창업을 한 29세 청년의 MD되기

MD가 되고 싶은 청년입니다. 제발 저의 고민을 들어 주세요. MD가 되고 싶어서 혼자 끙끙 앓다가 이렇게 선생님의 블로그를 찾게 되서 제 고민 좀 덜 수 있을까! 해서 염치불구하고 이렇게 메일 올립니다.

저는 현재 29살이고 지방 4년제 국립대에 식물생의약과를 졸업한 농대 출신입니다. 졸업을 하고 전공을 살려 취직을 했지만 수능 성적에 맞춰서 들어간 과라 적성에 맞을 리 없었습니다. 7개월 정도 근무 후 창업을 결심하게 되었습니다.

마침 친척분이 카페를 오픈한다고 해서 약 2년 동안 오픈부터 전반적인 창업에 대한 스킬을 보고 배웠습니다. 그 과정에서도 창업에 대한 공부도 꾸준히 하며 아이템 선정에 몰두했고 기회를 노려봤지만, 그 과정에서 아직은 창업을 하기에는 역량 부족과 대표로서 모든 것을 총괄할 수 있는 담대함이 부족함을 결론짓고 뒤늦은 취업을 고민하기 시작했습니다. 그러던 중 MD라는 직업을 알게 됐고 MD가 하는 일이 제가 창업을 위해 준비하며 갈고 닦았던 과정들이란 것을 깨닫고 보니, MD가 너무 되고 싶어졌습니다. 솔직히 내 돈 갖고 일을 저지르기엔 겁나지만 남의 돈 갖고 일을 기획하고 저지르는 것이 할 만하겠다는 생각이 들었습니다. 좀 이기적인 생각이지만요.

암튼 그렇게 MD라는 직업을 알게 되고 너무 하고 싶어서 채용정보와 일반적인 스펙을 알아보는 과정에서 무한한 좌절감을 맛봤습니다. 저는 MD로 채용되기 위한 스펙이 전혀 없었습니다. 절실한 자기소개서 하나 믿고 지원을 해봤지만 '불합격이라는 연락'조차 없더군요. 그래서 스펙을 쌓아야겠다고 생각했습니다. 그런데 나이가 저의 걸림돌이 됩니다. 학력이 좋지도 않고 전공과도 아니라고 생각을 하니 '스펙을 언제 키워서 언제 취직을 하나' 싶은 생각에 그 막막함이 저의 모든 자신감을 앗아가 버렸습니다. 저는 저의 열정만 보고 받아줄 수 있는 중소기업에 들어가 일하면서 스펙을 키우다, 몇 년 후 제일모직이나 신세계 인터내셔널쯤 되는 기업으로 도전을 해볼까 생각해 봤습니다. 그런데 그만한 스펙을 쌓을 수 있는 절실함은 있지만 나이 때문에 '그렇게 해서 될까?'라는 걱정이 앞서 도저히 시작을 못하겠습니다.

제가 스펙 키우고 해서 32살 정도에 취직을 할 수 있을까요? 아님 어차피 남들 알만한 기업은 열심히 해도 학벌, 학점이 딸리니 생각도 말아야 하나요? 아님 어차피 준비했던 창업을 좀 더 오랜 기간 꼼꼼히 준비해서 창업을 시작할까요? 주변에 이런 고민을 해결해 줄 사람도 없고 조언을 구할 사람도 없어서 이렇게 염치불구하고 메일을 보내 한탄합니다. 이제는 어린 나이가 아니라 평생 가져갈 일을 선택해야 해서 정말 판단하기가 너무 힘이 듭니다.

눈 높은 스펙남 Y군

본인도 역시 남들 하는 만큼 스펙 키우고 조건을 구비하면 32살 되서도 취직을 할 수 있을 겁니다. 다만, 확률적으로 떨어진다는 거지 세상에 안 되는 일이 어디 있겠습니까? 사실은 무조건 스펙만을 키우라는 말은 못 하겠습니다. 스펙만으로 직장을 구하는 것이 아니거든요. 일단 눈을 낮추세요. 눈을 낮추시고 찬찬히, 늦은 만큼 착실하게 간다고 생각하시면 굳이 긴 시간 스펙을 쫓지 않아도 될 것 같습니다.

여전히 본인의 실력이나 조건은 미흡하면서도 '남들 알만한 기업'을 찾으니까 답이 안 나오는 겁니다. 현실에 본인을 맞춰야지 현실이 본인에게 맞춰지기를 기대하면 안 됩니다. 본인 스스로도 인정한 만큼 학벌, 학점, 준비상황, 나이 등 하나 딸리지 않은 것이 없잖아요. 그런데 소망을 보면 하나도 딸림이 없는 사람들과 같은 수준을 가지고 있으니 그거부터 난센스입니다.

창업과 구직, 두 개를 병행해서 알아보는 것은 어떨까요? 창업도 뭘 알아야 하죠, 아닌가요? 말한 대로 '남의 돈'으로 회사라는 조직을 통해 이런 소리 저런 소리 들어가면서 연습과 훈련을 한 다음에 비로소 하게 되는 것이 사업 아닌가요? 특별한 것이 있다면 모르겠지만 그렇지 않다면, 아직은 어리니까 일을 배우기 위해서라도 직장생활을 하는 게 좋을 것 같습니다. 창업은 언제든지 할 수 있습니다. 하지만 직장생활은 아무 때나 할 수가 없습니다. 원래 세상에서 제일 쉬운 게 사장되는 겁니다.

결론이 났네요. 수준을 낮춰서 직장생활을 해라. 그리고 나중에 옮겨라. 창업은 아직 하지 말고 나중에 해라.

비슷한 고민을 경험한 멘토가

전문대학 회계학과를 졸업한 27세 여성의 식품MD되기

안녕하세요. 블로그를 통해서 답변해주신 글들을 읽고 질문도 여쭙고 조언을 구하고 싶어서 메일 보내드립니다. 저는 올해 27살에 좀 늦게 야간으로 전문대학 회계학과를 졸업했습니다. 학교 다니면서 회사를 같이 다녀서 회계로 경력이 4년 정도 있습니다. 제가 평소에 식품영양 쪽에 관심이 있었는데 학교를 다니면서 배웠던 마케팅 분야가 너무 흥미로워서 배우고 싶었거든요. 그러다 식품MD에 큰 관심이 생겼습니다.

하지만 현실에 부딪치게 되네요. 29살의 식품MD를 원하시는 분의 글을 상담해주신걸 봤는데 그 분과 다르게 전 학과도 다르고 경력이 없어서 고민이 됩니다. 식품MD가 되려면 어떻게 해야 할 지부터 감이 오질 않습니다. 우선 제가 생각하고 있는 것은 학점은행제를 통해서 학사를 취득하고 대학원을 식품영양학 쪽으로 입학하거나 방통대 3학년 경영학과 편입하고 경영대학원 수료를 하는 겁니다. 그런데 그렇게 해서 대학을 졸업하게 되면 나이가 33살 정도가 되는데 현실적으로 신입으로 가능한지가 가장 궁금합니다.

또 MD에게는 외국어 능력이 중요하다고 들었습니다. 다행히도 영어는 회화 정도가 가능한데요. 중국어나 일본어 공부를 해보려고 하는데 도움이 많이 될까요? 차라리 영어실력을 더 쌓는 게 좋을까요?

늦게 새로운 목표를 찾은 B양

우선 지금 생각하고 계신 학점은행제로 시작해서 33살에 대학원을 졸업해서 신입으로 식품MD가 될 가능성이 어느 정도인지는 모르겠습니다. 하지만 제 경험으로는 거의 어려울 것 같습니다. 특별한 관계나 보통의 소개가 아니고서는 실현되기 매우 어려운 조건입니다. 대학원을 졸업했다고 해서 식품MD가 그냥 되는 것은 아니거든요. 그러니 정말 식품MD 가 꿈이라면 차라리 하루 빨리 온라인에서라도 식품MD가 되는 방안을 찾아보세요. 회계학을 전공하셨으니 이 경력을 좀 부각시키시면 나름 장점이 되실 수 있을 것 같습니다. MD학원을 이용하는 방법도 있습니다. 대학원은 일단 식품MD가 되신 후에 다니는 걸로 하는 게 좋겠습니다. 이 것저것 따지다가는 진짜 시간을 놓치겠어요. 영어가 회화 가능한 수준이라는 것이 어느 정도인지 모르겠습니다. B양 정도의 나이면 영어는 무조건 점수로 말해야 합니다. 토익 몇 점인지, 오픽 점수가 어떤지, 스피킹 레벨이 어떤지가 숫자로 나와야 합니다. 그게 기본입니다. 만약 영어가 좀 부족하다 싶으면 쓸 수 있는 시간과 비용을 중국어로 분산시키지 마시고, 차라리 영어실력을 더 쌓는 것이 좋겠습니다.

재무회계 때문에 장학금을 놓친 멘토가

패션마케팅을 전공한 29세 여성의 신입 바잉MD되기

안녕하세요. 29세 바잉MD를 꿈꾸는 패션마케팅을 전공한 학생입니다. 저의 고민을 좀 들어주세요. 『MD WHO & HOW』 잘 읽어보았습니다. 저는 지금 패션마케팅학과 졸업을 앞둔 학생입니다. 졸업을 앞두다 보니, 고민이 너무 많네요. 저의 멘토가 되어주시겠어요?

처음에는 해외구매대행 쇼핑몰 MD로서 2년 6개월을 일했습니다. 사이트관리, 상품발굴, 기획, 홍보, 마케팅 등 여러 가지 업무를 처리했지만 중소기업에서 일했던 것이라, 정확한 MD의 업무를 정확히 배우지는 못했습니다. 그래서 MD의 업무를 더욱 심도 있게 배우고 싶은 욕심이 생겼고, 일단은 영어실력을 높여야겠다는 생각으로 25살 어학연수를 가게 되었습니다. 1년의 어학연수를 마치고 MD에 대한 전공공부를 위해 패션마케팅학과에 편입하게 되었습니다. 여러 가지 세미나, 특강, 포럼, 패션쇼 등 모든 필요한 것은 빠지지 않고 다녔으며, 토익 스피킹 점수도 만들어 놓았습니다.

하지만 졸업을 앞둔 지금 29세라는 나이는 기획MD의 신입으로서 출발하기엔 늦었나요? 이력서를 내도 한군데도 전화 오는 곳이 없네요.

저의 목표는 바잉MD가 되는 것입니다. 하지만 처음부터 바잉MD로는 무리가 있기에, 기획MD 또는 영업MD로 들어가고 싶지만 제가 여자이고, 29살이란 나이는 신입으로 출발하기에 늦은 나이라면, 바잉MD로 성장하기 위해 어떤 것을 준비하면 좋을지 조언 부탁드리겠습니다. 많은 길을 돌아온 만큼 제 꿈을 꼭 이뤄보고 싶습니다. 도와주세요.

▒▒ 너무 많이 돌아온 Y양

대학졸업을 앞둔 여성의 29세라는 나이는 객관적으로 많이 늦은 나이입니다. 그냥 솔직하게 말씀 드리면 대기업으로는 정상적인 취업이 거의 불가능한 나이고요(보이든 보이지 않든 연령제한이 있기 때문입니다), 중견기업도 상당히 부담스러워할 나이입니다. 보통 빠른 친구들이 24세에서 25세면 대졸신입이 되는데 그보다 5년이 뒤져 있다는 것은 직급 하나를 뛰어 넘는 것이라 신입으로는 정말 쉬워 보이지 않습니다. 쇼핑몰 경력을 어떻게든 인정받지 못하면 풀어내기가 쉽지 않을 것 같습니다.

설명하신 글로 봐서는 이미 3년여에 걸친 쇼핑몰MD를 통해 일반적인 온라인쇼핑몰MD의 업무는 익히셨을 것 같은데, 어떤가요? 카테고리를 어떤 것으로 했는지 구체적으로 쓰지 않은 것으로 보아 여러 가지를 구분 없이 하지 않았나 싶습니다. 그러나 설사 그렇다고 해도 새로운 직장을 구하실 때는 면접이나 지원을 하려는 회사의 사업영역에 따라 했었던 것 중에 가장 회사에서 필요로 하는 카테고리를 집중시켜서 모든 원서를 작성해야 가능성을 높일 수 있습니다.

본인이 더 신경써야 하는 것은 이력서 보다는 자기소개서입니다. 그걸 어떻게 쓰느냐가 다른 사람들보다 더 중요하겠습니다. 저 같아도 특이하니까 읽어 보기는 할 것 같은데 본인이 왜 멀쩡히 일을 하다가 모든 것을 접고 학교로, 그것도 패션머천다이징을 공부할 수밖에 없었는지를 충분히 이해할 수 있게 써야 될 것 같습니다.

그건 그렇고, 바잉MD는 기능에 대한 것이니까 이건 지금 급한 것은 아닙니다. 실제로 Y양은 본인이 바잉하고 싶은 카테고리를 정하신 상태인가요? 패션이 한두 개의 카테고리가 아니라서 그게 뭉뚱그려지면 전혀 타깃팅이 안 됩니다. 그러니 만약 아직 정하지 않았다면 패션의 여러 카테고리 중에서 본인의 강점과 본인이 제일 관심 있고 잘하는 분야를 정하는 것이 최고로 급한 일이 되겠습니다. 정했다면, 그게 무엇이고 그 카테고리에 대한 Y양의 선택은 남이 보고 '충분히 잘 할 수 있겠다'고 인정할 수 있는 것인가요? 사람들이 그렇게 생각할 수밖에 없는 이유는 무엇인가요? 남들이 수긍할 수 있는 포트폴리오를 포함한 Y양만의 실력이라고 할 만한 것은 어떤 것이 있나요?

'열정'과 '관심', 이런 것은 지금 아무런 도움을 주지 못합니다. 구직하는 사람들은 모두 열정이 있으니까 지금은 전혀 차별화가 안 되는 겁니다. 본인만이 가지고 있는 것, 그래서 일반적인 24~25살 애들과는 차별화되는 본인만의 어떤 것이 있다면 이 어려운 문제를 푸는데 확실한 도움이 될 겁니다. 그래서 생각 같아서는 약속을 받아 놓고 입사하는 대리급 사원쯤으로 본인이 포지셔닝 될 수 있도록 계획하지 않으면 안 될 것 같습니다. 실은 그만큼 일에 대한 지배력이 좀 보여야 한다는 뜻입니다. 이것도 대기업은 아니고 중소기업에 적당한 작전입니다.

정리하면, 처음부터 바잉MD로 들어가든 기획MD든, 영업MD든 카테고리 확정이 우선입니다. 1년의 어학연수가 얼마나 영어에 도움이 될지는 미지수입니다. 오히려 영어에 대한 확실한 자격증이 도움이 될 것 같습니다. 스피킹은 가이드라인이 평균 레벨 6이니까 레벨 7로, 토익은 평균이 720점이니까 850점 이상으로 해 놓으셔야 걱정을 덜 듯합니다. 이것도 부담을 줄인다는 것이지 취업을 보장한다는 것은 아닙니다.

지금은 비록 떨어지더라고 제가 말한 것을 챙기면서 계속 지원하는 것이 유일한 방법입니다. 더 뭘 준비한다고 지원을 늦추면 정말 더 어려워집니다. 지금 당장 지원과 동시에 준비해야 합니다.

나이 먹는 것이 한편 섭섭한 멘토가

스펙 없고 경력 없는 31세 무직 남성의 무작정 MD되기

안녕하세요. 상품기획 쪽으로 진로를 생각하고 있던 차에 멘토님의 블로그를 발견하고 급한 마음에 이렇게 쪽지를 보냅니다. 저는 지방대 신문방송과를 졸업하고 나이는 31살이고 아직 무직입니다.

제가 엄청 늦은 나이지만 상품MD를 꼭 하고 싶어서 이번에 국비과정을 통해 MD학원을 다녀 보려고 합니다. 스펙도 거의 없어서 망설여지긴 하는데 이번에 못하면 정말 후회할거 같습니다. 현실적으로 상품MD 분야에서 지금 나이로 취직하는 것은 불가능한가요?

그리고 MD라면 PT는 무조건 필수로 잘 해야겠죠? 몇 자라도 조언 남겨주시면 정말 감사하겠습니다.

ᛋᛁᛚ 너무 멀리 다녀온 L군

반갑습니다. 여기까지 오는데 너무 많은 시간이 지난 것 같습니다. 제가 좀 더 일찍 블로그를 할 것을 그랬습니다. 사실 세상에 불가능한 일이 어디 있겠습니까 마는 현실적으로 상품MD 분야에서 지금 나이로 취직하는 것은 확률적으로 어려워 보입니다. 31세에 경력 없고, 스펙도 없으며, 현재 무직에 국비과정을 통해 MD교육을 받으실 요량이라면, 사실 과정을 끝낸다고 해도 MD로의 취직 가능성은 정말 안타깝지만 적습니다.

지금으로서 기댈 곳은 학원 밖에 없어 보입니다. 국비과정을 통해 어떤 학원을 다니시게 될지 모르겠지만 거기서 승부를 내셔야 할 것 같습니다. 과정 이외에 어떤 것을 더 준비하면 되는지 학원에 문의해 보시고 부지런히 학원과의 관계를 만드시는 것이 필요해 보입니다. 그리고 꼭 직장인이 되라는 법 없습니다. 학원에서 배우셔서 나중에 본인이 본인의 상품을 런칭하면 되지 않겠습니까?

문의하신 PT능력은 MD가 아니라도 요즘은 모든 사람들이 잘해야 하는 스킬입니다. 커뮤니케이션의 상징물이 PT이기 때문에 직장생활에는 거의 필수지요. 부족하시면 어려운 과정은 아니니까 집중해서 1~2시간만 배우시기 바랍니다. 그럼 회사에서 쓰는 정도는 충분합니다. 좀 더 일찍 마음을 정하셨으면 좋았겠지만 지금 알게 된 것도 파이팅입니다.

한때 교육학원비상근무원장을 했던 멘토가

군대 미필인 대학교 2학년 25세 남학생의 패션MD되기

블로그를 이렇게 오랫동안 새벽 3시가 된 줄도 모르고 읽다가, 저 같은 경우는 전혀 없는 것 같아서 제 이야기를 상담해보려고 합니다. 저는 현재 25세로 한창 고민이 많을 시기입니다. 그런데 제 머리를 더욱 아프게 하는 것은 바로 제가 현재 '미필'이라는 사실입니다. 거기다가 현재 ○○ 대학교 2학년 의상학과 재학 중입니다. 제 목표는 패션관련 일을 하는 것이고, 패션 디자이너든, MD든 디자이너가 된다면 디자이너 브랜드를, MD가 된다면 브랜드 편집샵을 내는 것이 가장 이루고 싶은 목표입니다. 그래서 멘토님께 궁금한 점을 물어보고 답변을 부탁드리겠습니다.

첫 번째 질문은 말씀드린 대로 아직 미필인 관계로 두 살 위인 누나가 결혼하기 전까지는 일부분 학비를 지원해 줄 수 있을 것 같아서 최대한 빨리 졸업을 하려고 합니다. 그러다가 발견한 것이 공군 학사장교입니다. 제가 중학교를 졸업하고 2년 동안 호주에 유학을 다녀온 경험이 있어서, TOEIC은 현재 950점 정도 나오는 수준의 실력입니다. 그래서 공군 통역 장교를 역임하면서 영어 실력을 늘려 장교 특채로 기업에 입사하고 싶지만, 전역하면 31살 중반에 경력 없는 대졸이 신입사원으로 패션MD에 지원을 한다면 가능성이 희박한지 알고 싶습니다.

두 번째 질문은 패션 디자이너가 되어 브랜드를 내는 것이 꿈이었고, 공군장교를 한다면 복무 외의 시간을 활용하여 제 의상에 대한 연구와 시간을 보낼 수 있을 것 같았는데, 그쪽 관련 아는 분이 없어서 인생을 먼저 걸어가신 선배님께 아니면, 주위 분들 중 행여 비슷한 경험이 있는 분이 계시다면 정보를 주실 수 있는지 알고 싶습니다.

만약 힘들다면 이 모든 것을 포기하고 지금 군입대를 할까요? 군입대를 한다면 전역 후 28세 그리고 3학년 무경력이면 너무 초라한 모습에 제 과거가 안타깝게만 느껴져서 선뜻 그냥 입대하기도 걱정이 됩니다.

마지막으로, 정말 제 앞에 안개가 드리워져 있는 것 같아서 그러는데, 제 인생에 있어 어떤 방향으로 나가면 좋은 결과가 있을 수 있을지 간단

한 방향제시를 부탁드리고 싶습니다.

제 약점은 나이입니다. 멘토님의 글을 많이 보았는데 나이가 참 걸림돌이 많이 된다고 하셔서 더욱 가슴이 아프네요. 제게 조금의 방향이라도 보일 수 있게 도움을 주시면 좋겠습니다.

미래장교 HJ군

반갑습니다. 우선 늦은 나이를 극복하기 위해서 공군 통역장교를 역임하면서 영어를 실력을 늘리고 장교 특채로 기업에 입사하기로 마음먹은 계획은 아주 좋아 보입니다. 개인적으로 나이 먹은 학생들, 특히 비교적 기회가 있는 학생들에게 개인적으로 추천해 주고 싶은 방법이 장교복무를 하는 겁니다. 아직도 우리사회는 장교에 대한 무의식적인 신뢰감이 있으니까요.

그런데 왜 공군인가요? 공군은 40개월 복무를 해야 하는데 너무 길지 않을까요? 차라리 학군이 어떨까요? 제가 알기로 공군과 해군이 제일 길고 육군은 그나마 좀 짧은 것으로 아는데, 학군은 사회에 진출한 선배들도 많아서 본인에게 좀 더 유리할 수 있습니다. 군복무 중에 배운 리더십이 입사에 상당한 플러스 요인으로 작용하게 될 겁니다. 그러니까 특별한 이유가 없다면 학군으로 지원을 하는 것이 좋을 것 같습니다. 장교로 제대 후 입사가능성은 생각보다 절대 낮지 않습니다. 앞서 말한 사회적 인식이 있기 때문이고, 한마디 더 보탠다면 디자인보다는 장교라는 백그라운드의 특성상 MD로 취업을 하겠다고 하면 훨씬 가능성을 높일 수 있을 것 같습니다. 이건 잘 생각하고 본인이 판단하는 게 좋겠습니다.

문의했던 사항인 브랜드 내는 것을 꿈으로 삼아 군복무 시간 외에 여유시간을 활용하여 연구를 했었던 사람은 제 주위에는 없고 내 생각에는 찾기도 쉽지 않을 것 같습니다. 그런데 저도 해보니까 복식사 정도의 이론 공부는 충분히 혼자 할 수 있던데요? 어떤 구체적인 공부를 뜻하는지 모르겠지만 장교로 복무할 생각이라면, 옷에 대한 공부도 공부지만 마케팅과 경영에 대한 공부를 하시는 것이 좀 더 도움이 될 것 같습니다. 어차피 군대 나오고 어쩌고 하면 금방 30대 중반인데 그때는 관리자(Manager)가 되어야 해서 경영과 마케팅 공부에 비중을 두는 것이 나을 것 같습니다.

본인의 인생 방향을 어디로 가면 좋은 결과가 있을 수 있을지는 미안하지만 제가 알 수 있는 내용이 아니에요. 내가 아는 것은 본인이 내게 알려준 아주 단편적인 것뿐입니다. 그건 어렵지만 본인이 고민을 해야 하는 부분입니다. 책도 많이 보고 사람도 많이 만나보고 여러 모임도 다니면서 다른 사람들의 삶의 모습을 보고 조명하는 일은, 순전히 본인이 해야 할 일입니다. 선뜻 학비 대주는 누나에게 정말 감사하게 생각하고 누나의 도움이 헛되지 않게 공부 열심히 하고 최선을 다해서 목표를 반드시 이루도록 하세요. 장교로 가게 된다면 거기서도 역시 충실하고 건전한 생활로 모아오고, 남겨오고, 더 키워오는 군생활이 되기를 바라겠습니다.

지금 여기서 1~2년 늦은 거 별거 아닙니다. 충분히 따라갈 수 있고 오히려 얼마든지 앞서갈 수 있습니다. 기대감과 자신감을 잃지 말고 파이팅 시고, 아울러 패션에 대한 열정이 삶에도 그대로 적용되기를 바랍니다.

학군단 장교가 늘 부러웠던 병장멘토가

2) 경력문제

섬유예술학과를 졸업하고 액세서리 디자이너로 취업한 여성의 기획MD되기

안녕하세요. 저는 한국에서 ○○여대 섬유예술학과를 졸업하고 패션디자인을 공부하고 싶어 뉴욕의 Parsons로 유학을 다녀왔습니다. 그리고 한국으로 돌아와 국내 대기업에서 액세서리 디자이너로 1년 경력을 쌓고, 신규 영캐쥬얼 브랜드에서 8개월 동안 경력을 쌓았습니다.

디자이너로서 일을 하다 보니 브랜드 아이덴티티와 상품을 기획하는 것이 너무 재미있었고 베스트셀러가 되는 제 상품들을 보며 제 자신이 재능이 있다고 생각을 했습니다. 액세서리뿐만 아니라 브랜드의 전반적인 아이템을 기획하고 싶다는 꿈이 생겼고, 그래서 29살의 나이에도 불구하고 기획MD가 되겠다는 꿈을 따라 과감히 퇴사를 하였습니다.

근데 막상 신입으로 기획MD의 포지션에 지원을 하니 서류부터도 통과가 되지 않습니다. 사실 저는 지원을 하면서 저 정도면 상경계는 아니지만 학벌이 뒤쳐지거나, 영어성적이 모자라거나, 스펙이 부족하다는 생각은 하지 않았습니다. 디자이너로서의 경력도 어느 정도는 플러스 요인이될 거라고 생각했었죠. 상반기 공채의 서류결과가 나오며 29살의 나이로 기획MD를 꿈꿨다는 것이 잘못된 일이었나 하는 생각이 듭니다. 저는 더 늦기 전에 제가 진정으로 하고 싶은 길을 찾기 위해 떠났다고 생각했는데, 이미 늦은 나이가 된 것이 아닌가 하는 생각도 듭니다. 그래서 '다시 디자이너로의 길을 가는 것이 맞는 것일까?' 하는 생각을 하고 있습니다. 많이 바쁘시겠지만 조언을 듣고 싶습니다.

차고 넘치는 스펙을 가진 Y양

좋은 스펙을 가지고 있어서 더 속상해하고 있을 것 같네요. 제가 보기에도 그 정도의 학력과 백그라운드면 별로 떨어질 일이 없어 보입니다. 그래서 그냥 제가 맘대로 Y양의 이력서를 받은 면접관의 마음으로 한번 들어가 봤습니다.

제가 만약 본인의 이력서를 받은 인사담당자라고 생각을 하니 제일 먼저 든 생각이 "명문대에, 유학까지 하고 왔는데 보니 첫 번째 직장에서 1년, 두 번째 직장에서 8개월이면 우리가 뽑아도 길어야 1년 정도 있겠네!" 이런 생각이 듭니다. 디자이너들이 직장에서 오래 생활하지 못한다는 것은 이미 업계에서 좀 알려져 있는 사실이긴 하지만, Y양의 경우엔 너무 어린 나이에 그걸 완벽하게 증명해 보인 케이스가 되었습니다. 제가 보기에 서류에서 탈락된 이유에는 분명히 잦은 이직이 한 몫을 했다고 봅니다. 기획MD에 신입으로 입사를 하고 싶다고 했지만 지금의 나이는 신입으로는 늦은 나이입니다. 그리고 기획MD를 하기에는 객관적으로 보기에 실력과 경력이 많이 모자란 부분도 있어, 본인이 좀 오버를 했다고 생각됩니다. 거기 있으면서도 충분히 할 수 있는 방법이 있었는데 왜 섣불리 그만두었는지 안타깝습니다. 마음을 추스르고 다시 디자이너로의 길을 가는 것이 오히려 더 나을 수도 있을 것 같습니다.

꿈을 버리란 말이 아니라, 지금은 당장 기획MD로 가기에는 부담스러운 상황이기 때문에 한번 더 쉬어 가라는 겁니다. 기획MD들 중에는 디자이너 출신들이 현업 중에 가장 많습니다. 때로는 디자이너들이 기획MD가 하는 일도 그냥 맡아서 하는 경우도 있습니다. 한 직장에서 디자이너로 일하면서 짬짬이 기획도 하다 보면 어느 날 기획MD로 다른 회사에 스카우트 되는 경우가 생기는 겁니다. 하나는 할 수 있는 일이고 하나는 하고 싶은 일이니 일단은 더 시간이 지나가기 전에, 두 곳으로 모두 지원을 해서 빨리 기회가 오는 곳으로 자리를 잡는 것이 좋겠습니다. 일단 최악의 경우 디자이너를 한 2년 더 한다고 생각하면 마음이 좀 편해지지 않을까요? 어차피 그 일을 열심히 하다가 보면 분명히 기획MD를 하게 될 수도 있으니까 마음의 여유를 좀 더 가짐이 좋겠습니다.

좋은 소식을 기다리는 부러운 멘토가

VMD 2년 차 경력의 26세 여성의 패션바잉MD되기

인터넷 서핑을 하다가 이렇게 블로그를 알게 되었고, 많은 분들에게 조언과 상담을 해주시는 거 보고 저도 이렇게 글을 쓰게 되었습니다.

저는 지금 26살이고 VMD경력이 한 2년 정도 됩니다. 처음에 일은 상해에 있는 국내 대기업 지사에서 인턴을 했고 그 후 한국에 들어와서 ○○브랜드에서 프리랜서 VMD 일을 했었습니다. 원래 꿈은 바잉MD였지만 기회가 돼서 VMD를 했는데 그 일도 너무 재미있어서 즐겁게 했습니다. 이번에 새로 취업을 준비하는데 다시 바잉MD 막내로 들어가고 싶어서 준비를 하고 있는 차에 이렇게 멘토님의 블로그를 방문하게 되었습니다.

지금 바잉MD로서는 전혀 경력이 없고 VMD만 조금 있어서 이력서를 내도 될지 고민이 됩니다. 뵙지도 못하고 알지도 못한 상태에서 이렇게 상담을 한다는 게 죄송하기만 합니다. 그래도 이렇게 저 같은 사람들한테 좋은 조언 해주시는 거 정말 감동입니다.

멘토님이 보시기에 제 경력으로는 바잉MD가 될 수 있을까요?

바잉MD로의 변신은 비록 직접적인 경력은 없지만 VMD 경력에 비해 상대적으로 나이가 어려서 도전해볼 만 할 것 같습니다. 문제는 본인이 이직을 위해 써야 하는 자기소개서가 될 것 같습니다. 그걸 잘 써야 이 도 하 작전은 성공을 할 수 있을 것 같습니다. 분명히 '왜 VMD를 하다가 MD 를 하려고 하느냐?' 하고 물어볼 테니까 그걸 잘 설명하여 작성하시기 바 랍니다. 준비된 멘트가 있나요?

또 하나, 바잉MD는 기본적으로 영어를 잘해야 합니다. 중국어는 충분 조건, 영어는 필수조건입니다. 영어가 안 되면, 매우 고통스러운 길이 될 겁니다. 그래서 영어가 일단 어느 정도 된다고 보고 자기소개서를 쓸 때 는 지원동기 쯤에 'VMD를 하다 보니 상품을 돋보이게 하는 것이 아니라 상품 자체를 돋보이는 것으로 해야겠다는 생각을 하게 되었다, 본질에 더 관심을 가지게 되었다'는 식의 이런 멘트를 쓰시는 것이 좋겠습니다. 대 개 MD하다가 VMD를 하기는 어렵지 않지만 VMD를 하다가 MD를 하는 경우는 아주 드물거든요. 하지만 본인은 중국어도 되고 또 대기업에도 있 었고 나이도 많지 않으니까 도전해 보면 길이 보일 것 같습니다.

꽃보다 감자 멘토가

조리학과 졸업 후 조리사로 근무 중인 27세 청년의
리테일식품MD되기

안녕하세요. 블로그를 통해서 다른 분들의 고민이나 MD가 될 수 있도 록 지도해주시는 것을 보고 저도 이렇게 메일을 보내게 되었습니다.

저는 ○○대학교 조리학과를 졸업하고 현재 대기업 FC사업부라는 단체급식 사업부 외식운영그룹에서 근무 중입니다. 간략하게 설명하자면, 단체급식이나 푸드코트, 레스토랑 등 여러 식음사업을 하고 있는 회사입니다. 현재 조리사로 1년 반 정도의 경력을 가지고 있고 나이는 27살의 남성입니다. 저의 주업무는 조리이고 매출관리 협력사 인력관리 등이 있습니다.

조리학과를 다니면서 제 적성이 조리사와 잘 맞지 않다고 생각했지만 막상 4학년이 되니, 취업의 문턱에 서게 되고 제가 당시 가장 갈 수 있는 좋은 곳을 선택해 입사를 하게 되었습니다. 입사를 하고 단체급식이라는 한정된 업체와 조리사라는 직무의 발전 한계, 제 자신의 발전 한계 등 여러 가지 생각이 많습니다. 그래서 현재의 생각 같아선 퇴사 후 영국의 경영석사, MBA 또는 호주로의 요리유학에 대해 고민 중입니다. 공부를 마치고 돌아오면 식품계열 회사에서 운영지원과 같은 업무를 맡고 싶어 여러 방면으로 검색을 하던 중 MD에 대하여 알게 되었습니다. 제가 공부를 더하고 맡고 싶은 업무와 MD라는 직무가 맞는 것 같아, 목표를 백화점 식품MD로 잡고 공부를 할까 합니다.

우선은 저와 같이 조리학과 출신이 해외 석사를 통해 전혀 다른 직무인 식품MD 쪽으로 갈 수 있는지, 또한 유학을 간다면 어떤 쪽으로 공부를 해야 하는지를 알고 싶습니다. 만일 요리 유학을 가게 되면 식품MD로 취업하긴 어려운지, 그리고 경영석사나 MBA가 더 괜찮을지도 궁금합니다.

또 다른 것은, 식품MD 쪽으로 취업을 한 후에 이직을 통해서 점점 더 좋은 BIG 3 백화점의 식품MD로 옮겨가야 하는 것인지도 궁금합니다.

27세라는 적지 않은 나이에 회사를 그만둬야 한다는 두려움도 있지만, 늦기 전에 하고 싶은 일을 하고자 이렇게 조언 부탁드립니다.

조리사복도 잘 어울릴 것 같은 T군

반갑습니다. 비슷한 조리학과 출신이 해외 석사를 통해 식품MD 쪽으로 가는 경우는 아주 많기에 충분히 갈 수 있습니다. 그리고 식품MD가 되는 것이 목표라면 굳이 유학 가지 않고도 옮길 수 있을 것 같은데요? 가면 좋지만 필수적인 요소는 아니라는 의미입니다. 유학이라는 것이 항상 기대만큼의 리스크가 있기 때문에 일단 가게 된다면, 많은 고민을 해야 합니다. 하고 싶은 식품MD를 위해서라면 외식경영학이 더 맞을 것 같습니다. 외국에는 이미 오래 전부터 외식경영 과정이 대학원에 개설되어 있어서 아주 인기가 많은 것으로 알고 있습니다. 그런데 이게 여러 가지로 쉽지 않고 준비가 좀 많이 필요합니다. 영어는 물론 비용문제가 있는데 MBA에 장학금 없는 거 아시죠? 웬만한 수준의 대학이라면 돈도 1년에 한 5천만 원 이상 들고, 2년이면 1억 원, 생활비까지 더하면 최소한 2년 동안 1억 5천만 원은 듭니다. 아주 적게 잡은 겁니다. 부모님의 도움 없이는 돈 문제가 해결이 안 될 텐데, 가능하시겠습니까?

간혹 돈 얘기가 나오면 '아르바이트'를 얘기하는 학생들이 있는데 정말 뭘 모르고 하는 얘기입니다. 금액과 교육과정이 아르바이트를 해서 벌 수 있는 수준과 금액이 아니고, 대부분 미국으로 유학간 한국학생들의 비자로는 법적으로 아르바이트를 못합니다. 일할 수 있는 비자가 아니면 일할 수도 없고 공식적으로는 일을 시켜주지도 않습니다.

개인적으로 추천하는 방법은 지금의 회사에서 열심히 일하면서 기회를 보고 식품MD로 이직하는 것입니다. 그러기에는 지금 가진 1년 반 정도의 경력은 짧으니, 지금까지 일한 만큼 더 하는 것이 좋겠습니다. 지금의 직장에서 3~4년 정도 일을 하여 실력을 쌓으면 나중에 돈 들이지 않고 빅3 백화점에 갈 수 있는 방법이 있을 겁니다. 나중을 위해 지금 하는 일에 최선을 다하면서 거기에 영어 공부를 더 하시면 됩니다.

건강관리사자격증에 빛나는 멘토가

중문학을 전공하고 바잉오피스에서 일하고 있는 여성의 바잉MD되기

블로그를 알게 되어 너무 기쁩니다. 그동안 정말 여쭤볼 멘토가 없었는데, 온라인상에서도 이렇게 친절한 상담을 해주시는 분을 알게 되어 다행이란 생각이 듭니다.

저는 32살로 ○○여대 중문과를 졸업했습니다. 첫 회사는 패션 홍보회사였고 10개월 정도 일하다가 ○○실업이라는 비교적 큰 가먼트 벤더에 취업하여 3년 정도 일하면서 바이어가 요청하는 샘플 개발, 오더진행, 관리 등을 했습니다. 이 과정에서 무역도 살짝 배운 것 같고 니트류 생산 쪽에 대해서는 많이 배운 것 같습니다. 작년부터 지금까지 딱 2년 동안은 글로벌 SPA회사의 바잉오피스에서 쥬얼리쪽 MR로 일을 하고 있습니다.

그런데 사실 제가 하고 싶었던 일은 바잉MD입니다. 현재 회사 본사에서 일하고 있는 스웨덴 바이어가 하고 있는 그 일이 제 꿈입니다. 그래서 이번에 일을 그만두고 FIT(Fashion institute of Technology)의 패션머천다이징 학과로 유학을 갔다 와볼까 고민하고 있습니다. 그런데 과연 이 학과를 졸업하고 오면 나이가 34살 이후가 될 텐데, 제가 바잉MD 쪽으로 이직하기 위해 이 유학이 꼭 필요한지 고민이 됩니다.

현재 회사에서 늘 영어를 쓰고 바이어와도 영어로 이야기를 하기 때문에 영어 실력은 나쁘지 않지만, 그래도 영어 공부는 열심히 하고 있습니다. 제가 이직을 원하는 회사는 신세계 인터내셔널이나 제일모직, 코오롱, 이랜드인데 이쪽 회사는 스펙이 엄청 높아야 한다고 들었습니다. 제 경력이 제가 원하는 회사로 옮길만한 스펙을 갖추고 있을지 확신이 없어서 유학을 갈까 말까 하는데 갔다 오면 나이가 많더라도 꼭 도움이 될까요? 아니면, 영어실력을 좀 더 끌어올리고 자신 있게 이력서라도 내어볼까요? 제 경력이 바잉MD 쪽으로의 이직에 어느 정도의 도움이 될지 조언 부탁드립니다.

재주 많은 A양

제가 이런 얘기 진짜 잘 안 하는 편인데 왠지 유학을 추천해 드려도 되겠다는 생각이 듭니다. 단, 대학원 과정을 가세요. FIT석사 과정도 괜찮고 아님 미국 30위권 대학의 MBA를 다녀오는 것도 좋겠습니다. 개인적으로는 MBA를 추천합니다. 그게 본인에게 훨씬 도움이 될 것이고 경쟁력이 될 겁니다. 한국에서의 경력에 미국에서 MBA 공부가 더해진다면 충분히 바잉MD가 될 수 있을 것으로 생각됩니다. 물론 '보장'은 아닙니다. 그저 확률이 높아진다는 얘깁니다. 만약 안 되면 제가 알아봐 드릴 테니 열심히 하시기 바랍니다. GMAT를 공부해야 하는데 올해에 할 수 있다면 하시고, 아니면 내년에라도 시작하시기 바랍니다.

공부를 마친 후에는 국내업체도 좋지만 이왕이면 더 많은 것을 배울 수 있는 해외업체에 문을 두드려 보는 것은 어떨까요? 나이키든, 유니클로든, H&M이나 ZARA 같은 글로벌 브랜드요. 그래서 앞선 사람들의 것을 많이 보고 배우고 익히고 난 다음에 한국에 오셔서 그걸 후배들에게 알려주면 우리나라가 더 좋아지지 않겠습니까?

개인적으로는 단지 국내업체에 바잉MD로 입사를 하기 위해서 해외 MBA를 간다는 것은 별로 추천하고 싶지는 않습니다. 그렇게까지 어렵지 않기 때문입니다. 지금 실력으로도 위의 회사들은 충분히 덤벼볼 만할 것 같습니다. 제가 A양의 인간성이나 성격을 잘 몰라서 확신할 수는 없지만, 자신 있게 이력서를 내어 보시죠. 그 정도 경력이면 지금 당장이 아니라 조금만 여유를 가지면, 헤드헌팅을 통해서도 이직할 수 있을 것 같습니다. 헤드헌팅을 이용하면 훨씬 이직이 수월하다는 거 알고 계시죠?

이미 좋은 경험과 좋은 재능을 가지고 있는 것이 보입니다. 확신을 가지고 자기 자신에 대한 자신감을 가지는 것이 더 필요해 보여요. 충분히 잘 할 수 있습니다. 대기업, 뭐 별거 아닙니다. 잡아먹을 기세로 달려들면 충분히 먹을 수 있습니다. 충분히 자신감을 가질 만한 준비가 되어 있어 보입니다. 자신감 있게, 다만 너무 서두르지 말고 도전을 시작해 보시기 바랍니다.

대기업도 잡아먹어 본 멘토가

입사 2개월 된 가구회사 신입 온라인MD의 홈쇼핑MD되기

안녕하세요. 현재 저는 가구회사에 신입 온라인MD로 취업했습니다. 곧 2월 중 쇼핑몰을 오픈할 예정입니다. MD로 입사한 지는 두 달 정도 되어 가고요. 이제야 MD가 정확히 뭐 하는 사람인지 알만 해진 신입입니다.

다름이 아니라 제가 이렇게 메일을 드리는 이유는 MD로 경력을 쌓으면서 함께 취득해 두면 좋은 자격증을 문의하려고 합니다. 제가 올해 1년 동안 가구공부와 더불어 공부 계획을 짜려는데 도움이 필요합니다. 영어회화는 물론 공부할 예정입니다.

나중에 경력에 도움이 된다거나 이직할 때 조금이라도 유리한 자격증은 뭐가 있을까요? 제가 지금 생각하고 있는 것은 물류관리사, 무역영어, 전자상거래관리사 정도입니다. 혹시라도 있으나 마나 한 자격증이 되지는 않을지 고민입니다. 공부하면서 도움도 되고 이직 시 유리한 자격증으로 최대한 도움이 되는 자격증을 따고 싶습니다. 현재 유통관리사 2급은 취득했습니다.

또 하나, 궁금한 건 온라인MD 보다는 홈쇼핑 방송 MD에 관심이 더 많은데, 제가 지금 온라인MD로 경력을 쌓는 것도 홈쇼핑MD에 도움이 될까요? 아니면 처음부터 홈쇼핑MD 분야에서 일하는 것이 맞는 걸까요? 홈쇼핑MD로 이직이 어렵다면 처음부터 제대로 된 길을 가기 위해서 이렇게 문의합니다.

░ 바로 양다리작전 모드로 돌입한 T군

MD로 경력을 쌓으면서 함께 취득해 두면 좋은 자격증을 본인 스스로 워낙 다양하게 말을 해서 그것만으로도 넘칠 것 같습니다. 그런데 개인적으로는 무역영어와 전자상거래사 자격증은 별로 필요 없을 듯합니다. 이 분야는 철저히 실전으로 '할 수 있느냐, 없느냐?' 그리고 '얼마나 잘 할 수 있느냐?'가 문제이지 '자격증의 있느냐, 없느냐?'는 아니라고 생각합니다. 그건 신입일 때 입사를 위해 필요한 사항이고, 오히려 자격증보다는 실전에서 얼마나 잘할 수 있는지가 판단의 요소가 될 겁니다. 그러니까 무역영어 자격증이 없어도 무역영어를 할 줄 알면 된다는 얘기입니다.

또 온라인MD를 하시니 전자상거래관리사는 필요 없지 않을까요? 그게 온라인MD를 하기 위해서 필요한 자격증인데 이미 하고 있으면 필요 없을 것 같습니다. 물론 따두면 좋겠지만 자격증이 실전경력을 대신할 수는 없습니다.

물류관리사보다는 차라리 컬러리스트나 VMD 자격증을 공부하시고 가능하면 가구 디자인을 공부하는 것이 좋겠습니다. 이것도 일정한 자격이 필요하기는 하지만 되기만 한다면 훨씬 도움이 되실 겁니다. 굳이 자격증이 안 된다면 직접 어디 공방이라도 나가셔서 가구들을 직접 짜보고 만들어 보라는 얘깁니다. 그럼 자연스럽게 나무의 특성에 대해서 알게 될 것이고 설계시의 주의점, 나무의 특성과 그에 따른 사용용도, 칠의 종류, 배송의 주의점, 포장의 중요성 등을 배우게 될 겁니다. 그게 훨씬 본인에게 도움이 됩니다. 자격증은 신입으로 입사할 때만 필요하고 나머지는 진짜 할 수 있는 실력이지 자격증이 아닙니다.

홈쇼핑MD가 되고 싶어 하는 마음은 충분히 알겠습니다. 지금 일하고 있는 온라인MD도 홈쇼핑도 업의 베이스를 온라인에 두고 있으니까 비슷한 속성이 많이 있어서, 지금 하는 일을 열심히 하면 나중에 홈쇼핑 일을 하게 될 때 분명 도움이 되실 겁니다. 다만, 우리나라 홈쇼핑은 좀 특이한 매체의 성격이 있어서 그건 좀 별도로 익히셔야 합니다.

인생을 조금 더 오래 산 사람으로서 한 가지 아쉬운 것은 이제 입사한 지 두 달밖에 되지 않았는데 질문의 반 이상을 차지할 만큼 이직에 대한 강렬한 소망을 가지고 있다는 부분입니다. 아직 들어가서 사람도 모르고, 거래처도 모르고, 온라인 유통방식도 모르고, 온라인에서 가구라는 것이 어떻게 어떤 특징을 가지고 유통이 되는지도 모를 것 같은데 벌써 다른 곳으로 옮길 생각을 한다는 것은 보기 좋은 모습이 아닙니다. 우리가 가지고 있는 '이직'이라는 카드는 트럼프의 조커(Jocker) 같은 겁니다. 매번 있지 않고 항상 쓸 수 없으며, 많은 것 같지만 회사생활 전체를 통해 개인에게 주어진 것은, 보통 5장 내외입니다. 물론 평생 1장도 못쓰고 직장생활을 마치는 사람들도 있지만 최근 들어서는 이 5장이 모자라서 8장도 좋고 10장도 좋고 마구 내미는 사람들이 있습니다. 직장인으로서는 어리석은 일입니다. 조커인 이직이라는 카드는 첫 번째 카드를 낼 때 가장 강력하고 효과도 큽니다. 그러니까 첫 카드를 언제, 어떤 상황에서 내느냐가 매우 중요합니다. 한 가지 기본적인 팁은 이직카드와 이직카드의 사용 기간(Term)은 최소한 2~3년 정도 되어야 합니다. 그래야 비로소 약발이 어느 정도 복원이 됩니다. 만약 그 시기를 줄여버리면 그때부터 본인은 매우 곤란한 지경에 이르게 됩니다.

이제 두 달 되셨다고 했는데, 앞으로 보름 이내에 적어도 3년 동안은 계속 다닐 것인지 아니면, 때려치울 것인지를 정하기 바랍니다. 그래서 만약 3년을 못 다닐 것 같으면 차라리 지금 나오는 것이 본인을 위해서 좋습니다. 그렇지 않다면 이를 악물고 3년 동안 회사의 모든 정보와 지식을 '빨아먹는다'는 생각으로 최선을 다해서 '온라인 가구판'을 익히시기 바랍니다. 그래야 홈쇼핑도 갈 수 있습니다. 성경에도 "두 마음을 품으면 안 된다."고 했습니다.

본인도 관리자나 임원이 되면 알겠지만 사람이 얼마나 직무에 대한 열의와 만족도를 가지고 있는지는 직원의 눈과 자세에서 드러납니다. 이상하게도 마음이 딴 데 가 있는 직원은 그냥 눈에 들어옵니다. 본인에게 무조건 마이너스입니다. 시간이 좀 걸려도, 좀 돌아가더라도 탄탄한 준비를 해서 가는 것이 맞는 것 같습니다.

늘 파이팅하는 멘토가

3) 학력의 문제

패션 전문학교 학점은행제로 패션MD가 되려는 여고생의 고민

안녕하세요. 저는 일반인문계 고등학교에 다니고 있는 평범한 여고생입니다. 이제 고등학교 2학년으로 올라갑니다. 패션 쪽에는 원래 관심이 많긴 했지만 제 꿈으로 확실히 정한 건 고등학교 1학년 중반쯤입니다. '내가 잘할 수 있고 하고 싶은 건 뭘까?'라고 생각을 해보니 패션 쪽 일이 딱 맞더라고요. 그런데 제가 디자인 쪽보다는 마케팅, 기획 쪽에 더 잘 맞는 것 같아서 패션MD 쪽으로 제 꿈을 선택했습니다. 그리고 제가 중학교 때는 좋았는데 점점 성적이 내려가 중상위권 아니면 중위권에 머무르고 있습니다. 제가 의상학과로 가려고 알아보던 중에 패션 전문학교라는 곳이 있는데, 거기는 100% 면접으로 학생들을 뽑습니다. 멘토님은 일반대학교 4년제를 추천하시는지 아니면 그런 전문학교에 가서 많은 것을 경험하고 취업하는 게 낫다고 생각하시는지 궁금합니다. 제가 듣기론 전문학교에 다니면 더 취업률이 높다고 하니까 전문학교 쪽이 더 좋은 것 같기도 하고, 하지만 우리나라에서는 더 좋은 일을 하기 위해선 4년제가 더 좋다고 하시는 분도 있습니다.

그래서 전문대를 가기 보다는 전문학교를 가려고 합니다. 전문학교에서는 학점은행제라고 학점을 이수해서 전문대를 졸업하는 학생들과 같은 학점으로 전문학사라는 걸 따게 된다고 했습니다. 나중에 유학을 갈 거면 전문학교에 다니라고 하는데, 확실히 유학을 가는 게 패션 쪽에서 성공하기 더 유리한가요? 이 악물고 공부 열심히 해서 꼭 나중에 훌륭한 패션 MD로 거듭나고 싶습니다.

이 악물고 등학생 L양

반갑습니다. 지금 하는 고민이 솔직한 중위권 학생들의 고민이라고 생각합니다. 글의 내용으로 볼 때 패션MD가 본인에게 '맞는' 일이라는 것은 모르겠고 '하고 싶은'이라고는 말할 수 있겠네요. 맞는 일이라고 보기 어려운 것은 본인이 살아 온 과정이 MD로서의 맞고 틀림을 검증해 볼 어떤 과정도 없었기 때문입니다. 이 얘기를 하는 것은 바뀌어도 된다는 말을 하고 싶어서 입니다. 지금은 모든 가능성을 열어두세요. 지금은 본인도 알고 있는 것처럼 공부가 제일 중요합니다. 당연히 공부의 결과에 따라 대학교가 달라지고 대학교가 달라지면 직장도 달라집니다. 직장이 달라지면 당연히 연봉도 달라지고 사회적 성공에 대한 속도도 차이가 납니다.

패션 전문학교에 대해서는 이렇게 생각해 봅시다. 남들은 중학교 때부터 공부를 해서 갈고 닦은 애들을 내신이다, 수능이다, 논술이다, 면접이다 별별 테스트를 다하면서 뽑는데 왜 이 학교는 그런 과정을 무시하고 100% 면접으로만 뽑을까요? 패션 전문학교를 애들이 너무너무 가고 싶어 해서 그럴까요? 중학교 때부터 실력을 갈고 닦은 애들이 거길 갈까요? 전국에서 공부 좀 한다는 애들은 왜 그렇게 밥도 안 먹고 공부를 해서 서울대 같은 복잡한 학교를 갈까요? 서울권 중상위권 대학을 나와서 영어 토익이 900점을 넘고 해외에서 교환학생을 하고 온 후 각종 동아리 활동으로 스펙이 훌륭해도 취업이 안 되는데, 과연 패션 전문학교라는 곳을 나와서 취업이 된들 어떤 회사에 될까요?

실력은 항상 정직합니다. 꼼수 생각하지 말고 빠른 직구로 승부하세요. 공부와 실력이 본인의 인생을 구할 유일한 창구입니다.

저는 본인의 기대와는 다르게 4년제를 추천합니다. 전문학교에 다니면 더 취업률이 높다고 하는 얘기는 어디 보다 더 높은지, 어떤 수준의 직장인지 다시 한번 확인해 보시기 바랍니다.

학점은행제는 근본적으로 가정형편이나 기타 피치 못할 사유로 제 때에 공부를 하지 못했거나, 더 배우고 싶지만 생업 등의 개인적인 사정이 있어서 정상적인 학교생활이 힘든 사람들 위한 제도이지, 공부 못하는 사람들을 위한 구제책은 아닙니다. 공부를 못해서 4년제 대학도 못 가는 실력인데 유학은 더 말이 안되는 얘기죠. 유학을 가려면 기본이 영어인데 영어로 나오는 영어시험은 고사하고 수학시험도 영어를 모르면 이해를 할 수가 없어서 인수분해, 2차 방정식도 풀 수가 없어요. 도형, 수열, 조합을 어떻게 풀라고 그러죠?

열심히 공부해서 4년제 서울권 대학에 갈 생각을 하세요. 인생을 쉽게 사는 방법은 실력을 키우는 것뿐입니다. 그게 유일합니다. 지금 공부하지 않으면 진짜 후회 많이 합니다. 피하고 싶은 마음은 충분히 이해하지만 그렇다고 환경이 달라지지는 않습니다.

너무 정곡을 찌른 멘토가

대학교 2학년을 휴학한 여학생의 패션VMD되기

안녕하세요. 저는 부모님의 권유로 고분고분 대학교 2학년까지 잘 다니다가 꼭 하고 싶은 패션VMD에 대한 열망 때문에 학교를 휴학한 22살 여학생입니다. 오늘 최낙삼MD님의 『MD WHO & HOW』를 읽으면서 꿈은 확고하게 되었으나 밟아가는 과정을 좀 더 튼튼히 하고 허술한 제 계획을 수정하기 위해 메일을 드립니다.

저는 패션VMD를 꼭 하고 싶어서 관련 아르바이트도 의류매장에서만 일했었습니다. 학과가 영어영문학과인 만큼 영어에 대한 의사소통은 무리가 없어야겠다고 생각해서 영어회화도 중급 정도는 됩니다. 현재는 휴학하고 의류를 만들 때 꼭 중요한 기본적인 지식을 알고자 패션스쿨을 다니게 되었습니다. 저는 SPA브랜드의 VMD가 되는 것이 제 꿈입니다.

여기저기 알아본 SPA브랜드의 여러 곳을 살펴보니 아주 짧게 6개월, 아니면 훨씬 그 이상의 경력으로 세일즈스태프로서 열심히 일하게 되면 VMD시험 같은 것을 볼 수 있는 자격이 주어진다고 보았습니다. 그 자격요건이 되어서 시험을 본 후 만약 합격하게 된다면 VMD어시스턴트로 일하다가 정식 VMD가 된다고 합니다.

원하지는 않는 과를 다니면서 남은 2년의 시간을 허비하면서 대학교를 졸업하고 나서, SPA브랜드 세일즈스태프로 입사 후 VMD과정을 순차적으로 밟아나가야 하는 것인지 아니면, 지금 이대로 패션스쿨을 다닌 후 SPA브랜드 세일즈스태프로 입사 후 VMD과정을 순차적으로 밟아나가도 될지 궁금합니다. 어쩌면 당연한 질문이 될 수도 있는 메일이라 죄송스럽지만 제 질문 중 잘못된 부분이 있으면 호되게 꾸짖어주시고 아울러 올바른 길이 있다면 알려주시면 감사하겠습니다.

루비콘 강을 건널 뻔한 L양

이런 아주 큰일 날 생각을 했습니다. 최종학력 고졸로 뭘 하려구요? 세계적인 SPA브랜드를 운영하는 회사에서 볼 때 대학이 아니라 대학원에 해외유학까지 다녀와서 영어를 완벽하게 구사하면서, 해외 브랜드들에 대한 이해와 최근의 트렌드를 이해하고 있는 실력이 출중한 애들이 서로 VMD를 하겠다고 줄을 서는데, 본인이 사장이라면 한국에서 최종학력이 고졸인 사람을 채용하겠습니까?

왜 본인은 대학생활이 허비라고 생각하는 걸까요? 그 말은 본인이 대학 2년을 어떻게 보냈는지를 마치 말해주는 것 같습니다. 본인의 대학 2년 생활은 불성실했을 것이고 무엇하나 제대로 하지 못했을 겁니다. 공부를 왜 해야 하는지를 몰랐을 테니 설사 했던 공부도 기억에 남아 있을 리 없고요. 본인은 지금 대학을 왜 다녀야 하는지를 아주 근본적으로 생각할 필요가 있습니다. 그게 정리되지 않으면 남은 2년도 아주 무의미할 겁니다. 대학생활이 무의미했는데 직장생활은 유의미할까요? 절대 그렇지 않습니다. 세 살 버릇 여든까지 갑니다. 오늘 성실하지 않은 사람이 내일이라고 성실하겠습니까?

대학은 기술이 아니라 다양한 시각을 배우는 곳입니다. 인문학적인 접근과 사고력을 배우는 곳이 4년제 대학인 겁니다. 2년제 학생들은 인문학의 근본에 대한 이해부터 배우기 보다는 시간이 부족하니까, 직관적이고 직접적인 문제해결 능력을 배우겠지요. 4년제 대학 출신들은 추가로 2년의 세월을 더 보내면서 이런 저런 경우를 생각해보고 상황을 만들어 보면서, 사고의 폭을 넓혀서 결론이 아닌 과정을 통한 해결방법을 배웁니다. 대학원을 졸업한 사람은 좀 더 신중하고 다양한 방법, 여러 케이스 스터디를 통한 직·간접 경험을 적용해서 푸니까 문제해결 능력이 더 뛰어난 겁니다. 다시 학교로 돌아가세요.

VMD는 개인적으로 좀 더 자세하게 알아 볼 것을 권해드립니다. TO(Table of Organization)가 많지 않을 뿐 아니라 일도 아주 고된 일입니다. 생각하는 것만큼 멋있거나 화려하지 않은 거의 '막노동' 수준의 일입니다. 우리나라에는 국가가 인정하는 VMD자격증은 없고 사설자격증이 전부입니다. 앞으로 공식화될 가능성도 얼마나 걸릴지 모릅니다. 결국 실전을 해야 한다는 말입니다.

그러니까 지금으로서는 당장 복학해서 영어 열심히 공부해서 학교에서 보내는 교환학생으로 외국 가서 공부하고 난 후에, 4학년 때 WEST프로그램에 지원해서 1년 반 정도 미국에서 해외 인턴하면서 미국백화점에서 VMD를 배우는 겁니다. 그런 후에 한국 들어오면 본인이 원하는 꿈과 매우 가까워진 자신을 발견할 수 있을 겁니다. 이제 대학교 2학년이 학교 안가고 배우면 뭘 얼마나 배우겠습니까? 배우려고 해도 누가 제대로 가르쳐 주겠습니까? 전혀 준비가 안 되어 있는 사람인데요. 당장 학교로 돌아가서 마음 독하게 먹고 피를 토하는 심정으로 공부하세요. 그렇지 않으면 본인이 원하는 진정한 꿈을 이룰 수 없을 겁니다.

가능성의 더 많음이 부러운 멘토가

학점은행제를 졸업하고 취업을 고민하는 여학생의 패션MD되기

저는 올해 24살의 여학생입니다. 고등학교 졸업 당시의 성적이 경기권 대학에 갈 성적이었습니다. 그 당시 제가 무엇을 하고 싶은지도 모르는 상태였고, 대학에 갈 이유를 찾지 못해 공무원 9급 행정직을 준비했습니다. 학원도 다니며 열심히 했는데 결과는 낙방하여 20~21살에는 공무원 수험생활로 지나갔습니다. 그제야 대학에 가야겠다고 생각한 저는 방송통신대학에 입학하였습니다. 방통대 일본어학과 1년을 다니다 학점은행제를 알게 되었고, 방통대 4년을 다니는 것보다는 빨리 학사학위를 딸 수 있을 거 같아 학점은행제 학습자로 등록하여 22~23살에 걸쳐 141학점을 취득, 올해 경영학사 학위를 취득하게 되었습니다.

제가 하고 싶은 일은 패션머천다이저입니다. 그래서 23살 때 학사편입을 같이 준비했습니다. 이번 편입시험에 의류학과와 경영학과를 썼는데

○○여대 의류학과는 떨어지고 ○○대 경영학과에 붙었습니다. 너무 실망하고 막막하여 다 놓아버리고 싶었지만 누구를 탓하겠습니까, 다 자업자득이죠.

저는 제 꿈을 이루기 위해서는 패션관련과를 가는 것이 좋겠다고 생각했고, ○○대는 등록하지 않았습니다. 대신 올해 3월부터 FIK에서 패션머천다이징과 1년 정규과정을 진행하기로 하였습니다.

대학에 대해서는 마음정리를 다 했다고 생각했는데, 다시 대학 생각이 납니다. 여자 나이 24살이면 많은데, 다시 편입 준비한다고 하면 25살에 3학년이 되는 건데, 어떻게 해야 할지 모르겠습니다. 사람들이 어느 대학 나왔냐고 물어볼 때마다 부끄러워지는 제가 싫고, 평생 이렇게 살 생각하면 정말 끔찍합니다. 부모님께서는 취업하고 대학원에 가라고 하시는데, 제 생각에는 대학원은 나중에 가거나, 안 가도 무방한 거 같고, 대학이 중요한 거 같습니다. 지금은 FIK에서 1년간 실무공부를 하면서 편입 준비를 해서 한 번 더 도전해 보려고 합니다. 그리고 하게 된다면 정말 이번엔 배수진을 치고 해야 하는데 문제는 대학에 간다고 하면 졸업할 때 나이가 27세니까 너무 많잖아요. 저 어떻게 해야 할까요? 그냥 취업해야 할까요? 아니면 다시 한번 편입에 도전할까요? 따끔한 충고와 조언 부탁드립니다.

신사동 고민녀 T양

맘고생이 많겠군요. 실제로 정말 하고 싶은 일과 되고 싶은 것이 무엇인지에 따라 편입시도의 계속 여부를 조언할 수 있을 것 같습니다. 하지만 안타까운 것은 FIK가 학원이지 학교가 아니라서 차라리 ○○대 경영학과를 등록했으면 더 좋았을 것이라는 생각을 합니다.

패션MD에는 어패럴에서 일하는 패션기획MD, 패션영업MD와 리테일 (백화점이나 마트, 홈쇼핑)에서 일하는 패션기획MD가 있습니다. 일단은 목표를 정확하게 정해야 어디로 가야 할지 방향을 잡을 수 있게 됩니다.

만약 어패럴 패션기획MD가 되려고 한다면 무조건 의상관련학과를 나와야 확률이 매우 높아집니다. 학원은 아닙니다. 멀쩡히 4년제 학교가 있고 거기서 배출되는 인원이 매년 수백 명에 이르는데, 기업이 학원에서 그 인력을 수급할 명분이 별로 없기 때문입니다. 당연히 학부에서 이에 필요한 공부를 했었어야 합니다. 그런데 지금 본인은 이게 준비가 되어 있지 않은 상황이기 때문에 본인이 희망하는 직무로의 연결은 쉽지 않아 보입니다. 하지만 리테일에서 일하는 패션MD가 되고 싶다면 굳이 패션 관련학과에 안가도 됩니다. 경영학과가 더 낫습니다. 그러니 결론은 방향, 즉 어떤 MD가 되려는 지가 분명해지면 고민의 50%는 바로 사라지겠습니다.

사람들이 출신대학에 대해서 얘기할 때 부끄러워질 것 같다는 심정은 너무 솔직해서 좀 놀랐습니다. 그러게요, 그래서 대학은 꼭 나와야 하고 사회적으로는 더욱 더 좋은 대학을 나와야 하는데 그때는 왜 그런 생각과 각오가 안 드는지 모르겠습니다. 물론 저도 그랬고요.

취업이 급한 것은 공부를 마친 사람 얘깁니다. 본인은 지금 일반적인 취업을 위한 정상적인 공부를 마쳤다고 할 수가 없어요. 국가고시는 모르겠지만 학점은행제로 학사를 취득한 사람을 인재로 뽑는 기업은 정말 많지 않습니다. 리테일MD가 되려고 해도 어느 단계 이상으로 가려고 하면 어차피 대학원도 가야 할 겁니다. 그러나 지금은 경력이 없으니 가도 별로 도움 안 됩니다. 대학원은 부모님의 판단이 매우 옳습니다.

결국 지금은 공부도 취업을 위해서 하는 거니까 일단 지금 상태에서 취업이 가능하다면, 무조건 취업을 하시고 한 2년 다니다가 야간대학원에 진학을 하세요. 그래서 일단 대학원 타이틀로 전문학사 타이틀을 덮는 거죠. 그러나 취업이 본인이 원한다고 당장 된다는 보장이 없으니 불편하고 힘들겠지만, 지금으로서는 편입공부를 하면서 구직활동을 병행하는 방법이 좋겠습니다. 그래서 두 개 중에 먼저 되는 것을 택하는 거죠. 구직이 안 되고 편입이 된다면, 편입해서 4학년 들어서자마자 열심히 구직 활동에 열을 올리면 됩니다. 만약 입사가 되면 한 2년 다니다가 마찬가지로 대학원을 가는 겁니다.

어차피 패션MD가 되어도 나중에 회사에서 다른 일을 시키면 그 일을 할 수 밖에 없어요. 패션MD는 본인이 할 수 있는 영구직이 아니라는 말입니다. 그러니 패션MD가 된다는 것에 너무 연연하지 말고 MD가 된다는 생각을 하고, 그 중에 다루는 카테고리 중에 하나가 패션이라고 생각하세요. 좀 더 많은 선택을 할 수 있을 겁니다.

패션MD와 화장품MD였다가 사업개발PM 중인 멘토가

30대 후반에 이직한 가장의 제대로 된 도서MD되기

안녕하세요. 이번에 회사 발령으로 도서MD가 된 75년생의 한 남자입니다. 경력이라고는 중형 서점에서 10년 동안 매장 근무를 하다 문구 쪽에 관심이 생겨 지인의 소개로 문구로 이직을 하게 되었습니다. 하지만 문구로 이직을 하면서 신입으로 급여를 받게 되다 보니 가정을 꾸려 나가는 것이 힘이 들었습니다.

그런데 때마침 전에 서점에서 같이 일했던 친구가 대형 서점의 물류센터로 이력서를 내라는 전화를 받고 다시 이직을 하게 됐습니다. 물류센터에서 1년 5개월 근무를 하다 제 경력을 보신 회사 차장님께서 도서MD로 인사발령을 내려고 하는데 괜찮겠냐고 물어보셔서 집이 서울이다 보니 집에서 출퇴근 하는 것도 가깝고 해서 승낙을 했습니다. 그런데 서점 판매 매출에서 떠나 있은 지 2년이 넘은 상태에서 시작하려니 너무 막막하고, 도서MD의 일을 듣기는 했지만 다들 자기 일 하느라 바빠서 제게 일을 가르쳐 줄 시간이 나지 않고 있습니다.

하루 종일 뛰어다니면서 활동적인 업무를 하다 도서MD로 발령이 나서 사무실에 앉아서 가만히 있으려니, 저 혼자만 일을 안 하는 것 같고 다른 직원들한테 피해를 주는 것 같아서 미안한 마음만 듭니다. 도서MD에 대한 인터넷 검색을 해도 특별하게 알려주는 게 없는 상황에서 선생님의 블로그를 보고 너무 기뻤고 또, 선생님께서 쓰신 MD에 관한 책도 있어서 지금 주문하고 이렇게 메일을 남기게 됐습니다.

고졸로 이제 막 도서MD가 된 제가 무엇을 해야 되고, 어떠한 공부를 해야 되는지 알려주셨으면 합니다. 제가 가진 자격증은 1종 보통 운전면허증 밖에는 없습니다. 가정을 꾸려가는 가장의 절실한 마음에서 편지를 보내게 됐습니다. 답변 부탁드립니다.

멋진 가장인 T님

반갑습니다. 같은 가장으로서 심정이 느껴지는 글이었습니다. 우선 업무 자체에 대한 디테일은 제가 알려드리는 것보다는 회사에서 업체의 규모와 직무의 특성에 맞게, 나름대로 회사가 가지고 있는 업무 매뉴얼을 보시는게 맞습니다. 회사 규모가 어떤지 모르겠지만 도서MD를 채용할 정도면 작지 않을 테니 우선은 회사에 MD매뉴얼을 달라고 하시죠.

하지만 매뉴얼만 보면 아느냐? 실은 그게 아닙니다. 매뉴얼에는 프로세스만 개론적으로 나와 있을 뿐 예상하지 못했던 상황에 맞는 구체적인 대응방법이나, 글로 표현되기 어려운 정성적인 부분은 안 나와 있습니다. 이것은 어쩔 수 없이 몸으로 때우면서 실수와 시행착오를 통해 배우거나, 회사의 동료나 선배를 통해서 얻는 것이 제일 확실합니다. 저는 외부인이기 때문에 이 부분에 대해서는 제가 회사의 상황과 추이, 경영원칙과 경영중점, 사업의 목표와 방향에 대해서 알지 못하는 상황에서 조언을 해드린다는 것은 분명히 무리가 있습니다. 하지만 그럼에도 불구하고 여러 가지 여건 때문에 정히 제 도움이 필요하다고 생각되시면, 사무실로 오시든 중간에서 한번 만나든 해서 조언을 받는 것이 나을 것 같습니다.

도서MD를 수행하기 위해 특별히 필요한 자격증은 따로 없으니 업무 매뉴얼과 회사 동료나 선배를 찾는 것이 제일 급선무 같아 보입니다. MD는 위아래, 양 옆으로의 관계를 잘 만들어놓아야 하는데, 본인이 먼저 다가가서 알려달라고, 도와달라고 하면 대부분은 바쁜 가운데서도 도와줄 거라고 생각합니다. 먼저 다가 서는 게 좋습니다.

책 읽는 것을 좋아하는 책 쓰는 멘토가

식품영양학과를 졸업한 29세 여성의 식품MD되기

안녕하세요. 전 이제 막 29살 된 ○○○입니다. 저는 수도권 전문대학 식품영양과를 졸업했습니다. 학점은행제로 가정식품조리학사를 따놓았습니다. 그리고 졸업하자마자 거의 바로 영양사로 근무하여 위탁(영업)급식 1년 5개월, 직영고등학교 급식 3년 6개월의 경험이 있습니다. 위탁에서는 고객사 관리, 손익관리 등을 했고, 학교에서는 급식업체, 급식식자재 및 식품(농산물, 곡류, 육류, 어류, 공산품) 등 입찰을 다수 진행해본 경험이 있습니다. 시장조사도 해본 경험이 있고 자격증으로는 유통관리사 2급, 컴퓨터활용능력 2급, 운전면허와 영양사면허증이 있습니다.

전 지금 퇴직한지 4개월이 되었고, 영양사에 회의감을 느껴 저의 성격과 맞고 관심 있는 분야를 생각해본 결과 식품MD가 적합하다는 생각이 들어 이렇게 문의를 드리게 되었습니다. 물론 식품MD, 절대 쉽다고는 생각하지 않습니다. 현실에 맞추어 조언해 주시기 바랍니다. 제가 궁금한 것은 아래와 같습니다.

1. 현재 제가 학점은행제 학사지만 사회에서는 이를 인정해주지 않습니다. 그래서 학사편입을 고심하여 이번 연도에 편입 시험을 봤는데 인서울 4년제 3학년 ○○여대 식품영양과 편입 발표를 앞두고 있습니다. 식품MD가 되려면 4년제 정규 대학교를 졸업하고, 경영대학원을 편입하는 것이 장기적으로 유리할까요? 아니면, 학점은행제 학사에서 바로 경영대학원으로 가는 것이 좋을까요?

2. 식품MD가 되기 위해 수료해야 되는 과정이 있는 것으로 아는데, MD전문학원 등에서 수료하고 수료증을 발급받으면 취업하는데 있어 도움이 될까요? 혹여, 경영대학원을 나오게 된다면 MD학원에서의 수료를 같이 해야 되나요? 하나만 해도 되는 건가요?

3. 식품MD에 취업하는데 있어서 저에게 지금 부족한 것은 무엇인지 알려주세요. 영어는 지금 공부하고 있는데 어느 정도 수준까지 도달해야 될까요? 또한, 식품영양과가 식품MD로 취업 시 우대될 수 있는 과인지 궁금합니다.

4. 편입 후 학부만 나와도 취업이 가능할까요? MD가 전공무관이라고 언뜻 들은 바는 있습니다. 저는 처음부터 대기업은 바라지 않고 중견기업에서부터 배움의 자세로 시작하기만 해도 좋을 것 같습니다. 제가 MD를

시작함에 있어 현재 어떤 '일'을 하면 MD로 입사하는데 도움이 될지도 궁금합니다.

5. 마지막으로, 제가 또 하나의 방도를 생각해 본 것인데, 대기업 계열사 식재사업부 홍보영양사로 일하면서 야간으로 경영대학원 과정을 수료하는 것은 어떠한지 궁금합니다. 주요직무가 거의 영업이던데 이러한 일이 제가 식품MD로 추후 취업할 때 좋은 경력사항이 될까요?

너무 이것저것 많이 물어봐서 죄송합니다. 저한테는 정말 큰 진로에 대한 걱정이라서 답변 부탁드리겠습니다.

▒▒ 자기의 궁금함에 대해서 설명을 잘해준 S양

이미 학점은행제로 학사학위를 받은 상태라면 제 생각에는 바로 외식경영이나 호텔경영으로 대학원을 가는 것이 좋겠습니다. 우리나라에서 사회생활을 하다 보면 학부의 인연을 많이 물어보는 것은 사실입니다. 대학원이 흔하다고는 해도 모두가 나오는 곳은 아니기 때문에 보통은 '어느 대학 나왔냐?'라고 물어보지, '어느 대학원 나왔느냐?'라고 물어보는 경우는 흔하지 않지만 이미 있는 학위를 다시 하는 것보다는, 이왕 공부하려고 마음먹었다면 더 깊은 학문을 하시는 것이 좋을 것 같습니다. 게다가 본인은 실무경력까지 있으니 굳이 돌아갈 필요가 없어 보여요.

식품MD가 되기 위해 별도로 수료해야 하는 무슨 과정이 있지는 않은 것으로 압니다. 실제직무를 하면서 직무교육은 있겠지만 식품MD라고 뭐 특별하지 않거든요.

학원은 교육과 함께 취업 자리도 알선해 주지만 이것 역시 보장하는 것보다는 확률을 높일 뿐입니다. 학원의 목적은 취업이지만 대학원은 취업을 위해서 간다고 보기 어렵습니다. 제일 좋은 것은 영양사를 하면서 대학원에 다니다가 대학원 졸업하면서 식품MD로 이직을 하는 것이 되지 않을까 싶습니다.

식품MD로의 이직을 위해서는 지금 느끼고 있는 것처럼 학력이 아니다 싶으면 경력으로 밀어붙일 수도 있습니다. 기업마다 조금 다를 것 같기는 하지만 지금도 가능성은 충분히 보입니다. 다만, 지금까지의 일이 MD가 하는 일의 일부를 하기는 했지만 정말 식품MD로서의 경력이 있는 것은 아니기 때문에 일단은 작은 쇼핑몰이나 작은 회사에서라도 식품MD로의 경력을 쌓으시는 게 제일 중요해 보입니다.

식품영양과를 졸업하셨으니 공부하셨던 것이 식품MD로 취업할 때 분명히 도움이 될 겁니다.

더군다나 지금은 경력으로 움직이는 거라서 출신과에 해당하는 직무까지 더해진다면, 이 부분에 대해서는 확실한 경쟁력을 확보하실 수 있을 것 같습니다. 물론 요즘 MD선발의 추세가 거의 '전공불문'이기는 하지만 식품은 좀 다른 구석이 있거든요. 좋은 과목을 전공하신 겁니다.

개인적으로는 앞서 말한 대로 S양의 경우에는 대기업의 식재사업부 홍보영양사로 일하면서 야간으로 경영대학원 과정을 수료하는 것이 제일 좋은 아이디어라고 생각됩니다. 이것은 본인이 조금 고생하면 충분히 실현 가능한 일이고 그에 대한 보상이 어쨌든 눈에 보이는 것이니까요. 이런 경력은 물론 식품MD로 나중에 취업할 때도 좋은 경력사항이 될 겁니다. 세상에 어느 누가 일하면서 공부해서 실력도 있고 지식도 있는 사람을 거부하겠습니까? 의지가 있으시니 잘 될 것 같습니다.

먹는 것 좋아하는 34인치 멘토가

경영학과 3학년에 재학 중인 여학생의 패션MD되기

안녕하세요. 저는 ○○대 3학년 경영학과 재학 중이며 25세 여자입니다. 패션기획MD로 ○○모직이나 ○○기획 같은 대기업에 취업을 생각하고 있습니다. 패션 부문이나 디자인 부문을 염두에 두고 있습니다.

합격한 신입들을 보니 저랑 나이가 같거나 한두 살 터울로 나이 적은 '인서울' '탑10' 안의 대학 나온 사람들이 모두 합격했습니다. 그래서 자신감이 위축되는 게 사실입니다.

이 상태에서 내년에 편입원서를 쓰려고 하는데 편입하게 되면 적어도 1년이 늦어지니 걱정입니다. 현재 학력으로도 대기업 취업이 가능할까요? 지방대도 합격 가능성이 있는지 궁금합니다.

편입을 해서 조금이라도 학력을 높이는 것이 나을까요? 아니면, 3학년 때 인턴경력을 쌓아 내년 4학년 때 원서 쓸 준비를 충분히 하는 게 나을까요? 학교와 학벌에 대한 욕심이 너무 납니다. 제 수준 생각은 안 하고 말이죠. 자극제가 될 수 있게 따끔한 말씀 부탁드립니다.

자극제가 필요한 G양

현재 학력으로도 대기업 취업은 당연히 가능성이 있는데 다만 낮은 것뿐입니다. 자신감을 잃지 마시고 안 되는 게 아니니까, 기운을 차리시기 바랍니다. 편입을 해서 조금이라도 학력을 높이겠다는 것은 좋은데, 좋은 곳으로 편입할 자신은 있나요? 편입시험 공부하면 탑10 안으로 갈 자신이 있으세요? 아니, 스스로를 갈 수 있게 할 수 있을 것 같으세요? 그건 본인만 압니다. 그리고 회사는 앞서 말한 꼭 거기 아니면 안 되나요? 우리나라에 그 회사 말고도 회사가 많은데 굳이 무리수인줄 알면서 거기를 가려는 이유가 뭔가요? 그냥 흔한 그런 이유인가요? 묻고 싶습니다.

3학년 때 인턴경력을 쌓아서 4학년 때 원서 쓸 준비를 충분히 하겠다는 전략도 나쁘지 않습니다. 문제는 누가 3학년을 인턴으로 뽑느냐는 것인데 뽑히기만 한다면 해볼 만합니다. 하지만 저도 학생들과 기업을 연결해 보지만 기업은 잠깐 왔다가 돌아가는 사람을 별로 좋아하지 않습니다. 차라리 안 오는 게 편하고 하다못해 신경이라도 안 쓰이니까 무슨 말인지 이해하셨나요?

학교와 학벌에 대한 욕심은 너무 슬픈 현실입니다. 이것을 극복할 수 있는 방법은 두 가지 밖에 없습니다. 그냥 아무 것도 안 하면서 욕심을 내는 건 아무 의미가 없고요, 그걸 달성하기 위해서는 주변에서 심하게 한 번 '미친놈' 소리를 들으면서 열심히 공부를 하든지, 아님 깨끗이 포기하고 다음 순서(대학원이나 유학)를 준비하는 겁니다. 욕심을 내기만 하는 건 아무 의미 없어요. 정신 건강에도 좋지 않습니다. 학교와 학벌에 미련이 남아서 이게 평생 후회될 것 같으면 눈치 보지 말고 당장 시작하면 됩니다. 자신에게 그런 기회조차 주지 않는다는 것은 옳지 못한 행동이라고 생각합니다. 자신에게 후회하지 않도록 기회를 주세요.

자신에게 기회를 주는 것에 한 표를 던지는 멘토가

문예창작학과 2학년에 다니는 학생의 편입을 통해 패션MD되기

안녕하세요. 저는 지방 4년제 대학 2학년에 재학 중인 여학생입니다. 패션 에디터가 되고 싶어 문예창작학과에 입학을 하였지만 제가 진짜 하고 싶은 일을 생각해보니 패션MD입니다.

저는 패션에 대한 지식이 전혀 없고 그래서 전과나 편입을 생각했는데 저희 학교 패션디자인과는 전과가 불가능하여 이왕 하는 편입에 좀 욕심을 내서 서울 상위권 대학으로 하고 싶습니다. 솔직히 가방끈에 은근 집착이 있습니다. 패션공부를 하려면 지방에선 불리하다는 이야기를 들었어요. 물론 취직을 할 때도 마찬가지라고 생각합니다.

제 계획으론, 2학년은 현재 학교에서 마친 후 휴학계를 내고 서울에 올라가 고시원에서 살면서 편입학원을 다닐 생각입니다. 1년간 편입공부에 몰두해서 편입에 성공한 뒤 3학년과 4학년 때 동아리, 봉사활동, 교환학생, 패션관련 아르바이트, 여러 가지 행사활동(패션쇼 스태프, 패션위크) 등, 기회만 된다면 많은 경험을 해보려고 합니다. 그리고 가장 중요한 영어공부는 토익 850점이 목표입니다. 대학 졸업 후 24살이 되면 MD학원에 다닐 생각입니다.

의류학과가 원래 제 전공이 아니기 때문에 더 배워야 한다고 생각하고 있으며, 학원을 다니면서 자격증도 따야겠죠. 그 후 인턴이나 MD어시스트를 하면서 제가 일 하고 싶은 브랜드에 지원하려고 합니다.

제가 지방에 살다 보니 딱히 편입학원이 없어서 현재는 독학으로 문법공부와 어휘를 외우고 있습니다. '굿모닝팝스'도 하고 있고요. 개강을 한지 2주가 됐는데 학교 생활하면서 편입공부 하기가 생각보다 힘들더라고요. 현재로써는 편입공부에만 집중하기는 무리고, 많이는 못해도 조금씩 꾸준히 하면서 자격증과 아까 말한 여러 가지 행사활동에 참여해보려고 합니다. MOS마스터나 패션머천다이저 산업기사 면허증(?) 등은 나중에 해도 괜찮을 것 같아서 우선 기본적인 워드나 일러스트, 포토샵 자격증을 딸 생각인데 어떻게 생각하세요? 제 계획이 훗날 패션MD가 되기 위해 적절한가요? 따뜻한 조언 부탁드립니다.

봄날 같이 널널한 J양

따뜻한 조언을 해 달라고 했는데 어쩌죠, 좀 차가울 것 같습니다.

우선은 패션 어떤 MD가 되려는 지가 정해져야 합니다. 패션MD에 크게 두 종류가 있습니다. 어패럴 회사에서 제품을 직접 기획하는 패션기획MD가 있고 리테일 회사에서 브랜드를 선정하고 남이 기획한 제품을 판매하는 패션기획MD가 있습니다. 그러니까 이건 업태가 정해져야 하는 겁니다. 제조업에 근무할 것이냐, 유통업에 근무할 것이냐에 따라서 패션MD가 되는 방법이 다릅니다. 이 부분에 대해서는 학교 도서관에 가면 『MD WHO & HOW』라는 제가 쓴 책이 있는데 읽어 보세요. 그럼 무슨 말을 하는지 이해가 될 겁니다.

두 가지의 서로 다른 패션MD 개념이 잡히고 나면 그 다음에 무엇을 원하는지에 따라 휴학이나 전과가 필요 없을 수도 있다는 말입니다.

MOS는 할 줄 알면 됩니다. 요즘은 아예 면접시간에 특정 주제를 주고 30분간 파워포인트로 내용을 만들어서 그 자료를 가지고 5분 동안 영어로 PT를 하는 면접이 있습니다. 아무리 MOS자격증이 있어도 그 자리에서 못 만들면 탈락입니다. 영어를 못하거나 설명을 못하고 버벅거리고 우물쭈물해도 탈락이고, 제시간에 완성하지 못해도 탈락입니다.

지금 2학년인데 '지금'이 어디 있고 '나중'이 어디 있습니까? 지금부터 하고 익혀야 합니다. 그렇지 않으면 본인의 우려대로 가뜩이나 지방에 있으면서 어떻게 경쟁력을 확보하려고 하나요? 패션머천다이저 산업기사 자격증은 본인이 어디서 일하는 MD가 될 것인지에 따라 필요의 여부가 결정되는데 대부분의 경우 필요 없습니다. 실질적으로는 이 자격증 있다고 취업에 큰 도움이 되지 않습니다.

그런데 사실 본인의 계획에 대한 얘기가 어째 저에게는 별로 확 와닿지가 않습니다. 결국 지금은 아무 것도 없고 모두가 앞으로의 계획만 있어 보입니다.

지금은 학교공부랑 편입공부를 병행하는 것이 너무 힘들기 때문에 굿 모닝 팝스를 들으면서 이게 공부인지, 노래연습인지 1시간 동안에 10줄 도 안 되는 영어회화를 배우면서 스스로를 위로하면서 있는 것 같습니다. 본격적인 영어공부, 동아리 활동, 자격증도 앞으로 할 예정이고요. 그런 데 J양, 지금의 모습이 미래의 본인입니다. 지금 안 하는데 미래에 할 것 같으세요?

본인이 왜 지방대로 학교를 와야 했는지 기억 안 나세요? 공부해야 할 그때에 공부를 안 해서 입니다. 안 했던지 못했던지, 별 이유가 있을 수 있지만 결론은 결국 대학의 수준을 결정지을 때 공부하지 않았다는 겁니 다. 제가 보기에는 지금도 별로 해 놓은 것이 없어서 여전히 앞으로 할 예 정이라고 하면, 과연 지금 다음에 올 '나중'이 달라져 있을까요? 오늘이 똑 같은데요?

본인의 미래는 지금이 결정합니다. 내일이 그 다음의 내일을 결정하는 게 아니라 오늘이 내일을 결정하고, 그렇게 결정된 내일이 그 다음의 내 일을 결정하는 겁니다.

지금 공부 안 하면 내일도 안 하게 되어 있습니다. 그게 보통사람입니 다. 학교 휴학하고 편입 공부하는 애들 많습니다. 그리고 학교 공부하면 서 밤새면서 편입시험 보는 애들도 있습니다. 두 경우 모두 누군가는 붙 고 누군가는 떨어지죠. 누가 유리할까요? 혹시 빠른 생일이기 때문에 유 리하다, 뭐 이런 생각을 하나요?

휴학한 다음에 편입을 하려고 마음먹은 것 자체가 너무 본인을 풀어지 게 한 것 같습니다. 같이 하세요. 학교 평점을 3.8 이상으로 유지하면서 평생 공부 한번 지겹게 해 보고, '아무래도 우리 애가 공부에 미친 것 같다'라는 얘기를 들을 때까지 한번 해봐야 하지 않겠습니까? 공부하느라고 밥도 굶어보고, 밤도 새고, 몸에서 냄새도 나 보고, 입에서 단내도 나 보고 그래야 나중에 '공부는 이렇게 하는 거야!'라고 자식에게 할 말이 있지 않을까요?

지금 본인의 계획은 너무너무 헐렁합니다. 본인의 인생을 위해서 다시 한번 생각해 보세요. 본인이 경쟁을 해야 하는 사람들은 서울 상위권 대학에서 패션지식과 영어로 다져졌고, 패션MD가 되기 위해 고등학교부터 준비해서 일 년에 5천만 원 이상의 돈을 쏟아 부으며 외국에서 공부했습니다. 어떻게 그들보다 앞설 것인지 잘 생각하세요. 지금 하는 행동과 공부, 생각이 내일을 결정합니다.

미래의 가능성을 굳게 믿는 멘토가

전문대 의상학과를 졸업한 여성의 유명브랜드 바잉MD되기

저는 올해 ○○여대 의상학과(전문대)를 졸업한 24살 여성이고 제가 좋아하는 의류브랜드가 많이 있는 ㈜한섬의 바잉MD를 목표로 하고 있습니다. 하지만 제 학위가 초대졸인지라 많은 기회를 놓치고 있는 것 같아 새롭게 신설된 ○○대 비즈니스학과를 다니면서 학점은행제로 4년제 학위를 따려고 하는데요. 이것이 도움이 될까요? 아니면 1년을 영어만 죽도록 파서 편입으로 들어가는 게 나을까요?

또, 바잉MD는 신입보다는 경력지원이 많이 있는 걸로 알고 있는데 저처럼 아무런 연고도 없고 이제 시작하려는 사람한테는 도대체 무엇부터, 어디에서 경력을 쌓아서 지원을 해야 하는 것일까요?

제 계획은 ○○대 비즈니스과(학점은행제)로 4년제 학위취득 후 미국으로 인턴비자 또는 취업비자를 받아 MD 분야로 경험을 쌓은 다음, 최종적으로 바잉MD 분야에 지원을 하려고 합니다. 어떻게 생각하시는지 조언 부탁드립니다.

지금은 졸업하고 나서 6개월 정도 쇼핑몰 회사를 다녔는데 회사의 사정이 안 좋아지면서 갑자기 짤리는 바람에 새벽 7시부터 오후 3시까지 편의점에서 아르바이트하고 5시부터 영어학원을 다니고 있습니다. ○○대 비즈니스학과를 다니게 되면 오후 3시까지는 아르바이트하고, 저녁(월~수) 3일은 학교 다니고 나머지는 영어학원을 다니려고 하고 있습니다.

선생님이 보셨을 때 차라리 취업을 하고 나서 학교를 다니는 게 나을지 또, 그러면 첫 직장으로 어느 곳이 좋을지 제발 알려주세요.

주변에 아는 사람도 없고 정말이지 막막합니다. 전문대를 졸업하고 나서 많은 곳에 이력서를 내보았지만, 일단 초대졸은 미국의 인턴도, 대기업에 지원하기도 힘든 실정이라는걸 뼈저리게 느낀 후부터 실망도 많이 했지만 힘을 내어서 다시 시작해보려고 합니다.

새로운 각오를 다짐하는 젊은 후배 J양

학점은행제의 취지 중에 하나가 전문대의 학력으로 인해 받는 사회적인 불이익을 해소하고 좀 더 심도 있는 공부를 함으로써, 기업 내에서 동등한 지위는 물론, 배움에 대한 갈증을 해소하기 위해서 운영되는 것은 잘 알겠습니다. 그런데 과연 회사에서, 신입직원을 채용하는 대기업에서도 이런 취지를 실제 인사정책에 적용해 주는지는 모르겠습니다.

4년제 의상학과 공부한 애들이 서로 들어가겠다고 줄을 선 상황인데 회사 입장에서 2년제를 졸업하고 학점은행제로, 좀 심하게 표현하면 격식만

차린 사람을 채용할 때는 뭔가 더 기대하는 바가 있고 그 기대가 충족될 수 있을 것이라는 믿음 때문 아닐까요? 본인이 가지고 있는 '그게' 무엇인지 저는 잘 모르겠습니다. 그게 있어야 관문을 뚫을 수 있을 겁니다.

개인적으로는 학점은행제를 다니는 동안 경력을 쌓아야 한다고 생각하는데 군이 학점은행를 위해 낮 시간을 사용하는 게 유리한 것인지에 대해서는 선뜻 동의를 하기가 어렵습니다. 사이버로 야간이든, 온라인으로 하면 어떨까요? 일을 하면서 경력을 쌓고 그러면서 학사의 기준을 맞추는 겁니다. 힘들겠죠, 그러니까 더 보람이 있지 않겠습니까?

분명한 것은 학점은행제를 수료한다고 해도 그 졸업장이 ㈜한섬의 바잉MD입사를 보장하지는 않는다는 겁니다.

제 생각에는 그냥 무조건 학사 학위의 기준을 갖추기 위해 해야 하는 거라고 보는데, 대안으로 가지고 있는 편입공부를 할 수 있으면 제일 좋겠지만, 편입이라는 것이 말처럼 쉬운 것이 아닙니다. 편입 준비는 정말 확실한 각오로 하겠다는 의지가 있다면 모르겠지만 어정쩡하게 할 바에는, 아예 시작하지 않는 게 더 좋다고 생각합니다. 잘못하면 공부한다고 시간만 지나가기 때문입니다.

J양처럼 아무런 연고도 없는 사람들을 위해 기업이 준비한 절차가 바로 공채라는 제도입니다. 그리고 이렇게 말하면 좀 아프겠지만 지금도 회사에서는 대학의 이름과 대학성적으로 대변되는 스펙이라는 기본적인 조건을 가지고 신입을 채용하고 있습니다. 문제는 현재 본인이 가지고 있는 것이 앞서 본인이 말한 그런 기업의 수준에 넉넉히 이른다고 하기 어렵다는 현실이지요.

대기업의 수준이 이르지 못하는 사람은 대기업 수준으로 자기를 높이거나 아니면, 빨리 작은 기업에서 기회를 만들어야 합니다. 본인은 실력과 수준이 안 되면서 계속 실력과 수준이 이미 갖추어진 사람들만 갈 수 있는 곳을 바라보면, 그건 아픈 결과를 초래합니다. 바라보는 수준을 낮추든지, 실력을 올리든지 방법은 두 가지뿐입니다.

그런 의미에서 지금으로서는 한섬이 아니라 작은 회사부터 들어가는 게 순서입니다. 취업을 해서 거기서 일을 시작하고 일을 하면서 야간으로 학교를 다니든, 방통대를 다니든 학점은행제를 해서 학위를 받든 일정한 자격과 실력을 갖춘 후 원래 바라던 곳을 목표로 해야만 일이 될 겁니다.

미국 비자, 미국 인턴을 말하는데, 사실 유학에 관해서는 제일 중요한 것이 본인의 의지도 의지지만 사실 이것을 가능하게 하는 것은, 결국 여건의 가능성입니다. 생각은 누구나 합니다. 얼마나 실현가능한지는 별개의 문제입니다. 본인 주변에 한국에서 전문대 나와서 학점은행제로 학위 취득을 한 사람이 미국에 인턴이나 취업비자를 받은 경우가 흔하던가요? 그렇게 원하면 대부분 그렇게 되던가요? 너무 이상적이고 실현 가능성 또한 낮습니다.

지금은 미국에서 공부하고 미국에서 학위를 받은 애들도 미국에서 인턴자리와 취업을 못해서 난리인데 한국에서 공부한 사람에게 그게 얼마나 가능할까요? 할 수 있다면 너무 좋습니다. 완전 베스트예요. 하지만 할 수 있느냐는 거죠. 아이디어는 1%입니다. 나머지 99%는 실천이에요. 아이디어가 아니라 실천이 모든 것을 결정합니다.

보통사람이 하는 공부의 목적은 취업입니다. 취업이 되면 일단 공부의 한 단락은 지어지는 겁니다. 물론 거기서 또 다른 공부를 해야 하지만 입사를 위한 공부는 끝이라는 얘깁니다. 취업을 위해 현재 졸업한 상태에서 또 학교를 다니는 것은 정말 여건과 의지가 있지 않는 한 쉽지 않습니다.

본인이 공부에 대한 열의가 더 있었다면 실은 졸업과 동시에 편입을 했어야 합니다. 뭔 사정이 있었는지 모르겠지만 지금 상태로 편입을 한다고 해도, 남들이 들으면 인정할 만한 학교는 아닐 확률이 높기 때문에 그럴 바에는, 취업을 해서 일을 하면서 경력을 쌓고 야밤에 공부를 해서 학력을 높이는 것이 훨씬 실현 가능성이 있습니다. 어차피 학력은 등록만 하면 또 어떻게든 쌓여지게 되어 있거든요. 하지만 취업은 안 되면 그냥 끝입니다.

그런 의미에서 첫 직장은 본인이 가고 싶은 곳이 아니라 본인을 뽑아주는 곳으로 가야 해요. 본인이 희망하는 일을 할 수 있도록 해 주는 곳이 본인이 가야 할 곳입니다. 어딘지는 저도 모르지만 기억하세요, 본인이 원하는 곳이 아니라 본인을 원하는 곳입니다.

회사 규모, 급여조건, 근무환경 등 이런 거 신경쓰지 마세요. 그런 거를 신경 쓰는 순간 그것은 본인이 원하는 직장이 됩니다. 본인은 지금 일을 배우는 것이 가장 먼저입니다. 일을 배울 수 있다면 웬만하면 이력서를 내시고 일을 배우시기 바랍니다. 그렇다고 진짜 아무 데나 들어가면 안 됩니다.

초대졸은 미국 인턴도, 대기업 지원하기도 힘든 실정이라는 걸 느낀 것이 졸업하고 나서야 라니 진짜 안타깝습니다. 하지만 지금이라도 죽을 힘을 다해서 편입공부를 해서 국내 상위 10개 대학에 갈 준비를 하든지, 자신 없으면 '닥치고 취업'을 한 후에 좀 긴 안목으로 취업을 한 상태에서 학점은행제를 이용하여 학사학위 받을 준비를 하세요. 본인 스스로 본인을 분명하게 들여다보시고 판단하시기 바랍니다.

새로운 가능성에 희망을 기원하는 멘토가

지방 국립대와 서울 전문대 사이에서 고민하는 재수생의 학교 선택하기

저는 올해 재수를 하여 며칠 전에 정시지원을 마친 여학생입니다. 진로에 대해 너무나도 고민되어 이것저것 찾아보다가 블로그를 알게 됐고 많은 분들의 고민과 답변을 읽다가 저도 조언을 얻을 수 있을까 하는 희망을 가지고 메일을 써봅니다.

일단 지금 제가 선택할 수 있는 길은 이렇습니다. 지방 국립대학(순천대), 서울 전문대학(한양, 배화, 숭의여대), 삼수입니다.

어떤 길을 가든 가족들은 제 선택에 따라주기 때문에 저의 미래는 완전히 제 선택에 달려 있습니다. 제가 현재 고민하고 있는 것에 대해 답변을 부탁드립니다.

첫째로 올해 갈 것인지, 한 번 더 도전을 할 것인지, 올해 간다면 서울 전문대를 갈 것인지, 지방 국립대를 갈 것인지 입니다.

둘째로 저는 지금 인천에 살고 있어서 서울 전문대를 갈 경우 통학이 가능합니다. 하지만 2년제와 4년제의 학벌 차이로 오는 고통을 주변에서 너무 많이 들어서 망설여집니다. 반면에 지방 국립대는 너무 멀다는 것과 패션전공자라면 아무래도 학교수업에서 배우는 것뿐만 아니라 서울에서 하는 여러 가지 대외활동, 행사들 참여하면서 경험과 경력을 쌓는 것도 중요한 것 같거든요. 전문대에 가서 편입하는 것도 하나의 방법이겠지만 쉽지 않다더군요. 그럴 바에야 재도전의 기회가 있으니 삼수를 하는 게 나을 것 같아 편입생각은 제외하고 있습니다.

첫 번째 문제에서 고민되는 것은 사회경험의 부재에서 오는 것 같습니다. 패션 쪽에서 일하는데 학벌이 그렇게 큰 비중을 차지하는지가 저의 의문입니다. 지방대 4년제 나온 사람과 인서울 4년제 나온 사람의 취업방향이 그렇게 심하게 갈리나요?

저는 자라, MCM, H&M 같은 브랜드 MD일을 하고 싶습니다. 지방대 4년제라도 무난히 브랜드에 취업할 수 있다고 하면 그냥 올해 가고 싶어요. 그게 아니라면 1년 더 하고 싶고요. 아직 패션에 대해서 제대로 공부한 게 아니라서 차후에 MD가 아닌 다른 진로를 가게 될 수도 있을 텐데, 그런 것까지 생각하면 1년 더해서 좋은 학교에 가는 게 좋을까요?

패션쪽 취업은 나이에 민감하다고 하기에 삼수가 너무 망설여집니다.

고생을 가득 했을 고민녀 B양

고생은 고생 대로 했는데 결과가 만족스럽지 못한가 봅니다. 그 심정 충분히 이해합니다. 개인적으로 저는 올해 대학에 가라고 조언해드려요. 제가 재수를 해 보니 크게 달라지지 않더라고요. 재수해서 안 달라졌는데 삼수하면 달라질까요? 전 그렇게 생각하지 않습니다.

학교는 지방 국립대가 나을 것 같습니다. 어차피 4년을 공부해야 하니까요. 2년은 약합니다. 멀어도 할 수 없습니다. 순천은 그나마 보성, 여수, 광양, 순천 중에서 제일 나아요. 저도 한때 순천에서 한 2년 근무한 일이 있었는데 그 동네 애들 중에는 순천대 애들이 제일 똑똑하더군요. 하지만 휴일에는 광주로 가야겠죠? 충분하지는 않지만 거기서도 충분히 패션 공부와 경험할 수 있습니다. 정히 부족하면 미국을 가든, 일본을 가든 외국으로 교환학생이나 장학생으로 나갈 생각하세요.

들어가서 학교 공부를 어떻게 하고 어떤 준비를 하느냐에 따라 다르겠지만 생각하고 있는 자라, MCM, H&M 같은 회사도 물론 들어갈 수 있을 것이라고 생각합니다.

지금은 정말 소수 몇 개 대학의 특수한 과를 제외하고 국내 대학 어디를 나와도 '무난히' 본인이 원하는 기업에 취업할 수 있는 경우가 정말 많지 않습니다. 개인적인 판단으로는 삼수한다고 크게 나아지지 않습니다. 본인은 아니라고 하고 싶겠지만 통계적으로 경험적으로 그렇습니다. 1년 지나면 나이만 먹습니다.

또, 브랜드 패션기획MD에 대해서 자신이 없다면 차라리 경영학과나 사회계열을 가세요. 거길 나오셔도 충분히 리테일패션MD가 될 수 있습니다. 굳이 패션학과를 고집할 필요 없습니다. 확실한 비전이 없는데 왜 리스크를 지나요? 패션MD 아니라도 세상에 할 일 무지 많습니다. 재수까지면 충분해 보입니다.

삼수가 싫은 멘토가

내신성적 4등급인 고교 2학년 학생의 패션MD되기

안녕하세요. 저는 인문계 고등학교를 다니는 2학년 학생입니다. 중2때부터 패션MD가 되는 게 꿈이었어요. 그런데 3년 동안 아무 생각 없이 친구들이랑 노는 거 좋아하고 그러다 보니 내신은 4등급 정도 밖에 되지 않습니다.

제 고민은 4등급밖에 안 되는 내신으로 4년제 대학을 가봤자 남들이 무시만 할 것 같고 전문대나 전문학교를 나오는 것만도 못할 것 같다는 생각이 들어서 현재 한국문예 패션MD학과를 생각하고 있습니다. 어떻게 될지는 모르겠으나 맘먹고 공부하면 3등급까지는 할 수 있을 것 같습니다. 이때 멘토님의 조언이 필요해서 쪽지를 보냅니다. 4년제 대학이 좋을지, 서울문예 같은 전문학교가 좋은지요?

지금부터 내신을 뒤로 미루고 자격증 공부를 빨리 하는 게 좋을까요? 지금 학원도 등록할 생각이거든요. 오늘 전화상담을 했고 나중에 방문상담을 하기로 했습니다. 지금 제가 하려고 하는 게 맞는 걸까요? 답변을 해주셨으면 합니다.

˙ᴛ˙ 내신성적이 안타까운 T군

개인적으로는 한국문예 패션MD과라는 곳은 처음 들었습니다. 요즘 대학도 너무 많고 제 관심이 거기까지 미치지 못한 것 같습니다. 그런데 우리나라에서는 기본적으로 4년제 대학을 나와야 합니다. 그게 그냥 규칙이에요. 열린채용이다 뭐다 해서 학력을 안 보는 것 같지만 실상은 그렇지 않습니다. 초대졸이 입사를 위한 최소한의 학력이라고 보셔야 하고, 밀리지 않는 진급을 위해서는 4년제 학사가 기본입니다.

그런 상황에 4등급은 좀 답답하죠. 3등급도 답답하기는 마찬가지입니다. 하지만 그냥 후회만 하고 있을 수는 없으니 대안을 세워야 하는데, 혹시 입학사정관제도를 통한 수시입학은 어떨까요? 본인이 패션MD가 되고 싶다면, 스스로 옷도 만들어 보고 옷에 대한 자료도 충분히 모아봐야 합니다. 또한 대학을 가서 배워야 할 것을, 본인 스스로 대학을 가기 위해 준비한다고 생각해서, 그렇게 모은 경험과 자료들을 포트폴리오로 만들어서 수시전형에 제안을 해 본다면, 본인이 생각하는 것보다 좋은 결과가 있을 것 같습니다. 게다가 본인이 어렸을 때부터 관심을 가지고 있었다면 좀 짧은 시간이지만 집중할 수 있지 않을까! 하는 생각도 듭니다. 그림 실기실력이 없어도 갈 수 있는 패션관련학과들이 많으니 잘 찾아보기 바랍니다.

결국 본인이 공부와 함께 패션MD로서의 준비를 해야 합니다. 어떻게 해야 하는지 모르겠다면 지금으로서는 부지런히 학교 선생님을 찾아가서 어떻게 하면, 입학사정관제도를 이용해서 수시로 대학에 들어갈 수 있는

지를 알아보는 수밖에 없습니다. 본인이 쫓아다니는 수밖에 없어요.

본인이 지금까지 친구들이랑 놀고 공부 안 한 것에 대한 정당한 대가를 치르는 것이니 하나도 억울해 할 필요 없습니다. 그 대가는 인생을 살면서 언젠가는 반드시 치르게 되어 있습니다. 그러니 이왕이면 어릴 때, 고만고만할 때 치르는 것이 훨씬 좋습니다. 나중에는 후진 직장, 낮은 급여, 열악한 환경에서 근무하고 급여도 제대로 못 받는 억울한 삶으로 대가를 치르는 경우도 너무 많으니까요. 지금은 수시로 4년제 패션관련학과로 진학하는 것이 답이라고 생각됩니다.

그러니 지금은 내신을 뒤로 할 것이 아니라 오히려 공부에 더 집중하고 동시에 필요한 자격증도 챙겨야 하는 시기입니다. 아무리 수시로 좋은 출발을 했다고 해도 기본적으로 내신이 받쳐주지 않으면, 말짱 도루묵입니다. 무조건 내신은 최선을 다해서 올려놔야 합니다.

그리고 한 가지, 학생이 내신을 신경 쓰지 않고 학원을 다니겠다는 게 말이 됩니까? 그건 학생이 아니죠. 내신이 1등급일 필요는 없지만 어느 정도는 받쳐주어야 합니다. 내신을 버리는 순간 적어도 인생의 중요한 부분도 함께 버리는 겁니다. 인생이 그렇게, 달면 먹고 쓰면 뱉고 하는 게 아니에요. 학생에게 최고의 자격증은 학교 성적입니다. 그 이상의 자격증은 없어요. 학교 성적이 어느 정도 되면서 다른 자격증은 의미가 있지만 학교 성적이 안 되면 다른 준비는 의미가 없습니다.

급한 마음은 알겠는데 그래도 준비해야 하는 것은 변하지 않습니다. 지금까지 놀았다면 지금부터는 밤새우면 됩니다. 모든 것은 본인에게 달려 있습니다.

지금이 가장 중요하다고 생각하는 멘토가

텍스타일과 디자인으로 석사가 된 28세 여학생의 홈쇼핑MD되기

안녕하세요. 저는 28세 여자로 취업준비생입니다. 텍스타일 디자인을 전공하면서 진로에 대해서도 많은 고민을 하고 있습니다.

저는 ○○대학교 텍스타일디자인과 의상디자인을 복수전공, 동학교 대학원 텍스타일프로덕트 디자인과 이수(논문학기 남은 상태)이며, 자격증은 없고 토익은 600점 후반대입니다. 경력으로는 조교 6개월, ○○대산학협력단 소속 디자인센터에서, 보조연구원으로 1년 그리고 다수의 프로젝트와 해외 특강 연수 및 경험이 있습니다.

위의 내용으로 공채에 넣었지만 역시나 제가 부족한 탓인지 떨어졌어요. 그래서 현재 후반기 홈쇼핑MD에 지원하기 위해서 포토샵 자격증 시험을 보고 합격 여부를 기다리고 있습니다. 토익 점수가 많이 부족하여 앞으로 800점대로 오를 때까지 볼 예정입니다.

그리고 지금 모 방송국 의상실에서 인턴을 하고 있는데 3개월 정도 할 예정입니다. 현재 부족한 점을 채우기 위해 이렇게 준비 중인데 제가 바르게 준비하고 있는 것인지 상담 부탁드립니다.

텍스타일러 석사 J양

반갑습니다. 지난 과거에 대한 아쉬운 말이 목을 간지럽게 하는데 그건 하지 않고 앞으로 해야 하는 일에 대해서만 얘기하도록 하겠습니다.

일단 본인의 현황(As it is)을 분명히 알 필요가 있습니다. 일반적으로 기업에서 생각할 때 J양에 대해서 처음 궁금한 부분이 왜 대학 졸업 후 바로 취업을 하지 않고 대학원을 갔느냐에 대한 것일 겁니다.

여러 사정이 있었겠지만 일단 회사는 대부분 학문에 뜻이 있어서 대학원을 간 줄로 압니다. 실제로는 그렇지 못한 경우가 더 많음에도 불구하고 말입니다. 그러니 이 부분에 대해서는 본인이 본인 나름대로 대학원을 갈 수 밖에 없었던 당위성을 만들어서 설명을 하는 수밖에 없습니다.

첫째는 "취직이 안돼서요, 아빠가 가라고 해서요, 공부가 하고 싶어서요." 이런 거는 말이 안 되니까 잘 생각해서 이유를 만드세요. 이게 할 일입니다.

둘째로는, 토익 600점은 요즘 영어 좀 하는 중3 애들이 받는 성적으로 너무 모자랍니다. 그러니까 무조건 영어 하세요. 본인은 지금 기업에서 꺼리는 4가지 요소를 모두 가지고 있습니다. 나이 많고 가방끈 길면서 외국어도 할 줄 모르는 채 실무 능력마저 없는, 한마디로 쉽지 않은 상황입니다. 속상하지만 이게 본인의 현재 모습이에요.

홈쇼핑 패션MD는 보통 경쟁률이 200:1 정도 됩니다. 제가 있을 때 그랬으니까 지금은 더하면 했지 덜하지 않을 겁니다. 거기서 본인이 뽑힐 수 있는 조건이 뭔지를 본인 스스로 만들어야 합니다.

그리고 사실 대학원, 그것도 학부와 대학원에서 모두 텍스타일 디자인과, 의상디자인을 전공한 사람은 홈쇼핑에는 과한 스펙이에요. 홈쇼핑에는 그런 높은 학력과 배움의 백그라운드를 가진 사람이 필요 없거든요. 그런 거 알 필요가 없는 일이 99%인데 왜 그런 사람을 채용하겠습니까?

게다가 보통 3년마다 직군을 바꾸는데 그렇게 깊은 전공자는 오히려 맞지 않다고 생각할 수도 있습니다. 그러니 패션MD로서는 스펙은 지금도 충분하니까 오히려 유사한 다른 분야에도 관심이 있다는 표현이 본인을 좀 더 쉽게 채용할 수 있게 하는 부분이 될 것 같습니다.

셋째, 빨리 대학원을 졸업해서 석사학위를 따세요. 그걸 끝내 놓지 않으면 시간만 가고 학력도 어중간해 집니다.

넷째, 본인의 뜻이 있으니 홈쇼핑MD로 계속 지원을 하되 거기가 안 될 경우도 생각해 보세요. 개인적으로는 홈쇼핑은 홈쇼핑대로 넣고 다른 회사(연구원이 아닌)에도 이력서를 넣어야 할 것 같습니다. 그래서 더 나이를 먹기 전에 빨리 일을 시작해야 할 것 같아요. 나이가 들수록 무조건 본인에게는 불리하다는 것을 아시기 바랍니다.

처음 직장이 중요하기는 하지만 지금은 어느 정도 수준만 되면 들어가고, 경력을 쌓은 다음에 석사학위를 발판 삼아 다른 곳으로 옮기는 것이 제일 좋은 방법 같습니다. 괜히 홈쇼핑 아니면 안 된다는 고집을 세웠다가는 낭패를 볼 수 있는 여지가 아주 많다는 것을 명심하기 바랍니다.

다섯째, 자격증은 일단 패션산업기사 자격증이라도 따두세요. 본인에게는 별로 소용없지만 그래도 이력서에 한 줄 쓸 수 있습니다. 대학원까지 했으면 자격증 따는 것은 매우 쉬우니까, 조금 서둘러서 빨리 챙겨두시고 아울러 컬러리스트 자격증도 따두세요. 포토샵과 일러스트, MOS는 자격증 필요 없이 할 줄 알면 됩니다. 할 줄 아는 것이 중요합니다.

방송국 의상실에서 인턴을 하는 이유가 뭔가요? 그 일이 본인이 목적하는 홈쇼핑MD가 되는데 필요하다고 판단해서 하는 것 맞죠? 이제는 아무 것이나 해서는 안 됩니다.

뭘 해도 목적이 있어야 하고 그 목적이 본인이 궁극적으로 닿으려고 하는 것과 맞아야 합니다. 본인은 지금 시간이 절대적으로 없기 때문에 새벽에 일어나서 공부하고 밤늦게까지 공부하고 해야 됩니다. 그래야 6년 동안 편하게 누렸던 생활을 만회할 수 있습니다.

다른 회사도 알아보고 빨리 논문 써서 석사학위 받고, 영어 공부해서 토익 800점 넘기고 스피킹도 레벨 6까지는 따 놓아야 합니다.

이제까지 놀았던 거 한 번에 하는 것이고, 본인이 선택한 길이니 누구에게도 화풀이를 하거나 억울해 하지 말고, 본이 스스로 잘 풀어내기 바랍니다. 시켜서는 못합니다. 본인만 할 수 있습니다.

누유리에 추억을 가지고 있는 한철강북 멘토가

4) 직업군의 문제

상품기획자와 마케터 사이에서 고민하는 여학생의 진로문제

선생님, 안녕하세요. 제가 문의를 드리고 싶은 이유는 다름이 아니오라 제가 화장품업계에 입사하고 싶은 취업준비생이기 때문입니다.

지금 저의 관심이 정확히 상품기획인지, 마케팅인지 갈피를 못 잡겠습니다. 솔직하게 말씀드리면 둘 다 너무 '땡기는' 분야입니다. 물론 상품기획과 마케팅은 떼고 싶어도 뗄 수 없는, 새끼손가락 둘이 걸고 앞으로 같이 나아가야 하는 분야인건 잘 알고 있습니다.

하지만 입사지원을 할 때에 제가 하나의 분야를 선택하여 입사를 해야 하는데, 정말 고민이 많이 됩니다. 마케팅 분야로 하자니, 제 창의력이 아깝고 상품기획 분야로 하자니, 또 제 창의력이 아깝습니다.

상품기획은 어떤 것을 주 위주로 생각해야 하는지, 마케팅은 어떤 것을 주 위주로 생각해야 하는지, 제가 꼭 기억해야 할 차이점에 대해서 말씀해주시면 감사하겠습니다.

♥ 행복한 고민녀 S양

너무나 창의력이 뛰어난 나머지 본인이 해야 할 일이 상품기획인지, 마케팅인지 갈피를 못 잡겠다는 얘기가 너무 인상적입니다. 이거 자신감 맞죠? 그런데 실은 저도 본인의 관심이 무엇에 있는지는 저도 모르겠습니다. 이건 본인이 제일 잘 알지 않을까요? 정해서 오히려 제게 알려줘야 할 부분이 아닌가 싶습니다. 다만, 각 분야의 특징을 몰라 고민을 하신다면 그건 좀 도와드릴 수 있겠습니다.

말한 대로 각 분야의 아이덴티티를 몰라 이 두 분야에서 고민을 한다면 일단은 마케팅으로 들어가세요. 지금은 마케팅 시대이고 본인의 전공이 화공학이나 화학과가 아닌 이상, 상품개발은 모두 마케팅을 통해서 이루어지기 때문에 마케팅을 하는 것이 좀 더 넓은 방법이 될 것 같습니다. 대부분의 화장품회사가 마케팅에서 상품기획을 하기도 하고 심지어 부서가 아예 마케팅부서에서 하는 경우도 많아요. 그러니 마케팅을 하다 보면 나중에 자연스럽게 상품기획도 할 수 있는 기회들이 생기게 될 겁니다. 더군다나 그토록 아까운 창의력이 있다는데 제가 사장이라도 '확실'만 하다면 시킬 것 같습니다.

상품기획은 좀 더 제조 쪽에 대한 아이디어가 필요한 직업이고, 마케팅은 좀 더 유통과 소비자 쪽으로의 아이디어가 필요한 분야입니다. 똑같이 머릿속에서는 프로세스의 수직계열화가 이루어져야 하는데 상품기획은 제조 쪽에 가까운 후방통합에 대한 아이디어가, 마케팅은 소비자에 가까운 전방통합의 아이디어가 필요하다고 보면 되겠습니다. 이게 가장 큰 차이점 이기는 한데 하지만 뭘 해도 기억해야 할 것은, 소비자 중심이어야 한다는 거죠.

그러니 보통 상품기획자는 비즈니스 전략측면에서 보게 되면 원가절감(Cost leadership)에 더 많은 관심을 가질 수밖에 없고, 마케팅은 차별화(Differentiation)에 더 관심을 가질 수밖에 없죠. 뭐가 더 중요하냐? 다 중요합니다. 기업마다 포커스를 어디에 두느냐에 따라 약간의 조직 변화가 있을 수는 있지만, 지금은 어느 회사나 이 두 가지를 병행해야 하고 개인도

이 두 가지 역량을 동시에 가지고 있어야 합니다.

어디를 가실지 모르겠지만 어디를 가든지, 뭘 하든지 그대의 창의력을 보여주시기 바랍니다.

용감한 멘토가

경제금융학과 3학년에 재학 중인 여학생의 리테일농축산MD되기

안녕하세요. MD가 되고 싶은 학생입니다. MD에 관심이 있었는데, 아직 우리나라엔 MD에 대해 상세히 알려주는 책이 없었던 차에 선생님 책이 출간되자마자 사서 읽었던 독자입니다. MD에 대해 제대로 갈피도 못 잡고 그저 막연하던 저에게 『MD WHO & HOW』라는 책은 참으로 유용했습니다. 저는 구체적으로 대형마트나 백화점에서 농수산식품군을 담당하는 MD가 되고 싶습니다.

저는 현재 지방사립 4년제 경제금융학과 올해 3학년이 되는 22살 여학생입니다. 현재까지는 토익이나 기타 자격증보다는 대외활동과 학점에 초점을 맞췄습니다.

지금까지 했던 활동들로는 KT 올레닷컴 마스터즈 웹마케터부분 수료, 마케팅사관학교 이수(대기업 공모전 본상 2번), 학생홍보대사 사이버 홍보담당, 다문화가정 아동 멘토링, 교내학생 배낭여행 지원 프로그램을 통한 호주 30일 여행과 사과를 판매하는 쇼핑몰을 운영했었습니다.

사과쇼핑몰은 저희 집이 사과 과수원을 하는데, 2010년은 쇼핑몰개설 비용이 부담돼서 블로그로만 팔다가 고객들의 반응이 좋아서 2011년 쇼핑몰로 오픈해서 1,000박스를 품절시킨 경험이 있습니다.

올해는 대외활동보다는 학점과 어학, 자격증에 초점을 맞추려 합니다.

현재 자격증은 유통관리사를 준비하고 있는데, 이 자격증은 없는 것보단 낫지만 그렇게 도움이 되거나 중요한 자격증도 아니고, 시간도 뺏기지 않아서 2월 한 달 동안 조금씩 공부해서 4월에 시험 칠 예정입니다. 컴퓨터 관련 자격증 종류가 많아서 어떤 컴퓨터 관련 자격증이 제가 원하는 MD가 되는데 유리하고 또 실제 MD가 되어서도 많이 사용하는가요?

이 밖에도 또 추천해주실 자격증이 있으신가요? 컴퓨터 같은 공인 자격증 말고는 공모전 수상경험이 더 도움이 되겠지요? 그리고 추천해주실 대외활동은요? 이번에 은행홍보대사 대외활동을 할지말지 고민인데 이건 어떤가요?

그리고 사실 제가 더 하고 싶은 것은 홈쇼핑MD인데, 이건 고학력자들이 너무 많아서 고려하지 않고 있습니다. 홈쇼핑 MD 중에 지방대 출신은 몇 명이나 되나요? 제가 또 어떤 것을 준비하면 좋을까요?

아주 적극적일 것 같은 과수원집 딸 F양

깜짝 놀랐습니다. 편지에서 소리가 나서요. 오랜만에 받아 보는 음악편지였습니다.

우선 컴퓨터에 관련된 자격증은 MD에게 필요한 정도는 MOS 정도면 충분하고 좀 더 한다면 포토샵과 일러스트, 웹디자인 정도를 할 수 있으면 됩니다. 그런데 아시겠지만 자격증 있다고 입사하지 못합니다. 자격증은 학업 성적으로 도움을 주는 것이지 학교 성적보다 앞선 것은 아닙니다.

추가로 자격증을 추천한다면 자격이 되실지 모르겠지만 요즘의 트렌드를 생각할 때는 경매사 자격증 같은 것이 어떨까 싶습니다. 지금 전공과 희망하는 분야의 괴리감이 크거든요. 그걸 메울 수 있는 방법들을 찾아보시고 그런 측면에서 본다면, 농수산 취급에 관련된 자격증도 나쁘지 않을 것 같습니다. MD 분야에서도 패션과 농수산 쪽은 특히 그쪽을 전공한 사람들이 유리한 대표적인 분야입니다.

공모전 수상경험은 분명히 도움이 되는 활동입니다. 추가로 실제로 본인이 살고 있는 지역의 농축산물과 거기에 대한 시장조사, 판로조사, 수익성분석 같은 것을 해보는 것도 좋은 활동이 될 것 같습니다. 공모전 아무리 해봐야 실전과 상관없으면 안 되니까, 차라리 요즘 소고기와 돼지고기를 포함한 육류 유통에 대한 문제가 심각하니, 문제의 원인을 진짜 파헤쳐서 사육은 뭐가 문제고, 유통은 뭐가 문제고 경매와 도축에는, 어떤 문제가 있는지를 공부하고 리포트 만드는 것이, 어쩌면 기업에 어플라이를 할 때는 더 도움이 될 겁니다. 회사가 찾는 사람은 열정이 있다고 말하는 사람이 아니라 진짜 열정이 있는 사람입니다. 특히 업무와 관심 분야에 대한 열정이요.

그리고 한 가지 짚어 드릴 얘기가 있습니다. 대외활동 이외에 학점, 외국어는 잘 챙겨두셨나요? 토익은 얼마나 스피킹은 어떤가요? 개인적으로 성적과 외국어가 기본이 안 되는데 대외활동 많이 해서 대기업에 취직했다는 사람 얘기는 거의 못 들어본 것 같습니다. 성적과 영어는 요즘 학생으로서의 기본입니다.

나머지 질문들은 읽으신 제 책에 나와 있습니다. 다시 한번 찬찬히 읽어 보시면 충분히 해소될 수 있는 얘기라 여기서 언급하지는 않겠습니다.

그리고 저는 우리나라 홈쇼핑 회사에 지방대 출신이 몇 명 있는지 모릅니다. 실은 관심을 가져 본 일도 없습니다. 절대 적지 않다는 정도입니다. 얼마가 되던 그건 하나도 중요하지 않습니다. 준비가 잘 된 사람이면 충분히 들어갈 수 있습니다.

그 정도면 이미 어린 나이에 다른 많은 것들을 준비했다고 생각됩니다.

학점과 영어, 외국어, 한자 정도의 실력만 챙기시면 문제없을 듯, 파이팅입니다.

황성한우 좋아하는 멘토가

편집샵 사입MD를 통해 바잉MD를 꿈꾸다

안녕하세요. 저는 바잉MD를 꿈꾸는 ○○라고 합니다. 다름 아니라 제가 내일 ○○플레이스라는 편집샵에 바잉MD로 면접을 갑니다. 저는 이곳에 합격이 된다면, 여기서 바잉업무를 배워 경력을 쌓고 향후에 좀 더 큰 패션기업 안에서 활동하는 바잉MD로 성장하고자 합니다.

그런데 편집샵의 바잉업무가 동대문시장 사입, 해외브랜드의 바잉이 있는데 아마 국내에서 바잉업무와 거래처를 발굴하는 일을 하는 것 같습니다. 이러한 업무들이 향후 패션기업의 바잉MD로 지원하게 될 때 경력으로 인정이 되나요?

쇼핑몰에서 사입하는 업무도 경력으로 인정을 해주는지 궁금합니다. 당장 내일이 면접입니다. 첫 단추를 잘 꿰어야 미래도 좀 더 밝을 테니까요. 그래서 더욱 고민이 됩니다. 편집샵, 쇼핑몰 사입업무가 향후 해외수입 브랜드를 보유한 기업에서의 바잉MD로 활동하기에 유리한지 알고 싶습니다.

급한 마음이 보이는 X군

보통 우리나라 패션업계에서 바잉MD라고 하면 '해외에서 패션상품을 수입하는 사람'을 뜻합니다. 지금 면접을 통해 하시려는 일은 그냥 사입MD입니다. 사입삼촌이 되는 것은 아닌 거죠? 업체마다 좀 다르긴 하겠만 수입바잉MD를 채용할 만한 규모와 브랜드를 가지고 있는 회사를 기준으로 한다면, 시장에서 사입업무를 했던 시장사입MD는 일반 기업에서는 별로 경력을 인정해 주지 않을 것 같습니다.

예전에, 한 10년 전에는 가능했습니다. 그때는 동대문이나 평화시장이 큰 주류시장이었고 거기서 갈고 닦은 사람들의 실력과 상품 보는 눈이 뛰어났기 때문입니다. 하지만 지금은 그걸 가르치는 기관이나 시스템도 많고 이미 시장 패션과 글로벌 패션은 좀 다른 역할을 하고 있다고 판단되기 때문입니다. 다만, 같은 사입을 통해 상품을 구성하는 편집샵은 업계에서는 인정해 줄 수 있겠습니다.

대기업의 리테일 비즈니스를 하는 업체에서는 바잉MD가 되려면 상품에 대한 이해뿐 아니라 무역에 대한 이해가 있어야 하고, 또 커뮤니케이션이 되어야 합니다. 냉정히 말하면 경력의 인정 여부는 본인이 향후에 어떤 회사로의 이직을 생각하느냐에 따라 다를 것 같습니다.

해외상품을 핸드링 하는 회사는 우선 영어가 기본이고, 상품에 대한 이해가 높아야 하고 무역에 대한 이해가 있어야, 바잉을 할 수 있는 기회가 주어집니다. 그게 안 되면 불가능합니다.

당장 내일이 면접이라니 일단은 면접 잘 보세요. 지금 가려는 회사가 어떤 샵인지를 몰라서 뭐라고 말씀드리기는 어렵지만 일단은 가서 붙으시기 바랍니다. 그래야 다음을 고민하는 것이 의미가 있습니다.

붙어주기를 바라는 마음으로 가득한 멘토가

환경생명화학과 2학년에 재학 중인 학생의 화장품MD되기

안녕하세요. 전 ○○대학교 환경생명화학과 2학년에 재학 중인 ○○라고 합니다. 이제 3학년을 올라가게 되어서 하루 종일 취업에 대한 정보 찾기에 여념이 없습니다. 막연하게 '화장품 회사에 취직하고 싶다'는 생각으로 요 며칠 블로그랑 다음카페 '화장품회사에 다니고 싶어요'를 통해 하고 싶은 일이 생겨서 용기를 내서 메일을 보내봅니다.

취업을 희망하는 업체는 화장품을 제조하면서 제조와 유통을 함께 하는 업체로 들어가서 제품을 기획하는 일을 하고 싶습니다.

희망업무는 R&D와 MD입니다. 알아본 바로는 R&D는 연구개발을 중점으로 하고 MD는 상품기획전문가로 기획단계를 총괄한다고 하더라고요. 전 제품을 기획해서 화장품의 처방전을 만드는 업무를 하고 싶습니다. 이 업무는 R&D와 더 맞는 건가요?

그렇게 되기 위해서 필요한 자격 요건은 어떻게 될까요?

제가 계획한 것은 우선 회사에 서류 접수를 하기 위해서는 토익 700점은 되어야 한다기에 방학을 이용해서 토익 공부를 하고 있고, 피부관리사 자격증의 취득 여부도 고민 중에 있습니다. 필요하다면 대학원 진학도 생각하고 있고요.

학교를 졸업하고 회사에 취직하고, 대학원을 다니다 졸업하고 연구원으로 있고 싶습니다. 제 생각에 오류가 있는 부분이 있는지도 알고 싶습니다. 또, 저에게 해주시고 싶은 이야기는 무엇이든지 다 말씀해주세요. 다 흡수하겠습니다.

답을 기다려 주는 마음이 너무 느껴지는 L양

제품을 기획해서 화장품의 처방전을 만드는 업무는 예상한 대로 R&D와 더 맞습니다. 연구원인 거죠. 연구원이 되기 위한 자격 요건은 MD가 아닌 연구원 선발 기준에 맞춰서 입사를 준비해야겠지요? 화학과니까 아마 선배들의 예를 보시면 쉽게 알 것 같습니다. 연구원들은 입사할 때 주로 무엇으로 평가되는지에 대해서는 저보다 더 잘 아실 듯합니다. 그쪽도 전공과 학벌, 뭐 이런 걸 보지 않을까요? 남들 다 하는 스펙도 좀 볼 것 같고요. 기본은 전공이겠지요? 교수님의 추천이 있으면 연구원들은 좀 쉬운 것 같던데요. 아무튼 연구직으로 들어가야 한다는 것을 감안하시면 되겠습니다.

한 가지 더한다면 본인은 상품기획도 하고 싶으니까, 사전에 화장품의 특별한 재료를 테마로 한 라인을 구상해 본다거나, 지금 나와 있는 것보다 더 좋은 물질을 찾아본다거나 해서, 다른 아이디어 있는 모습을 보여줄 수 있다면 플러스가 될 것 같습니다. 소재를 개발하고 새로운 시도를 하려는 그런 생생함이 보이면 좋겠지요? 지금부터 차근차근 이와 관련된 포트폴리오를 준비하면 됩니다. 영어에 대해서는 걱정 안 하려면 850점 수준 정도는 가지고 있어야 합니다. 그런데 연구원이라면 좀 낮을 수도 있을 것 같습니다. 이것도 선배들에게 물어보시기 바랍니다.

회사 생활을 적당히 한 후에 대학원에 진학을 해서 연구의 과정을 거쳐, 대학원을 졸업한 후에 연구원으로 남고 싶다는 계획인 것 같은데, 잘만 되면 제일 좋을 것 같습니다. 피부관리사 자격증은 굳이 따실 필요 없습니다. 회사 생활을 먼저하고 싶다면 굳이 지금 대학원을 갈 필요도 없습니다. 일단 취업에 초점을 맞추시면 되겠습니다. 연구원으로 그 다음 직업을 옮길 생각이면, 대학원에서는 거기에 맞는 적당한 과목을 해야겠네요.

어떤 과목을 하는 것이 좋은지는 이것 역시 선배님이나 교수님께 문의드리는 것이 정확할 것 같습니다. 제일 좋은 시기입니다. 한번 돌아봤으니 앞으로의 길은 좀 더 자신을 독려하고 스스로를 견책하면서 보내도록 하세요.

가장 확실한 것은 정말 공부밖에 없습니다. 스스로를 부각시키고 차별화시킬 수 있는 가장 돈 안 들고, 가장 확실하고, 사기 치지 않고, 제일 유효기간이 긴 도구입니다. 학생은 공부할 때 제일 아름다운 겁니다. 지금 시작하면 뭐든지 본인이 원하는 것을 할 수 있으니 방향만 잘 잡으시면 됩니다.

애매한 것을 정해주는 엠디 멘토가

경제학과를 졸업한 좋은 스펙을 가진 여학생의 식품MD되기

안녕하세요. 10월말쯤에 1:1 지식인 질문을 통해 MD에 대해 질문을 드렸던 학생입니다. 답변 주셨던 내용을 토대로 저를 돌아보고 선생님의 『MD WHO & HOW』라는 책을 읽어봤는데, 정말 제가 하고 싶은 직업입니다. 막연하게 '하고 싶다'라는 마음으로 MD를 지원했는데 돌아오는 주에 한 식자재 회사의 최종면접을 보게 되었습니다. 1차 면접을 가보니, 말씀하신 것처럼 대부분 식품 전공자들이었습니다.

최종면접에 가면 전공자들과 같이 면접을 보게 될 텐데 여전히 제 학과를 어떤 식으로 살려야 하는지, 어떤 경험을 살려서 말을 해야 할지 막막해서 MD에 관해 검색하던 도중, 블로그를 운영 중이신걸 알고 다른 분들이 질문하신 내용을 읽어보다가 저도 도움을 얻고자 이렇게 용기 내어 메일을 드려봅니다.

저는 25살 여학생이고, ○○○ 경제학과 올 2월 졸업예정입니다. 어학연수를 1년 남짓 다녀왔고, ○○○기획팀에서 인턴을 하느라 휴학을 했었던 경험이 있습니다. 학점은 4점 초반에, 토익은 930, 토익스피킹 7을 가지고 있습니다. 그리고 남다른 경험을 뽑자면 다양한 봉사활동을 취미활동처럼 꾸준히 해왔습니다. 하지만 아르바이트는 유통업체에서 딱 한 번 해본 경험밖에 없어 실무적인 경험을 내세울 것이 없습니다.

그래도 제 자신을 돌아보니 책에 나왔던 MD가 필요한 자질에 많이 부합하는 것 같아 MD라는 매력적인 직무를 포기할 수가 없어서 몇 가지 질문 드리고 싶습니다.

1. 전공은 아니지만 통계관련 수업을 많이 들어서 그쪽으로 어필을 해볼까 하는데 통계나, 정보수집력 같은 것도 MD에게 필요한 역량이 될 수 있을까요?

2. 실질적인 경제적 이윤을 창출한 것은 아니지만, 봉사활동을 통해 어르신들부터 아이들, 장애우, 환자분들까지 정말 다양한 사람들을 만나온 경험도 MD에 도움이 될 수 있을까요?

3. 분야는 안 맞지만, 기획팀에서 인턴을 하며 다른 부서들과 협업하는 일들을 많이 했는데, 이런 것도 어필하면 좋은 점인지 궁금합니다.

4. 꼭 금전적 이윤을 낸 경험이 있어야 하는 건가요? 식품에 대한 관심이 많아 어머니와 매일 마트에 가는 점을 이야기하고 싶어서요.

5. 식품에 대한 전문적인 지식은 입사 후 정말 남들보다 두세 배는 열심히 노력해서 쌓아간다고 어필하는 건 무리일까요?

제가 부족하다고 생각해서 기대하지 않았는데, 최종면접을 보게 될 기회가 주어지니 정말 절실해지고 욕심이 나서 남은 기간 동안 정말 최선을 다해 준비하고 싶어 이렇게 정말 용기 내어 메일을 보냅니다.

🏠 찰싹하고 붙어줄 것만 같은 K양

우선 축하드립니다. 최종면접을 남겨두고 있다니, 건투를 빕니다. 일단 눈을 감고 며칠 후에 있을 최종면접장으로 먼저 한번 가 봅시다. 면접관 입장에서 볼 때 전공자들 사이에 비전공자를 그 자리까지 오게 한 이유가 뭘까요? 그 사람들이 비전공자에게 전공자들이나 알 수 있는 것을 기대할까요, 아님 좀 다른, 오히려 비전공자의 시각에서 보이는 '식자재'에 대한 눈을 기대할까요? 당연히 후자입니다.

제가 면접관이라면 경제학과 출신인 졸업자가 어떻게 식자재의 수급과 유통을, 경기와 물가 수준에 따라 예측하고 파악할 수 있느냐, 경제심리라는 것이 어떻게 작용하기 때문에 실제 실물경기에는 어떤 식으로 적용될 수 있는지를 물어볼 것 같습니다. 식품영양과 친구들이 할 수 있는 대답은 아닙니다. 제 생각에는 회사가 본인을 조금 더 기획적인 측면과 전략적인 측면을 고려해서 최종면접까지 올렸다고 생각합니다. 바꿔 말하면, 회사는 본인에게 그냥 물건 하는 MD가 아니라 기획력을 가미해서 해외에서 상품을 전략적으로 개발하거나, 아직 한국에는 소개 안 됐지만 한국인들의 라이프 스타일에 맞는 상품이 무엇인지를 경제학적인 측면에서, 분석하고 그걸 개발하고 그걸 마케팅하는 일을 시키고 싶어 하지 않을까요? 그러니까 당연히 회사는 '감'이 아닌 뭔가의 근거에 따른 예측, 표본에 따른 디테일한 분석, 뭐 이런 것들을 듣고 싶어할 겁니다. 그게 식자재 얘기면 더 좋습니다.

예를 들어, 한국은 2000년대 중반에 들어서면서 급격하게 닭가슴살에 대한 수요가 늘어나고 있습니다. 미국에서는 이미 1970년대 중반부터 1980년대 중반까지 붉은 살인 소고기나 돼지고기보다 흰 살인 닭살이 급격히 성장을 해서 지금까지 성장세를 유지하고 있습니다. 더 이상 콜레스테롤로 신경 쓰고 싶지 않다는 겁니다. 사람들의 시선이 저콜레스테롤로 바뀌자 기존의 소고기 업체들은 콜레스테롤을 낮춘 소고기를 개발하게 되었고, 닭고기 업체들은 닭뿐만 아니라 칠면조까지 고기를 확대하면서 흰 살 고기의 시장을 확대하는 것으로 방향을 바꾸었습니다.

우리나라에는 아직 상용화된 칠면조 고기가 없습니다. 칠면조는 닭보다 크고 살이 많아서 먹을 것이 많은데도 상품소싱이 안 되고 있습니다. 그렇다면 기회가 있지 않을까요? 이렇게 가슴살에 대한 수요가 많은데? 물론 식자재로써 칠면조는 좀 더 생각해 볼 것들이 많이 있을 것입니다. 하지만 회사가 K양에게 기대하는 것은 이처럼 사회변화에 따른 용도의 변화, 가처분 소득의 확대에 따른 라이프 스타일의 변화, 거기에 따른 식습관과 여가활동의 변화들을, 트렌드와 경제적인 관점과 이론이 조합된 'Something New'한 시각을 원할 것이라는 겁니다.

현재는 아무리 K양이 식자재에 대해서 공부를 해도 이론으로는 전공자들을 따라갈 수 없습니다. 그러니 본인의 특성을 부각시켜서 새로운 눈을 보여주도록 해야 합니다. 책에 나왔던 MD가 필요한 자질에 자신이 많이 부합하는 것 같다고 하셨죠? 좋습니다. 그 자신감! 그게 눈빛에서 나와야 합니다.

'전 할 수 있는 사람입니다. 전 준비된 사람이고, 자신 있습니다.'

본인이 들었던 통계관련 수업도, 다양한 봉사활동도 다 MD에 도움이 됩니다. MD에게 제일 중요한 것이 시장을 이해하는 것으로 정치와 경제, 사회와 문화, 기술과 환경을 이해하는 것이 기본이니까 결국엔 그걸 알아야 MD를 제대로 할 수 있습니다. 그 사람들도 다 우리사회를 구성하는 사람들이고 그들의 사고방식이, 곧 구매라는 행위로 연결되기 때문에 그들을 이해하는 것은 곧 시장을 이해하는 것입니다.

굳이 금전적 이윤을 낸 경험이 없었어도 학생으로서 지금 정도의 경험이면 충분할 것 같습니다. 부족하다고 생각하지 말고 자신감을 가지세요.

마트 얘기는 굳이 없는 얘기 안 만들어도 됩니다. 만들어 낸 얘기는 금방 티납니다. '식품에 관심이 많다'라기 보다는 차라리 '제가 먹는 것을 좋아해서 엄마가 마트 갈 때 자주 쫓아간다'라고 얘기하는 것이 더 대학생스러울 것 같습니다. 그리고는 '엄마와 마트에 가서 느낀 것이 있다'라고 어필할 필요가 있겠습니다.

소비자의 입장에서 왜 이런 상품은 안 하는지, 아님 왜 포장은 이렇게 하는지, 왜 이렇게 광고를 하지 않는 것인지에 대한 궁금함과 의문스러운 부분이 있었다면 그걸 얘기하는 게 훨씬 효과적입니다. 미국에서 파는 상품 중에 진짜 잘 팔리는 게 있는데 그건 왜 한국에서 안 파는지에 대한 것 등을 어필하면 됩니다.

식품에 대한 전문적인 지식은 입사 후 3개월 안에 전공자만큼의 지식을 쌓겠노라고 강력하게 얘기하는 것도 좋은 인상을 줄 겁니다. 제가 얼굴을 안 봐서 인상까지 어떤지는 모르겠지만 별로 부족해 보이지 않습니다. 자신감 있는 표정, 심플하지만 세련된 느낌을 주는 패션감각, 성실하고 깔끔하게 일을 처리할 것 같은 매끈한 말투, 밝은 인사, 조리 있고 서두르지 않는 설명, 침착함을 잊지만 않으면 잘 될 겁니다.

지원하는 회사가 갑자기 궁금해진 멘토가

PS, 일주일 후 최종합격 통보받았다고 연락 옴

행정학과를 졸업한 영어에 자신 없는 남학생의 신발MD되기

안녕하세요. 이번 연도 8월에 서울소재 4년제를 졸업한 취업준비생입니다. 어려서부터 패션에 관심이 많아서 쇼핑을 자주 합니다. 쇼핑하는 과정에서 전자상거래가 발전하고 같은 물건도 유통구조에 따라서 가격이 천차만별로 달라진다는 것을 인식하고, 유통이라는 분야에 관심을 갖게 되었습니다. 유통이라는 분야에 관심을 일찍 갖고 준비를 미리 했으면 좋았겠지만, 대학을 졸업하고 구직을 하는 과정에서 뒤늦게 관심분야와 꿈이 생겼습니다.

저는 서울 소재 유명하지 않은 4년제 행정학과를 나왔습니다. 학점은 3.8이고 어학점수는 토익 700점대 후반 정도입니다. 유통관리사 2급을 취득했고 물류관리사 공부도 하고 있습니다. 특별히 MD 중에서도 운동화에 관심이 많아서 스포츠 브랜드 회사 신발MD를 목표로 하고 있습니다. 코오롱패션산업연구원 FIK에서 신발&잡화MD 실무자 과정을 수료했습니다. 나이키나 아디다스 같은 글로벌그룹들은 공채라는 개념 자체가 없고 경력 위주로 소수 선발된다는 얘기를 듣고 며칠 전 ○○○라는 회사에 지원을 했는데 서류 통과 후 인·적성검사에서 탈락의 고배를 마셨습니다. 막막한 마음에 몇 가지 여쭤 볼까 합니다.

1. 모 브랜드의 상품기획 부서장으로 계시는 분과 이런저런 얘기를 하는 중에 그분께서 저의 열의를 알아봐주셔서 이력서를 메일로 보내라고 하신 일이 있었습니다. 그런데 영어를 잘하냐고 물으셨습니다. 영어회화가 되고 알아들어야 업무에 지장이 없다고 그래서 회화는 솔직히 약하다고 말씀을 드렸더니 표정이 굳으시더라고요. 스포츠브랜드 신발MD로서 영어의 중요성은 어느 정도 인식하고 있었지만, 지금 영어 실력 정도로는 국내 회사들에 지원해서 구직되는데 어려움이 많을까요?

2. 지금 제 스펙으로 취직이 어렵다면 지금이라도 해외 유학을 가려고 생각 중인데, 패션머천다이징 과정 유학이 미국에 있는데 그 곳에 가서 열심히 하고 돌아오는 것이 비전이 있는 올바른 선택인지 조언 좀 받고 싶습니다.

3. 지금 제 나이가 27살 미국 유학을 갔다 오면 서른입니다. 일반 기업에서 30세에 신입으로 들어가면 늦지 않을까요?

4. 신발MD가 저의 목표인데 워낙 신발회사도 많지 않고 MD라는 직무 자체가 자리가 많지 않기 때문에, 이것만 목표로 삼기에는 불안해서 신발과 관련된 영업관리직이나 패션회사들에도 지원을 하려고 합니다. 패션회사들을 지원하는데 있어서 학과의 비관련성의 단점을 보완할 방법이 없을까요?

5. 지금 저의 계획은 어학연수 겸 패션머천다이징 교육을 미국에서 받고 와서 야간대학원에서 경영공부를 병행하면서 취업하려고 하는데, 대학원은 실질적으로 도움이 될까요? 유학을 안 가고 대학원을 다니면서 취직 준비하는 과정이, 유학을 가는 것보다 더 옳은 방법일 수도 있겠다는 생각이 드는데 어떤가요?

6. 야간대학원 중에서도 경희대와 한양대의 물류SCM 입학을 하려고 하는데 한양대 물류SCM과 MD 직무로 취업하는데 연관성과 도움을 얻을 수 있을지 궁금합니다. 경영학과와 물류SCM 둘 중에 어느 쪽으로 가는 것이 올바른 선택일까요?

맘고생만 많았을 행정학도 T군

스포츠 브랜드여서가 아니라 궁극적으로는 모든 브랜드MD가 영어를 못하면 한계에 부딪칩니다. 그런데 신발은 더 합니다. 요즘 우리가 신는 스포츠화 중에 국산이 있던가요? 프로스펙스 정도? 나이키, 아디다스, 푸마 등 대중에게 인기 있는 모든 브랜드가 외국산인데 상품기획을 하는 MD가 영어가 안 되면 어쩌라는 말인가요?

무조건 영어를 해야 합니다. 회화가 안 된다고 하는 것으로 봐서 스피킹 레벨이 안 되나 보네요. 본인이 너무 의욕만 앞섰던 것 같습니다. 그냥 언뜻 생각해도 스포츠신발MD에게 영어는 필수입니다. 개인적으로는 지금은 좀 부족하지만 계속해서 영어공부를 집중적으로 하고 있다고 설득시키지 못하면, 스포츠신발MD로의 입사는 어려워 보입니다.

그래서 어렵다고 하니 지금 당장이라도 해외 유학을 가겠다고 하는데 개인적으로는 반대입니다. 일단 유학을 왜 가려는 거죠? 설마 영어 때문은 아니겠지요? 영어공부하러 남자 나이 27살에 유학을 간다는 것은 좀 아닌 것 같습니다. 더군다나 본인의 현재 영어실력으로는 일단 유학이 불가능합니다.

가서 하면 되지 않느냐? 일단 가면 무조건 한 달에 최소한 200만 원 정도는 써야 합니다. 유학이 아니라 유학을 위한 영어공부로, 스스로 회화가 안 된다고 하는 정도면 최소한 6개월은 하셔야 하는데 이 돈만 1,200만 원입니다. 미국은 개강이 9월이니까 시간 못 맞추면 어영부영 시간과 돈을 낭비하게 됩니다. 가면 최소한 2년을 다녀야 하는데 그것도 제대로 했을 때 2년이고 이런저런 변수를 고려하면 빨라야 꽉 찬 3년이 걸릴 겁니다. 아마 제대로 된 공부를 위한 준비만도 1년 넘게 걸릴 겁니다. 나이 서른에 못 오는 경우도 생길 수 있다는 얘기인데 진짜 각오를 하고 배수진의 마음으로 준비하지 않을 거면 안 가는 게 여러모로 좋습니다. 시간도 시간이고 돈도 적지 않게 듭니다. 그런 열심으로 한국에서 취업하면서 하는 것이 좋지 않을까요? 그리고 또 다른 이유는 그렇게 한다고 해서 일반 기업에서 30세에 신입으로 들어가기가 쉽지 않기 때문입니다. 가능은 하지만 확률은 낮습니다. 학원은 이미 다니셨으니 지금으로서는 다니셨던 학원에 취업을 계속 알아봐 달라고 독촉하시고 부지런히 국내 회사들을 지원하는 방법을 취할 수밖에 없겠습니다.

'어학연수 겸 패션머천다이징 교육을 미국에서 받고 와서 야간대학원에서 경영공부를 병행하면서 취업하려고 한다'는 계획은 못 들은 것으로 하겠습니다. 어학연수와 머천다이징 교육은 동시에 이루어질 수도 없고, 한다고 해도 앞으로 최소한 5년 이후에나 벌어질 수 있는 일입니다. 너무 먼 얘기고 현실성이 없습니다. 지금은 어떻게든 빨리 취직한 다음에 나중에 대학원을 다니는 것이 현실적으로 제일 좋습니다.

야간대학원도 일단 취업을 한 다음에 생각하세요. 왜 지금 것도 풀지를 못하고 있는데 올지 안 올지도 모르는 미래의 일을 걱정을 하나요? 지금 할 일도 많은 것 같은데 그 시간이면 단어 하나 더 외우고 문장 하나 더 익혀서, 영어 실력을 높일 생각에만 집중하셔서 혼신을 다해야 할 것 같습니다. 특히 신발MD는 영어는 기본으로 못하면 안 됩니다.

좀더 현실적인 판단을 권하는 현실적인 멘토가

캐나다에서 비주얼아트를 전공한 여학생의 VMD되기

안녕하세요. 저는 일단 이제 막 대학교를 졸업하는 25세 여자입니다.

10년 전에 부모님을 따라 캐나다로 이민을 왔고 나름 잘 적응해서 4년제 주립대학교를 다니고 이번 5월말에 졸업을 합니다. 제 전공은 Visual Art이고 어렸을 때부터 패션 쪽에 관심이 많아 졸업 후 VMD쪽 일을 알아보고 있습니다. 제가 궁금한 것은 한국에서 MD나 VMD가 되려면 어떠한 스펙을 더 키워야 할까입니다.

작년 9월부터 캐나다에 있는 쥬시꾸뛰르 매장에서 판매직을 시작했고 성과를 인정받아 매니저에게 VMD 분야도 부탁해서 지금 근무시간의 반은 판매직, 반은 VMD어시스턴트로 근무하고 있습니다. 하지만 캐나다 시장이 너무 작은 관계로 미국을 가던지 한국을 가야 좀 더 넓은 경험을 쌓을 수 있다고 생각돼서 졸업 후 다른 곳에서 취업을 할 예정입니다. 캐나다에 있는 거의 모든 브랜드들이 미국에서 넘어온 것이고, 저희 매장도 런칭된 지가 얼마 안됐어요. 그래서 여기 비주얼매니저도 본사에서 나오는 지역담당 매니저(District visual manager)의 지시를 받는 게 대부분이고, 아무튼 제가 생각하는 것보다 좀 분야가 작더라고요. 미국 회사로 바로 갈 수 있으면 좋겠지만, 그래도 한국에서 죽기 전엔 꼭 일을 해보고 싶다는 열망이 강해서 한국 쪽을 알아보고 있습니다.

긴 시간은 아니지만 VMD어시스트를 하면서 정말 재밌고 보람을 느끼기도 했고 제 적성과도 잘 맞아서 이 일을 너무 하고 싶은데 제가 한국에서 MD나 VMD로 일하기 위해서 어떠한 것들이 필요할까요?

제 스펙은 영어는 외국에서 10년 살았기 때문에 현지인과 비슷한 수준이고 한국어도 부족하지는 않습니다. 학교 활동 외 한인라디오 클럽 등에서 작가나 연출 쪽을 맡아서 해왔습니다. 중국어는 낮은 레벨로 조금 할 줄 압니다. 인턴 경험은 제가 예전에는 방송 쪽에 관심이 있어서 여름방학에 KBS 다큐프로그램 연출 분야에서 인턴을 했었습니다. 고려대에서 여름학기 교환학생도 했었고 학점은 이곳에서는 나쁘지 않은 선입니다.

한국에 있는 SPA브랜드들도 VMD채용 시 2년 이상의 경력자 위주로 뽑아서 이곳에서 경력을 더 쌓고 갈까 생각도 하는데, 또 여기서 일한 건 한국과 다르니까 경력으로 안쳐줄까 봐 걱정이 되기도 하고, 졸업과 함께 그냥 처음부터 한국에서 일을 해볼까 하는 생각도 있습니다.

요새 한국도 취업난이 심각하다는데 제가 한국에 가서 일을 하는 게 가능성이 있을까요? 그렇다면 언제쯤 한국에 가서 취업을 하는 게 가장 좋을까요? 이곳에서 2년 정도 일을 하고 가는 게 나을지 아니면 5월 졸업식

후 바로 가는 게 나을 지요? 제가 한국에서 취업하기 위해 가장 필요한 것들은 무엇일까요? 궁금한 답변을 부탁드립니다.

친구 많을 것 같은 캐나다 사는 S양

반갑습니다. 메일을 통해 전달해 준 본인의 학력이나 경력으로 볼때 만약 본인이 MD가 되려고 한다면, 좀 다른 방법을 찾아야겠지만 VMD가 되고자 한다면, 추가적인 스펙은 크게 필요 없을 것 같고 지금 하는 일을 조금 더 하면서, 빨리 일에 대한 스킬과 노하우를 익히는 것이 필요할 것 같습니다. 현재 어떤 조건으로 일하고 있는지 모르겠지만 지금하고 있는 쥬시꾸뛰르 매장에서의 일(판매직+VMD)은 본인에게 좋은 자산이 될 겁니다. 그러니 캐나다 시장이 너무 작은 관계로 미국을 가던지 한국을 가야 좀 더 넓은 경험을 쌓을 수 있다고 생각하는 것은 한 번 더 생각해 볼 필요가 있어 보입니다.

지금 회사에 있었던 시간이 이제 1년도 지나지 않은 상황인데 다른 곳으로 옮기려고 한다는 생각이라면 개인적으로는 반대합니다. 지금 있는 곳에서 최소한 만 2년 정도는 일을 하세요. 쥬시꾸뛰르 정도면 있을 만한 브랜드입니다. 한국에는 라이센스로 진행되기 때문에 브랜드 파워가 미국이나 캐나다만 못하지요. 하지만 거긴 미국과 가깝고 오리지널 상품과 VMD를 직접 만날 수 있고, 그 브랜드에 대한 본사의 콘셉트와 의지를 보다 분명하게 배우게 될 테니 좋은 기회라고 생각합니다. 그러니까 다른 생각하지 말고 거기서 한 2년 열심히 일하다가 나중에 한국에 오면 될 것 같습니다. 하지만 그 중간에라도 미국으로 건너갈 기회가 생긴다면 그건 바로 추진해 볼 일인데요. 한 가지 걱정은 제가 알기로 미국에서 비주얼아트 전공한 사람이 MD가 되는 일은 흔한 일이 아닌 줄 알고 있습니다.

아무튼 미국 쪽은 잘 모르겠고 한국 쪽으로는 2년 후에 경력직으로 넘어오면 됩니다. 제일 좋은 것은 캐나다에 있으면서 자리 알아보고 시기를 잘 맞춰서 나오면서 바로 입사하는 구도로 가면 제일 이상적인 시나리오가 될 것 같습니다. 이제 나이 25세인데 죽으려면 한 70년의 시간이 있으니 그 중간에 아무 때나 한국에 오면 소원을 이루는 데는 큰 문제없어 보입니다.

한국에서 MD나 VMD로 취업하기 위해 필요한 것은 다른 추가 사항이 없어도, 흔히 말하는 리테일MD나 영업MD, VMD로의 취업은 크게 문제될 것 같지 않습니다. 다만, 어패럴 패션기획MD는 캐나다에서 공부를 했다고 하더라고 어려움이 예상됩니다. 전공도 아니고 그렇다고 일에 대한 기본을 아는 것도 아니기 때문입니다. 하지만 캐나다에서 2년 이상 실무 경험을 하고 오면 얘기는 좀 달라질 수 있습니다. 충분히 안목이 달라질 테니까 2~3년만 잘 배우시기 바랍니다.

캐나다에서 학부를 마친 것, 중국어를 할 줄 아는 것, 일러스트를 할 줄 아는 것 등은 모두 도움이 될 겁니다. 충분히 좋은 여건을 가지고 있어요.

지금은 글로벌 시대라 어디서 일하든 다 경력으로 쳐주니까 걱정하지 말고 꾸준히 배우며, 거기서 일어나는 일들은 꼼꼼히 보시고 정리해서 본인의 것으로 만드시기 바랍니다. 일하는 것이 가장 많이 배우는 겁니다. 일에 푹 빠져서 한 2~3년 배우면 눈이 밝아질 겁니다. 중국어도 계속해서 하시구요.

구의동 사무실에서 블로그 멘토가

제3장

그냥 문제가 많은 미래 MD

3장
그냥 문제가 많은 미래MD

1) 말도 안 되는 문제

산업공학과 1학년 휴학 중인 남학생의 진로 고민

검색을 통해서 블로그에 들어온 산공과 휴학생입니다. 현재 1학년을 끝내고 대체복무 중인데 1년을 그냥 허비하듯이 쓰고, 남은 1년 동안 무엇을 준비해야 되고 무엇을 해야 되는지 모르겠어서 질문을 드립니다.

솔직히 1학년 때 산공과가 뭔지 어떤 과인지 아무 것도 모르고 하라는 대로 해서 학점은 잘 나왔지만 전망이 어떻고 어떤 과인지 아직 감이 안 잡힙니다. 구체적으로 산공과가 무슨 과인지, 몇 학년 때 무엇을 하면 좋을지, 적당한 인턴에 대한 일정은 어떻게 잡는 것인지 좀 알려주시기 바랍니다.

대체복무에 정신이 없는 D군

많이 답답했겠습니다. 그러면서 대학을 1년이나 다녔다는 것이 신통할 따름입니다. 게다가 성적은 잘 나왔다니, 완전 미스테리입니다. 우리나라

교육 현실에 D군이 있는 것 같습니다. 먼저 선생이라고 불리는 사람으로서 미안하고 송구스럽다는 생각이 듭니다.

그런데 지금 궁금한 부분은 제가 알려드릴 것이 아니고 산공과 교수님이나 선배들에게 물어보는 것이 맞겠습니다. 그분들이 그쪽을 이끌고 계시는 분들이니 보다 분명하고 명쾌하게 궁금한 부분에 대해서 말씀해 주실 것이라고 믿습니다.

하지만 보다 궁극적으로 드는 생각은 본인도 나이가 어리지 않은데 뭔가를 생각하고 그 과를 들어가지 않았을까요? 분명히 이유가 있었을 겁니다.

우선은 교수님들께 꼭 물어보시고, 정히 산공과가 무슨 과인지, 해당 학과에 대한 정체성에 대해서 너무너무 궁금한데 물어볼 곳이 없거나 시원하지 않으시다면, 인터넷에 학과추천을 해 주는 분들이나 지금 다니는 학교 말고 다른 학교 게시판이나 학생과, 해당학과 홈페이지에 문의하시면 답을 얻을 수 있을 겁니다.

하루라도 빨리 찾아보는 게 좋겠습니다.

몇 학년 때 무엇을 하면 좋을지는 학교 커리큘럼이 있으니 공부는 거기에 따라 하면 될 것 같습니다. 요즘 보도기사나 취업관련 기사에 자주 등장하는 '스펙 6종 세트'라는 것이 있습니다. 복무하면서 여기에 관련된 자료를 찾아보고 제대하면 하나하나 계획을 세워서 준비하기 바랍니다. 제가 강의할 때 보여주고 사용하는 생활표가 있어 이를 첨부합니다. 잘 보시고 참고해서 본인에 맞게 조정하시면 도움이 될 겁니다.

학점은 학생으로서 무조건 해야 하는 거니까 따로 말씀 안 드립니다. 생활계획표를 잘 지킬 수 있는 요령을 알려드릴게요.

〈생활계획표〉

		외국어	마케팅공부	대외활동	해외여행(연수)	아르바이트
매일	새벽					
	짬짬이					
	저녁					
주말						
방학						

목표를 반드시 정량화해서 정합니다. '열심히, 많이, 최대한' 이것 보다는 몇 페이지, 점수 얼마 이렇게 정해야 합니다. 그리고 반드시 기간을 정하고 정해진 기간에 조금이라도 하고, 하다못해 열었다 덮더라도 절대로 흐름을 놓치면 안 됩니다. 마지막으로 주변에 본인이 공부를 하고 있고 이런 일정을 가지고 하고 있다는 것을 알리세요. 그러면 나중에 본인이 하기 싫어도 남들 때문에라도 하게 됩니다.

이런 마음을 가진 사람이 이미 과정을 끝낸 1학년이라는 것이 다행인지 불행인지 모르겠습니다. 젊으니까 다행이라고 생각하겠습니다.

가끔 진로상담소로 오해 받고 있는 멘토가

패션 전문학교를 통해 패션MD가 되고 싶은 여고 3학년 학생의 MD되기

안녕하세요. 저는 경남 창원시 ○○여자고등학교 3학년에 재학 중인 ○○○이라고 합니다.

어렸을 때부터 공부엔 전혀 흥미가 없던 저는 그저 내일부터 다음 주부터 다음 달부터 다음해에 잘하지 뭐 이런 식으로 계속 공부를 미뤄오고 있었습니다. 하지만 막상 고등학생이 되고 고3이라는 시간이 다가오니 저도 점점 초조해지는 것을 느꼈습니다. 그래서 일단 '나의 꿈을 먼저 정해보자!' 라는 생각으로 '내가 좋아하는 것이 뭘까?' 하는 의문이 생기며 제가 어릴 때부터 패션의류 쪽에 관심이 많았다는 것을 깨달았습니다.

그래서 그쪽 관련 직업들을 살펴보다 머천다이저라는 직업을 알게 되었는데요. 하지만 너무 늦게 이것을 생각해낸 탓일까요? 이미 전 2학년의 끝을 달리고 있었고 내신 성적은 평균 5등급 지방4년제 대학도 들어가기 힘든 모의고사 점수를 받고 있었습니다. 옛날부터 무조건 이 지방을 떠나 서울, 아니 해외까지 크고 넓은 세상에서 살고 싶던 저는 이러한 점수론 그 어디도 갈 수 없다는 절망에 빠져 있다가 패션 전문학교란 곳을 알게 되어 그곳을 진학하기로 마음먹었습니다.

물론 부모님도 "하고 싶다면 한 번 해봐라."라는 말을 해주셔서 저는 패션 전문학교를 목표로 정했습니다. 이곳은 100% 면접이라 수능과 내신이 필요가 없습니다. 그래서 그런지 공부를 하고 싶다는 의욕도 사라지고 그냥 차라리 패션 쪽 준비를 하고 싶다는 생각만 들고 있습니다. 부모님은 제가 아무리 패션대학을 가지만 수능은 필수라는 생각을 가지고 계시고, 저는 학교공부와 수능은 점수도 나오지 않으니 어차피 패션 전문학교는 100% 면접이라 수능내신이 필요가 없어 그냥 적당하게 공부하고, 패션공부와 머천다이징 공부, 컴퓨터자격증, 토익, SAT 준비를 하고 싶습니다. 이렇게 해도 괜찮을까요?

물론 어른이신 선생님의 시각으로는 제가 바보 같고 이해가 안 가실 수도 있습니다. 하지만 저도 절박하고 꼭 제 꿈을 이루고 싶은데 공부라는 것에서는 희망을 찾을 수가 없다는 답답함에 이렇게 고민을 써봅니다.

바쁘시다는 것은 알지만 너무나도 제 자신이 답답하고 미래가 깜깜하여 선생님의 조언을 듣고자 합니다.

말 그대로 딜레마에 빠진 E양

머천다이저라는 직업을 생각해낸 것은 전혀 늦지 않습니다. 아주 잘했습니다. 문제는 그 다음이네요. 본인은 지금 그럴 듯한 말, 잘 알지 못하는 미래를 자기 편한 쪽으로 마구 가져다가 붙이면서, 말도 안 되는 가설로 스스로에게 큰 '농담'을 하려고 하고 있습니다. 세상은 절대적으로 '상식에 의해' 움직입니다. 가끔 상식적이지 않은 일들이 생겨서 그게 신문에 나고 뉴스에 나는 겁니다. 기본적으로는 상식이 우선입니다.

예를 들어, 만약 본인이 사장이라면 똑같이 졸리고 공부하기 싫은데 잠 안자며 열심히 공부해서 시험을 치러 좋은 성적으로 대학생활을 한 사람과 맘껏 즐기다가 전혀 시험을 준비하지 않고 시험도 없이 아무나 돈만 주면 입학시켜주는 곳에서 대학생활 비슷한 생활을 한 사람이 있는데, 똑같은 급여조건이라면 누굴 뽑겠습니까?

'공부를 한다'는 것은 학문을 한다는 의미가 아니라 '자신을 이긴다'는 것을 뜻합니다. 문제에 부딪쳤을 때 힘들고 어려워도 끝까지 해보고 다양한 방법으로 문제를 풀어보고, 다양한 사람들의 의견을 종합해 보고 토론하고 주장하고 설득하는 법을 배우는 것이 공부고 학문입니다.

공부 안하고 시험도 안보는 패션 전문학교라는 곳에 가면 본인 생각에는 본인이 잘할 수 있을 것 같은가요? 아닙니다, 전혀 그렇지 않습니다. 본인은 거기 가서도 마찬가지일 겁니다. 패션공부는 재미있을까요? 그것도 아주 어려운 일일 텐데요? 국어도 못했고 영어도 못했고 수학도 못했고 국사도 못했던 사람이 왜 그건 잘할 수 있다고 생각하죠?

절박함은 본인에게서 나와야 합니다. 말로 절박한 거는 아무 소용없어요. 희망은 특정한 과목이나 학교 성적의 숫자에 있는 것이 아니라 공부하는 자세, 배우려는 습관, 궁금한 것을 참지 못하고 밤을 새워 파고드는 열정에 있습니다. 학교 점수는 그게 표현되는 숫자일 뿐이에요. 그런 열정이 본인에게 있어야 하고 그걸 발견하지 못하면 아쉽지만, 가망은 별로 없습니다.

개인적으로 본인의 상황, 하나도 바보 같지 않고 이해가 안 되지 않습니다. 저도 그랬으니까요. 다만, 지금은 본인의 말이 '어불성설(語不成說)'인 줄 모를 뿐이에요. 구조를 모르는 거고 순서를 모르는 거예요, 어리니까.

이미 선생님과 부모님을 통해서 말이 되는 순리에 따른 얘기를 여러 차례 들었는데 별로 마음에 담기지 않았던 겁니다. 하고 싶은 것은 많은데 해야 하는 것은 하기 싫은 마음, 그래서 하고 싶은 것만 하고 싶은 마음, 초등학생만 해도 놀려면 숙제를 해야 한다는 것을 아는데 본인은 지금 적어도 이 부분에 대해서는 유치원 수준입니다.

꿈을 이루기에는 조금도 늦지 않았습니다. 4년제 대학 못 간다고 패션 MD 안 되라는 법 없습니다. 말한 대로 SAT 준비해서 보면 됩니다. 까짓 것 파슨스에 가면 되죠.

하지만 가고 싶다고 가는 게 아니고 시험 본다고 붙는 게 아닙니다. 갈 수 있도록 실력을 길러야 합니다. 결국, 공부인데 지긋지긋한 영어를 붙들고 싸매지 않으면 절대 불가능한 소리입니다.

무슨 과목이든 좋습니다. 패션 전문학교로 방향을 정했고 거기에 제대로 된 수능이 필요 없다면 지금 당장 패션머천다이징이니, 도식화니 이런 쓸데없는 거에 신경쓰지 말고 영어만 붙들고 만점 맞을 각오로 공부하시기 바랍니다. 그게 본인의 가능성이고 그게 본인의 미래척도가 될 겁니다. 일단 수능을 보되 영어 만점 맞는 것을 목표로 시험 보게 되면 그게 본인 스스로의 가능성을 측정할 수 있는 계기가 될 겁니다. 꿈이라는 것을 핑계 삼아 스스로를 속이지 말며 수준을 높이고 정신 차리세요!

어렵지만 뭐든지 할 수 있다고 믿는 멘토가

밑도 끝도 없이 면접에서 자꾸 떨어지는 이유를 알려달라는 학생

안녕하세요. 친구가 소개해 줘서 들어왔다가 혹시나 하고 메일을 드립니다. 좀 황당한 질문이실 것 같습니다.

저는 면접에 계속해서 떨어지고 있는 올해 ○○○대학교 소비자아동학과를 졸업한 학생입니다. 면접만 5번 정도 떨어진 것 같습니다. 성적도 나쁜 편이 아니고 나름 스펙도 떨어지지 않는 편인데 계속해서 면접에서 떨어지고 있습니다. 서류는 잘 통과되는 편인데 왜 면접에서 떨어지는 걸까요? 제가 뭘 잘못하는 건가요? 혹시 면접에서 하면 안 되는 행동이나 질문이 따로 있는 것인가요? 사람 사이에서 당연히 하면 안 되는 기본적인 것 말고 특별히 면접에 있어서 실수하거나 습관적으로 하는 행동, 질문 중에서 하지 말아야 하는 것이 있는지요?

좋은 친구를 둔 스펙 좋은 T군

일단 저는 본인이 왜 떨어졌는지 전혀 알 수가 없습니다. 면접 현장에 어떤 일이 있었는지 모르고 하다못해 어떤 옷을 입었었느냐, 어떤 인상의 소유자냐, 어떤 말투로 대답을 했느냐 등 어쩌면 일반적인 스펙은 고사하고 전혀 예상하지 못했던 이유로 탈락이 되었을 수도 있기 때문입니다. 서류가 통과되었다면 결국엔 태도의 문제였을 텐데, 이 부분은 원거리에 있는 제가 도와드릴 수 있는 부분이 아닙니다.

하지만 기본적인 것을 좀 얘기해 보겠습니다. 우선 면접 중에 해서는 안 되는 말이 있습니다. 할 필요가 없는 말이고 오히려 해서는 본인에게 마이너스가 되는 그런 말이죠. 포인트는 본인이 누군가를 채용하는 사람으로 입장을 바꿔서 생각을 해보면 쉽게 이해가 되실 겁니다. 실은 저도 잘 몰랐는데 제가 MD들을 리쿠르트하면서 저도 모르게 알게 된 사실입니다.

보통 회사에서 면접을 보면 끝에 이런 말을 하죠. 회사에 대해서 궁금한 것 물어보라고요. 대부분 면접이 면접자에 의해서 주도되다가 처음으로 피면접자에게로 주도권이 넘어오는 듯한 분위기입니다. 이때 조심해야 합니다. 물어보라고 했다고 정말 아무 것이나 물어보면 절대로 안 됩니다. 물어봐서는 안 되는 것들의 기본적인 콘셉트는 일과 연관되지 않은 것, 물어봐도 바뀌지 않는 것, 회사입장에서 밝히기 꺼릴 수 있는 것과 같은 류의 것들입니다. 대표적인 것이 바로 연차, 병가, 출근, 외근, 비용지원 등 회사의 규정입니다. 이 말은 마치 일 때문이 아니라 조건 때문에 회사에 입사하려고 한다는 느낌을 충분히 전달합니다.

전에 다니던 직장에 대한 악평도 하지 말아야 합니다. 전에 다니던 직장에 대해 나쁘게 말하는 것은 프로답지 못할뿐더러 지원자의 부정적인 성격을 반영하기도 하기 때문입니다. 당연히 우리직장에 다니고 난 후에 다른 직장으로 옮길 때에도 우리직장에 대해서 나쁜 평을 할 것이라고 미뤄 생각할 수 있겠죠? 어떤 이유로든 현명한 답변이 아닙니다.

웹사이트만 보면 나오는 것을 물어보는 것도 안 됩니다. 자신이 다니게 될 회사에 대한 사전조사가 안됐다는 것은 고용주에게 큰 실례가 되기 때문입니다. 그걸 자기 입으로 시인을 한다는 것은 확실한 자살골입니다.

혹시 당황스러운 일이 벌어지더라도 비어와 속어는 절대 해서는 안 됩니다. 육두문자는 당연하겠죠? 특히 외마디로 부지불식간에 나오는 '쌍', '에이씨'는 물론이고 심지어 '쪽팔려' 같은 대중적인 은어도 사용하시면 안 됩니다.

특히, 마주앉은 면접관이 비속어를 쓴다고 해서 본인도 같이 따라 해서는 절대 안 된다는 겁니다. 구직자는 항상 정신을 똑바로 차리고 바른 말을 쓰는 사람이라는 인상을 주어야 합니다. 업계에서 쓰는 줄임말도 남발해서는 안 됩니다. 그건 업무에서 쓰는 말이지 면접에서 쓰는 말은 아니기 때문에 전문용어를 사용하는 것은 자제하는 것이 좋습니다.

혹시 면접관이 전문용어를 알고 있을 가능성이 높다고 해도 예상을 깨고 모를 가능성도 있을 뿐 아니라, 줄임말(특히 영어)은 개별 분야에 오해를 유발하거나 못 알아듣는 일도 생기기 때문입니다. 이런 류의 질문을 받으면 오히려 구직자가 가지고 있는 기술과 경험에 대해 쉽고 명확하게 설명하는 것이 좋습니다.

만일 '3년 뒤에 당신은 어디에 있을 것 같나요?'라는 질문을 받게 된다면 쌓고 싶은 경험과 갖고 싶은 책임(직위)의 수준에 대해 명확하게 얘기함으로써 준비된 인재라는 인상을 주는 것이 좋습니다. '잘 모르겠다'라든지 '생각해 본 적 없다'라는 식의 말은 피해야 하는 말이 됩니다.

상식적이지만 면접 도중에 문자나 전화벨이 울리게 해서는 안 되고 진동으로도 놓지 말고 아예 끄시기 바랍니다.

그리고 무엇보다 중요한 것은 늦지 않는 겁니다. 늦는 순간 면접에서의 좋은 인상도 날아간다고 생각하심 틀리지 않을 겁니다. 면접이란 마음을 얻는 일 같습니다. 그래서 실은 서류보다 더 중요한 과정인 거죠. 계속해서 떨어졌다면 본인에게 분명한 문제가 있다고 보는 것이 옳습니다. 친구나 아니면 동아리 선배에게라도 부탁을 해서 연습을 해보면 훨씬 좋아질 겁니다. 건투를 빌어요.

화양동 한 카페에서 직원을 기다리는 멘토가

자기소개서를 쓰는 이유가 궁금한 D군

선생님, 안녕하세요. 저는 지금 취업 준비를 하는 고등학교 졸업반 학생입니다. 자기소개서를 쓰려고 하는데 정말 막막하네요. 처음 쓰다 보니까 어떻게 시작을 해야 될지 모르겠습니다.

학교 선생님께서는 일단 있는 말 없는 말 다 쓰라는 듯이 말하고 솔직히 도움도 안 되고, 지금 이번 주말까지 자기소개서를 써야 됩니다. 일단은 쓰는 것도 쓰는 건데 제가 궁금한 것은 도대체 회사는 왜 이걸 쓰라고 하는 것인가요? 선생님은 "이상한 거 물어보지 말고 쓰라면 쓰라."고 하는데 이유를 알면 더 잘 쓸 수 있지 않을까 싶어서요. 이런 거 여쭈어봐도 되는지 모르겠지만 이력서로 괜찮으면 뽑아서 면접 때 물어보면 되는 거 아닌가요? 왜 굳이 자기소개서를 쓰라고 하는지 알려주시면 감사하겠습니다.

졸업반 D군

마음은 충분히 알겠습니다. 그렇다고 사회에 불만이 있는 것은 아니죠? 그냥 넘어갈까 하다가 우리 애 생각이 나서 답변을 드립니다. 맞는 말을 했어요. 자기소개서는 빨리 쓰는 것도 중요하지만 제대로 의도를 알고 쓰는 것이 실은 더 중요합니다.

회사가 자기소개서를 달라고 하는 이유는 기업이 기본적으로 차별화를 필연적인 요소로 가져가기 때문에 이왕이면 더 나은 사람, 조직에 더 잘 어울릴 수 있는 사람을 선호하기 때문입니다. 즉, 똑같은 사람이 아닌 다른 사람을 선호한다는 것입니다. 그런데 이력서를 가지고는 그 사람에 대한 정보를 충분히 가질 수가 없어요. 그래서 그 사람이 어떻게 다른 사람과 다른지를 알기 위해서 자기소개서를 달라고 하는 겁니다. 그러니 당연히 자기소개서에는 이력서에 나와 있지 않은 다른 내용을 써야 합니다. 그런 게 바로 성장과정, 성격의 장·단점, 보완점, 지원동기 및 포부 같은 것들이 되는 겁니다.

이렇게 밖에 할 수 없는 이유는 기업의 입장에서도 새로운 사람을 채용하는 것은 매우 신경이 쓰이는 일이고 아주 조심스러운 일이기 때문입니다. 번거롭고 비용도 많이 드니 이왕이면 한 번에 좋은 사람을 제때 채용하고 싶어 하는 의도가 숨어 있는 것이 바로 자기소개서입니다.

회사는 가능하면 많이 물어보고 싶어 합니다. 하지만 요즘은 세상도 흉흉하고 실제로 구직자들도 말만 열심이지 구직을 하는 자세에 있어서는 귀찮으면 안하고, 어려우면 안하고, 힘들면 안하고, 더러우면 안하고, 불규칙하면 안하고, 길면 안하고 등등 너무 조건이 까다로워서 회사도 물어보고 싶은 것을 다 물어 보지는 못합니다. 그래서 기업은 신중하게 꼭 필요한 것만 골라서 요즘은 3~4개 항목 정도로 줄여서 물어봅니다. 그러니까 회사가 물어보는 질문은 정확하게 뭐가 궁금한지를 파악해서 명확하고 이해하기 쉽게 써야 합니다.

기업은 그래서 매우 기본적인 것은 이력서로, 조금 더 추가적인 정보는 자기소개서로, 본격적인 탐구는 면접을 통해서 알게 된다고 보면 되겠습니다. 기업은 현업이 있기 때문에 사람을 찾는데 많은 시간을 지체할 수 없습니다. 또 사람을 찾는 기간이 길다는 것은 그만큼 업무의 공백이 있다는 것을 말하기 때문에 어디나 모두 제한된 시간에 사람을 채용하고 싶어 합니다. 그러니까 주어진 시간에 주어진 항목에 최선을 다해서 명확하고 조리 있게 글을 써야 하는 거죠.

글을 명확하게 써야 하는 또 다른 이유는 기업에 있는 인사담당자들이 생각보다 바쁘다는데 이유가 있습니다. 이분들은 선생님이나 교수들이 아니기 때문에 찬찬히 읽어주지를 않아요. 본인이 아무리 정성 들여 글을 썼어도 본인의 이력서나 자기소개서가 인사담당자의 손에서 들려서 읽혀질 수 있는 시간은 7.4초라는 조사가 있었습니다. 10초도 안 걸려요. 즉, 읽은 즉시 보여야 하고 읽으면서 뜻이 이해되어야 합니다. 읽다가 이해가 안 되면 바로 탈락입니다. 그러니까 글은 무조건 장문이나 복문 없이 무조건 단문으로, 대명사를 최소화하고 중의어를 쓰지 말고 숫자를 부각시켜서 써야 하는 겁니다.

속담 같은 것은 아주 좋은 재료입니다. 짧은 글에서 많은 의미를 함축하고 있기 때문입니다. 감탄사도 좋습니다. 하지만 남발하면 글이 너무 가벼워지고 하려고 하는 글의 중심이 흔들릴 수 있습니다. 빨리 집중해서 잘 쓰고 보내기 전에 반드시 맞춤법은 체크해서 보내기 바랍니다. 행운을 빕니다.

행운도 실력이라고 믿는 멘토가

2) 요령을 모르는 문제

미래MD들의 한방에 경력기술서 제대로 쓰기

선생님, 아는 친구 소개로 블로그에 들어왔습니다. 다들 MD에 대한 질문을 많이 하는 것 같은데 저는 좀 더 원초적인 질문을 좀 하려고 합니다.

제가 아는 분 소개로 회사에 이력서를 내게 됐습니다. 그런데 막상 이력서와 경력기술서를 쓰려고 하니 뭘 어떻게 써야 할 지 잘 모르겠습니다. 이력서는 양식이 있으니까 대충 쓸 수 있을 것 같은데 경력기술서는 어떤 순서로 써야 하는지, 어느 정도까지 자세히 써야 하는지, 했던 모든 일을 써야 하는 건지 도통 감을 못 잡겠습니다.

다른 블로그와 인터넷을 찾아봐도 너무 원론적인 얘기만 해 놔서 실제로 어떻게 써야 할지를 잘 모르겠습니다. 자격증 내용을 기재하는 것은 알겠는데 아르바이트 경력 이런 것도 써야 하나요?

길이는 어느 정도가 적당한가요? 대략적인 작성 방법 좀 알려주시면 감사하겠습니다.

좋은 친구를 둔 K군

기업은 왜 경력기술서를 쓰라고 할까요? 이력서도 있는데 경력기술서는 군이 왜 필요하다는 것인지 그 이유를 알면 들어가야 하는 내용도 바로 알 수 있습니다.

사실 우리끼리 얘기지만 형식은 별로 중요하지 않습니다. 그건 테크닉이니까요. 기업이 원하는 것만 알려주면 됩니다. 하지만 지나치게 틀에서 벗어나서는 안 됩니다. 읽혀지지 않을 테니까요. 읽혀지지 않으면 아무 소용없으니까 아무리 형식이 중요하지 않다고는 해도 소홀하게 여길 대상은 아닌 겁니다. 다만, 내용만큼은 아니라는 거죠.

경력기술서 작성의 키워드는 '성과와 업무를 중심'으로 '정확'하고 '짧게'입니다. 두루뭉술한 글이나 장황한 글은 단박에 탈락입니다.

'글이라는 것이 다 성과중심이 아니냐?' 네, 아닙니다. 기술에는 성과중심과 사건중심이 있습니다. 사건중심의 기록은 언제 어떤 일을 했고, 어떤 일에 참여했고, 어떻게 진행되었고, 지금은 어떤지를 적는 방식인데 이는 잘못하면 일의 나열로 끝날 수 있습니다. 하지만 성과중심은 언제 누구와 어떤 일을 했는데 어떤 성과가 있었다, 얼만큼 달라졌다, 뭘 배웠고 뭘 놓쳤다. 그래서 다음에는 이렇게 수정해서 그 전에는 수치가 얼마였는데 나의 참여 결과로 어떤 결과의 수치가 나왔다라는 식으로, 그 안에 일어난 결과를 중심으로 글을 쓰는 방식입니다. 경력기술서는 이런 식으로 글을 쓰는 것이 좋습니다.

기업은 좀 다르고, 좀 특별하고, 더 유능하고, 더 일에 맞는 사람을 찾고 싶어 하는 속성이 있습니다. 그러니 당연히 후보자들에 대한 좀 더 특별한 정보가 필요하다고 느끼게 되는 거죠. 정리하면 기업이 경력기술서를 필요로 하는 이유는 그 사람에 대해서 더 잘 알고 싶어 하기 때문입니다.

그럼 자연스럽게 경력기술서 안에 무슨 내용이 들어가야 하는지가 정리되죠. P.R. 즉, 피할 것은 피하고 알릴 것은 알리는 내용이 들어가야 합니다. 아님 피 터지게 알리든가, 가능하면 본인에게 유리한 것을 적어야 합니다.

본인이 했던 일 중에 입사를 통해 본인이 하려는 일과 최대한 유사한 일을 예로 들며, 혹은 그 일에서의 탁월한 실적을 기록함으로써 자신이 그 일에 꼭 맞는 사람임을 강조하는 내용이 들어가야 합니다.

결국 경력기술서는 지금까지 사회생활을 통해 본인이 어떤 일을 구체적으로 어떻게 해 왔는지를 기술함으로써, 향후에 그런 경력을 통해 어떤 것을 할 수 있는지를 어필하는 일종의 업적과 실적을 중심으로 한 '자기 능력설명서'라고 이해하면 됩니다.

하나 더! 회사가 지원자의 경력소개서를 통해 보고 확인하고 싶은 것은 크게 4가지입니다.

1. 실무에 투입 가능한 실력과 지식, 기술을 가지고 있는가?

지원자가 가지고 있는 과거의 이력과 업적이 기업의 니즈와 본인이 희망하는 직종의 필요에 얼마나 부응하는지를 보고 싶어 합니다. 그동안 했었던 일에 대한 직무내용, 실적, 자격, 직책, 성과 등을 자세히 써야 합니다. 인사담당자는 직원을 뽑으면서 '이 사람은 이 일에 얼마나 맞을까?'를 생각합니다. 즉, 인사담당자는 지원자를 떨어뜨리려는 사람이 아니라 연관을 지으려는 사람이라는 겁니다. 일단 연관을 짓게 할 수 있다면 잘 쓴 기술서라고 할 수 있습니다.

2. 일에 대한 의욕은 어느 정도인가?

물론 실적을 통해 알 수 있지만 좀 더 적극적으로 자신을 어필하고자 하는지 아니면 칸만 채우려고 하는지는 선수들은 한 번에 보고 알 수 있습니다. 그것은 때로 작지만 업무에 대한, 그리고 일에 대한 열정을 의미하는 것으로 받아들여지기 때문에 인사담당자는 거기에 많은 의미를 둘 수밖에 없습니다. 기업은 적극적인 사람, 집중력이 좋은 사람, 열정이 있는 사람을 좋아합니다. 의욕적으로 써진 기술서는 잘 쓰인 기술서라고 할 수 있습니다. 의욕적으로, 의지를 가지고, 목표 지향적으로 쓰는 겁니다.

3. 표현력과 어필 능력은 어느 정도인가?

경력기술서는 특별한 양식이 없지만 보통은 크게 두 가지 스타일로 씁니다. 업무 위주로 쓰는 방법과 회사위주로 쓰는 방법, 읽는 사람 입장에서는 회사위주로 쓰는 것이 좋습니다. 그리고 깨끗하고 정갈하게 써야 합니다. 단어를 틀리거나 맞춤법이나 띄어쓰기가 틀리는 것도 조심해야 합니다. 외국어는 영어 그대로 쓰지 말고 한국말로 쓰도록 합니다. 변화의 표현은 최대한 숫자로 써야 합니다. 막연한 설명이나 어수룩한 얘기보다는 언제나 숫자가 앞섭니다.

4. 미경력자의 경우 채용직종에서 원하는 기술이나 경험을 가지고 있는가?

경력이 부족한 상태에서 전직을 희망하거나 신입사원의 경우는 좀 갑갑하나 그럼에도 불구하고 방법은 다 있습니다.

지금까지의 모든 경력 중에서 희망직종에 가장 유사한 경험과 지식의 연마의 기회, 하다못해 아르바이트 경력이라도 최대한 근접한 것을 골라서 씁니다. 중요한 것은 핵심을 언급해주는 것인데 예를 들어, 영업직이라면 아르바이트로 서빙을 했을 때 매출이라든지, 최대 주문 테이블이라든지, 과대표를 했을 때 미팅을 주선한 횟수, 미팅에 참여한 사람들의 수적 증가 등 작은 것까지라도 숫자로 언급하는 것이 좋습니다.

하지만 무엇보다 중요한 것은 누구를 막론하고 '자세'인데 글에서 성품과 성실함, 의지와 힘이 느껴져야 합니다. 요즘은 동영상도 있으니 잘 활용하고 잘 준비해서 좋은 결과가 있기 바랍니다.

좋은 친구가 그리운 멘토가

인터뷰만 가면 떨려서 후회를 하게 되는 미래MD의 인터뷰 잘하기

선생님, 요즘 취업 때문에 고민이 많은데 아는 선배가 추천을 해 줘서 블로그에 들어왔습니다. 다들 MD에 대한 질문을 많이 하는 것 같은데 저는 좀 다른 질문을 하려고 합니다.

저는 이번에 패션영업MD에 지원하려고 합니다. 전공은 체육학과를 졸업했습니다. 요즘 시즌이 시즌인지라 저도 면접 보러 다니고 있는데, 자꾸 면접에만 가면 좀 심하게 떨립니다. 언제 말을 해야 할지도 잘 모르겠고 대답을 잘했다고 생각하는데도 결과는 좋지 않았습니다. 4학년 1학기 때는 '면접 스터디'도 해봤는데 요령이랄까, 이런 것들이 잘 안 잡힙니다. 공부 잘하는 사람들끼리만 많이 모여 있어서 그런지 저는 면접을 공부하러 간 건데, 사람들이 처음 제 스펙을 보여 달라고 할 때부터 마음에 안 들기는 했지만, 그래도 눈치 보면서 배우기까지 했는데 잘 안됩니다.

이유가 뭘까요? 면접에서 어떻게 하면 안 떨고 잘할 수 있을까요? '자신감을 가져라!'라는 식의 얘기는 알고 있습니다. 그런 거 말고 면접 잘보는 방법이나 요령 같은 것도 알려주실 수 있나요?

사진이 보고 싶게 만드는 체육청년 L군

뭘 하든지 두 가지를 고려해 보셔야 합니다. 제가 인생을 살아보니 인생의 대부분이 2×2로 생각하면 비교적 결론이 논리적이고 다각적으로 나오는 것 같습니다. 이른바 2D적 사고법이죠. 이를테면 2×2면 합이 4니까 4사분면으로 뭐든지 그려서 생각하는 겁니다.

면접에 있어서 중요한 것은 면접관이 물어 보는 것에 대한 '지식과 견해'라는 것과 그것을 전달하는 '태도와 표현방법'으로 정리될 수 있습니다. 즉, 본인이 찾고 싶은 요령을 생각해 내는 방법을 두 가지로 하는 겁니다. 지식과 견해가 모자라서 그런 것인지 아님 태도나 표현방법에 문제가 있는 것인지, 두 가지는 서로 다른 이슈입니다. 아무리 많이 알아도 잘전달하지 못하면 채용되기 어렵고 잘은 몰라도 쉽게 설명하거나 면접에

임하는 자세가 좋으면 선발되는 경우도 많습니다.

내용에 대해서는 제가 면접관이 아니므로 말씀을 드릴 수가 없지만, 본인이 언급한 자신감이라는 부분은 본인이 가지고 있는 '내용'에 대해서 확실히 알고 있으며, 확신이 있을 때 가능합니다. 잘 알고 있고 확신이 있다고 치면 제가 얘기하고 싶은 것은 태도와 표현방법에 대한 것입니다.

우리나라는 1990년대만 해도 소위 '튀는 직장인'을 좋아했던 시절이 있었습니다. 글로벌화 되어야 하는데 다 고만고만한 콩나물 교육을 받은 시대 사람들이라 뭐 특별한 생각이나 사고가 없는 겁니다. 더군다나 유교에 뿌리를 둔 우리나라의 교육현실은 그 전까지는 '교복'으로 대변되는 획일화였습니다. 그때는 뭐가 뭔지도 잘 모르고 '개성'을 말하고 '튀는 것'을 좋아했던 것 같습니다. 학교나 직장도 마찬가지였습니다.

그런데 그 후로 한 10년이 지나면서 사람들에게 회의가 오기 시작했습니다. 회사는 하나의 방향으로 의지를 모아서 뭉쳐진 힘으로 쏟아 부어야 하는데, 너무 튀는 사람들만 모아 놓다 보니, 말만 많고 뭐 하자 그러면, 잘 모아지지도 않고 집중이 안 되는 겁니다.

다음의 내용을 보시면 본인이 어떤 자세를 가지고 면접에 임해야 하는지를 이해하시는데 도움을 받으실 수 있을 겁니다.

과거 선호 받던 직장인 유형	– 투철한 경쟁의식 – 매사에 합리성을 내세움 – 동료와 어울리기보다 일이 우선 – 수단 · 방법 안 가리고 업무 해결

현재 선호 받는 직장인 유형	– 동료의 일도 내 일처럼 생각
	– 동료의 기분을 파악하고 행동
	– 친한 동료에게도 예의를 지킴
	– 일만큼 화합을 중요하게 생각

보이세요? 지금은 이른바 '화합형 직장인'이 회사가 추구하는 인재상입니다. '나만 잘나고 내가 제일 잘하는 사람'보다는 '더불어 일하는 사람'인 거죠. 기업들이 신입사원 선발 조건을 선발할 때 멀쩡히 스펙 다 보면서도 말도 안 되는 '성실함, 책임감, 인성'과 같은 고리타분한 얘기를 꺼내는 것은 절대 빈말이 아닙니다.

사람들은 본인의 영어점수가 안 좋아서 떨어졌다고 생각하지만 실제로는 그게 아니라, 위에 언급한 선호하는 직장인의 유형에서 보여주는 말투, 거기서 비롯될 것 같은 언어 표현 등이 포인트가 된다는 겁니다. 집단면접을 볼 때 자기 말이 모두 옳고 남의 말은 무시하는 사람은 당연히 입사가 어렵겠죠. 남의 말을 자르는 사람도 아무리 스펙이 좋아도 안 된다는 말입니다. 질문으로 주어진 애매한 상황을 자기위주로만 해석해서 답해도 안 되고, 면접 보러 들어가는데 자기가 먼저 들어가겠다고 남 밀치며 들어가거나, 혼자만 면접 보는 것도 아닌데 모든 질문에 자기만 얘기하면 안 됩니다. 그리고 전 직장 동료, 학교에 대한 얘기, 교수님에 대한 얘기를 안 좋게 하면 안 됩니다.

혼자만 잘난 사람은 처음엔 사람들이 "똑똑하고 추진력 있다."고 좋아할 수 있습니다. 하지만 오래갈 수 있는 사람은 아니고 오히려 혼자 너무 앞서서 직원들의 사기에 악영향을 미칠 수 있어 조직의 화합을 해쳐 결국, 생산성을 떨어뜨릴 수 있다고 믿기 때문에 면접에서 좋은 점수를 받기가 어렵습니다. 이미 회사는 학습효과가 있습니다. 모쪼록 좋은 결과가 있기를 바랍니다.

좋은 면접결과를 기대하는 멘토가

임원면접을 앞둔 식품공학과 졸업생의 유기농식품MD되기

안녕하세요. 저는 27살입니다. MD공부를 하면서 멘토님 블로그를 알게 되어 보던 중 제가 이번엔 ○○○유기농 가공식품 MD에 실무진 면접이 붙고, 임원진 면접이 남았는데 임원진 면접은 처음이라 어떤 것을 준비해야 할지 몰라서 염치불구하고 이렇게 메일을 드립니다.

저는 ○○○대 식품공학과를 졸업하고 식품회사에서 6개월 정도 학술부에서 근무하였고, 농촌진흥청 이공계 인턴으로 농약잔류분석 업무를 2년 정도 하다가 MD에 대해서 알게 되면서, MD교육기관 교육과정을 최근에 수료했습니다. 프로젝트로 지역특산물 마케팅에 관련된 일을 좀 도와서 한 경력이 있습니다. 임원진 면접에서 어떤 준비가 필요한지 제 스펙으로 어떤 내용이 나올지 궁금합니다.

잘 준비하고 제때 준비한 P양

전공이나 활동도 그렇고, 농약잔류분석 일까지 했었다니 그 유기농 회사에는 '딱'입니다. 이미 많은 곳에서 보셨겠지만 신입사원 입사에 있어 제일 중요한 것은 자신감입니다. 회사의 임원은 이 사람이 우리 회사에 들어와서 일을 잘할지 못할지 별로 궁금하지 않습니다. 웬만한 대학 졸업을 하고 성적이 어느 정도 되는 친구들은 사실 가르치면 모두 잘합니다.

사람 사는 일이 뭐 얼마나 차이가 나고 그렇겠습니까? 그래서 임원들이 새로운 사람을 채용할 때 제일 중요하게 보는 것이 인간성, 인간미, 양심, 다짐, 의지, 마음가짐 등 바로 인성입니다.

지금까지는 스펙으로 왔다고 생각할 수 있습니다. 하지만 임원 면접은 스펙에 의해서 당락이 결정되지 않는다는 것을 꼭 기억하세요. 인상과 인간성, 친화력과 일에 대한 의지 같은 것들을 어떻게 하면 자신감 있게 보여줄 수 있을 지를 잘 생각하시고 면접 보기 전에 꼭 웃는 얼굴, 가지런한 몸가짐, 여유 있는 반응들을 연습하시기 바랍니다.

특히 요즘 임원들은 말이 통하는 사람을 좋아합니다. 경청할 줄 알고 수긍하고 본인의 생각을 겸손한 어투로 조리 있게 말할 수 있는 사람이 좋은 평가를 얻습니다. 며칠 안 남았으니 더 준비할 것은 없어 보입니다. 본인이 가지고 있는 것을 잘 보여주면 될 것 같습니다.

잘 되실 것 같은데 그래도 어떤 결과가 나올지 궁금하니까 나중에 꼭 알려주세요.

유기농 회사에 멘티 하나를 넣고 싶은 멘토가

PS: 3일 후 최종 합격했다는 통보를 받았습니다.

해외인턴십을 경험하고 싶은 경영학과 재학 중인 학생의 고민

안녕하세요. 저는 경영학과 4학년에 재학 중입니다.

워킹홀리데이라기보다는 인턴십 과정을 하고 오려고 합니다. 인터넷에 보니까 어학원에서 연수받고 취업연결(영어실력에 따라서)을 시켜주는 프로그램도 있고, 아예 인턴을 연결해 주는 것도 있는데 캐나다나 미국으로 생각하고 있으며 올해나 내년 초쯤에 나갈 생각입니다. 어떻게 하는 것이 좋을까요? 필요하다면 내년에 휴학을 하고 갈 생각도 있습니다. 필요한 절차가 무엇일까요?

제가 지금 토익 점수 800점을 가지고 있는데 토플은 없습니다. 토플 점수가 필수인가요? 그리고 미국에서 교환학생 경험도 있고 공부를 좀 해서 영어는 어느 정도 하는 편인데 막 원어민 수준까진 아닌 거 같아서 걱정입니다.

░▒▓ 해외인턴십을 계획하고 있는 L양

아주 좋은 생각을 했습니다. 교환학생은 어디서 했는지 모르겠지만 영어는 잘하실 것 같습니다. 맞죠? 베스트는 토플점수가 있어야 하지만 교환학생 경험이 있고 토익도 800점 정도 수준이라면 중상급 수준의 영어를 구사하실 수는 있을 것 같네요.

해외인턴십을 가는 방법은 첫째, 본인이 직접 알아보는 경우입니다. 쉽게 말해 본인이 직접 미국에 있는 회사를 찾아서 직접 연락을 하여 인턴십 가능 여부를 확인하는 방법입니다. 미국에는 기본적으로 인턴에게는 급여가 없습니다. 만약 그게 힘들 것 같다고 판단되면, 에이전트에게 맡겨서 준비하는 방법이 있습니다. 그것이 지금 본것 같은 인터넷에 올려진 기사와 광고들입니다.

에이전트를 이용하는 경우는 진행은 쉽지만 당연히 수수료가 발생합니다. 수백에서 천만 원까지 하니까 본인이 잘 결정해야 합니다. 만약 인턴십을 할 회사를 찾았다면, 사전 인터뷰를 통한 조건이나 기타 여러 가지 사항을 확인해 보고 조건이 맞으면 DS-2019를 받아 주한미국대사관의 인터뷰를 통해 J1비자(VISA)신청을 하시면 됩니다. 한국인 2세나 3세들이 운영하는 한국계 회사가 조금 수월하지 않을까 생각됩니다.

제가 완전 강력하게 추천하는 프로그램은 국가에서 운영하는 프로그램

을 이용하는 방법입니다. 모든 정보를 찾고 스스로 만들어낸 기막힌 기
회! 도전해 볼만 하지 않습니까?

※ WHP? WTP? WEST? (〈참고〉 정부 해외인턴 포털사이트 www.ggi.go.kr)

현재 우리나라에서 해외 국가를 대상으로 실시하고 있는 인턴 연수프
로그램은 많은 사람들에게 알려져 있는 '워킹홀리데이 프로그램(Working
Holiday Program : WHP)'이 대표적입니다. 미국의 경우 외국 학생들을 대상
으로 Work&Travel 프로그램(Work&Travel Program : WTP)을 운영 중인데요,
WEST와는 대상 및 체류기간 등에서 많은 차이가 있습니다.

구분	워킹홀리데이 프로그램 WHP	Work &Travel 프로그램 WTP	WEST
대상	18~30세 (학력제한 없음)	대학생	대학생 및 최근 졸업생(1년 이내)
체류기간	12개월	4개월(여름방학 기간)	18개월
대상국가	호주, 뉴질랜드, 일본, 캐나다, 프랑스	미국	미국

WEST의 경우 체류기간이 길고, 어학연수가 포함되어 있어 어학 습득
은 물론 폭넓게 외국 문화를 체험할 수 있습니다. 특히 자신의 능력에 따
라 다양한 직종에서 인턴 경험을 쌓을 수 있고, 유급인턴의 경우 임금을
받으므로 체재비용을 충당할 수 있다는 장점이 있습니다.

열린 기회를 찾으라고 권고하고 싶은 멘토가

MD가 되기 위해 꼭 MD학원을 다녀야 하는지 궁금한 학생의 고민

안녕하세요. 저는 패션MD를 꿈꾸고 있는 경영학과 3학년에 재학 중인 학생입니다. 평소에 패션 쪽에 관심이 많아서 잡지도 보고 디자이너들에 대해서도 조사하고 패션쇼도 자주 보곤 합니다. 그래서 패션 쪽에서 일하고 싶은 생각이 들어서 이것저것 조사해보다가 패션MD가 있다는 것을 알게 되었고, 결국 그게 되고 싶다는 꿈을 가지게 되었습니다.

그래서 인터넷을 통해 이런 저런 자료들과 기사들을 보는데 자료가 너무 많아서 그런지, 이것이 이거 같고, 저것이 이거 같아 오히려 더 헷갈리기만 합니다. 학원들 간의 홍보도 너무 많아서 어디까지가 진짜인지 알기 어렵고 그걸 알기 위해서 여기저기 상담을 받자니 그것도 마음에 놓이지 않습니다.

그러니까 지금으로서는 학원을 다녀야 할 것 같은데 막상 그걸 네이버의 지식인에 물어보면 학원을 꼭 다녀야 한다는 사람부터 아니라고 하는 사람, 어느 학원이 좋다 어느 학원이 나쁘다, 거기는 사기 치는 학원이다 등 도저히 판단을 할 수 없던 차에 많은 분들에게 상담해 주시는 것 같아서 염치불구하고 메일을 드려봅니다. 정말 패션MD가 되려면 꼭 서울에 있는 그 두 학원을 가야 하나요?

답답한 마음으로 여기까지 온 O군

글을 읽으면서 서울에 있는 학원 두 개가 어지간히 영업을 하기 바빴나 보다 하는 생각이 들었습니다. 우선은 이것부터 명확하게 해야 할 것 같습니다. 우선 확률적으로 서울에 있는 MD학원을 아무리 다녀도 거의, 정말 거의 될 수 없는 MD가 있습니다. 바로 브랜드를 운영하는 패션회사의 어패럴 패션기획MD입니다.

의상 디자인에 대해서 공부하지 않은 학생, 의상과를 졸업하지 않았거나 의상 디자인에 대해서 전문적인 공부를 하지 않은 학생은 제조업에 있는 패션기획MD가 거의 될 수 없습니다. 그런데 만약 대학에서 의상을 전공하지 않은 사람이 패션기획MD가 될 목적으로 위에 언급한 두 학원을 다녔다면, 그것은 무지한 학생에게 첫 번째 잘못이 있고, 두 번째는 사실을 정확하게 알리지 않은 학원에 책임이 있다고 할 수 있습니다.

또 한 가지, MD학원은 만병통치약이 아니고 취업을 보장하는 기관이 아닙니다. 학원 다닌다고 취업이 보장될까요? 절대 그렇지 않습니다.

학원의 여력, 원장의 인맥이 닿는 곳에 연결은 시켜주지만 취업의 자루는 결국 개별 회사에 있기 때문에 학원은 소개를 할 뿐, 보장한다는 것은 분명히 과대, 과장 광고라고 할 수 있습니다. 더군다나 학원이 연결해 주는 곳은 학원이 학생으로 하여금 입사하도록 권하는 곳이지, 학생이 입사를 원하는 직장은 아닐 확률이 높습니다.

결론적으로 MD가 되려고 한다고 해서 반드시 학원을 나와야 한다는 생각은 잘못된 생각입니다. 학원을 나와야만 MD가 된다면 지금 열심히 기업에서 일하고 있는 MD들의 대부분은 학원을 안 나오고도, 전공이 아닌데도 일하고 있는데, 말이 안 되지 않습니까? 학원은 MD가 되기 위한 철저한 선택이지 절대적인 요소는 아닌 겁니다.

개인의 힘과 지식, 경험과 능력으로 본인이 원하는 기업에 들어갈 수 있다면 당연히 학원은 필요 없는 과정입니다. 대부분의 학생들이 잘못 알고 있는 것 중에 하나가 바로 MD직무의 체계입니다.

신입MD의 처음은 100% AMD입니다. 우리가 알고 있는 대기업 중 MD를 채용하는 어떤 회사에서도 처음 신입사원들에게 실제로 상품을 구매하는 MD를 바로 시키는 회사는 단 한 곳도 없습니다. 작은 중소기업은

AMD라는 말을 안 쓰고, 그냥 신입MD라는 표현을 쓰기도 하지만 표현만 다를 뿐 내용은 같습니다. 신입은 무조건 역할에 있어 AMD입니다. 그리고 그 기회는 최소한 초대졸 이상의 졸업자에게 옵니다. 그리고 그 중에 좋은 회사가 AMD를 정식직원으로 채용합니다. 대부분의 회사는 AMD를 언제 그만둘지 모르고 어떤 친구인지 모르니까 계약직으로 씁니다.

그렇게 시작을 해서 성공적으로 AMD를 반드시 거쳐야, 아무리 짧아도 6개월은 AMD밥을 먹어야 비로소 업체 1~2개를 맡으면서 MD가 된다는 얘깁니다. AMD가 되는 것을 마치 MD가 아닌 이상한 직군으로 가는 것으로 생각하는 것은 큰 오산입니다. 매우 정상적인 과정인 겁니다.

학원을 졸업한 친구들도 중소기업의 경우에는 MD라는 직책으로 가지만 대기업에는 AMD로 가는 경우가 대부분입니다. 이때 알아두어야 할 것이 있습니다.

우선, AMD를 계약직으로 쓰는 회사는 AMD를 정직원으로 거의 발령을 내지 않습니다. 이유는 그들이 파견직이기 때문입니다. 이들은 대부분 기업과는 전혀 다른 회사소속으로 되어 있습니다. 그래서 이런 경우에는 AMD로 한 1~2년 정도 경력을 쌓은 다음에, 경력사원으로 다른 회사에 정규직으로 취직을 해야 합니다. 그래야 빨리 정규직원이 될 수 있는 기회를 가지게 되는 것입니다. 어디선가 AMD를 고졸이 하는 회사가 있다고 하는 말을 누가 하던데, 개인적으로는 제가 알고 있는 수준의 기업에서는 절대 아니라고 생각합니다. 만약에 있다면 그건 AMD가 아니라 그냥 사무보조일 겁니다. 그리고 그나마 지금은 대기업 어디에도 이런 친구들 없습니다.

4년제 나온 친구들도 일자리가 없어서 어떻게든 일을 하려고 하고, 더군다나 MD는 대학생들 사이에서 엄청 각광을 받고 있는 직업인데, 회사가 같은 돈을 주고 많이 배운 사람을 쓰지 왜 덜 배운 사람을 쓰겠습니까? 상식적으로 생각해 보시면 그냥 답이 나오는 문제입니다.

회사는 물류직원을 뽑는데 토익을 볼 정도로 스펙을 따집니다. 협력업체 담당 직원은 대학원을 나왔는데 유통회사 MD가 고졸이면 이 상황을 대기업에서 이해할 것 같으세요? 말도 안 되는 소리입니다.

개인적으로 생각할 때 학원 안 다니고 MD되는 방법이 제일 좋습니다. 그리고 누구든지 그렇게 될 수 있습니다. 이미 그렇게 된 사람들이 많고 지금도 그렇게 해서 취업하는 친구들이 많습니다. 그럼 학원을 다니는 친구들은 뭘까요? 그 친구들은 왜 학원을 찾는 것일까요?

그렇습니다. 준비하지 못했기 때문에 시간을 당기기 위해서입니다. 짧은 시간에 남들이 4년 동안 짬짬이 했던 공부와 준비를 집중적으로 몰아서 하기 위해 비싼 돈을 주고 학원을 이용하는 겁니다.

이미 어려서부터 MD가 되기로 마음먹은 친구들은 대학교에서 전공을 정한 것부터 남달랐고, 과는 좀 달랐어도 특별활동, 동호회, 카페 등을 통해 길면 4년, 짧으면 1년 동안 이미 연습을 했기 때문에 그냥도 충분히 갈 수 있습니다. 물론 이 친구들은 MD로서 어떤 역량이 필요한 줄도 알고 있기 때문에 당연히 영어도, 해외연수도, 특별활동도 이미 방학과 학기 중에 끝내 놓았습니다.

문제는 O군처럼 너무 늦게 MD가 되고 싶어진 친구들입니다. 이들은 남들이 준비할 동안 다른 일을 하며 시간을 날려 버렸기 때문에, 긴 기간 동안 배워야 하는 것을 짧은 시간에 압축해서 많은 돈을 내고 배우는 겁니다.

그게 학원이 있는 목적입니다. MD가 되고 싶다고 해서 무조건 학원을 다니라는 얘기가 아닙니다. 제가 하고 싶은 말은 어떻게든, 누구를 통해서든 꿈을 이루라는 말입니다. MD를 해보니 아들에게 물려줄 만큼 정말 좋기 때문입니다.

한번 MD가 영원한 MD라고 믿고 싶은 멘토가

MD학원을 다니며 고민하는 여학생의 리테일 패션기획MD되기

안녕하세요. 저는 ○○대학교 'MD Career' 과정을 들은 ○○○이라고 합니다. MD를 꿈꾸고 있는 찰라에 강사님의 강의를 듣게 되어서 정말 좋았습니다. 강사님의 좋은 강의를 듣고 전 MD로 일할 때 필요한 실무와 이론 등을 배우고 싶어 학원을 등록하여 다니고 있습니다. 그런데 막상 학원을 다녀 보니 수업의 깊이도 깊지 않고, 과목당 3시간도 안 되는 시간에 한 파트씩 빠르게 진도만 나가고 있는 것 같아, 회의감을 느끼고 있어 조언을 얻고자 합니다.

물론 알지 못했던 유통에 관한 것들과 현직MD님들의 업무내용 등 많은 것을 배우고는 있지만, 집안환경이 좋지 않아 휴학을 하고 아르바이트를 하여 번 돈으로 다니고 있는 것이기에, 그날그날 많은 것을 배우고 싶은 마음이 크나 그렇지 못한 것 같아 회의감이 드는 것 같습니다. 차라리 이 등록금으로 MD업무를 하는데 필요한 취약한 영어와 엑셀을 배우는데 투자하는 것이 더 좋겠다는 생각이 듭니다.

그렇다고 너무 섣부른 판단에 학원을 그만두면 이도저도 아니게 될까 걱정되기도 하고 어찌해야 할지 모르겠습니다. 조언 부탁드립니다.

주변을 제대로 활용 못한 헛똑똑이 E양

안타깝습니다. 결과는 같더라도 좀 얘기를 들어보고 선택했으면 좋았을 것을 그랬습니다. 제가 강의시간에 서울에 있는 MD학원 두 곳 모두를 알고 있다고 얘기한 것 같은데 좋은 소스를 활용하지 않았군요. 소스가 있었는데도 사용하지 않다니, 스스로 좋은 기회를 놓치고 말았습니다.

○○대학교라 머천다이징에 대해서는 엄청난 혜택을 본 학교인데 학생들은 그 혜택의 정도를 잘 모르는 것 같습니다.

MD학원은 어떤 학원을 다닐지도 중요하지만 언제 다닐지도 아주 중요합니다. 그런 의미에서 대학을 마치지 않은 채 휴학을 하고 학원을 다닌다는 것은 매우 비효율적인 결정을 한 겁니다. 학원을 다니는 이유는 교육도 교육이지만 실은 취업입니다. 특히 머천다이징과 같은 실무위주의 학원은 더욱 그렇습니다. 무슨 영어학원이 아니잖아요? 그런데 아무리 거기서 공부를 한들 학교도 제대로 졸업을 안 한 사람이 어떻게 취업이 되겠습니까?

학원비에는 교육비와 교재비뿐만 아니라 취업알선 비용까지 다 포함이 된 건데, 본인은 학원에서 취업 자리를 알선해 줘도 대학문제가 해결이 안 돼 있기 때문에 갈 수가 없으니, 취업할 수 있는 좋은 기회를 설사 학원이 만들어 줘도 못 가는 억울한 입장이 되었다는 겁니다.

회사에서 졸업도 안한 사람을 채용할 리가 없잖아요. 게다가 집안환경이 좋지 않다면 졸업 후 바로 취업을 해야 하는 것 아니었나요? 생각할수록 안타깝습니다.

억울하고 섭섭해도 본인이 선택한 것이니 순수한 본인의 책임으로 받아들이는 수밖에 없습니다. 다음부터는 주변에 있는 사람들에게 도움을 구하세요.

대학 졸업하지 않은 상태에서 MD처럼 기능과 실무를 익히는 '실무연계형 학원'을 다니는 것은 효율적이지 않습니다. 이런 성격의 학원을 다니기로 마음먹는다면 과정의 길이에 따라 다르겠지만 가장 좋은 것은 4학년 2학기입니다. 요즘은 학교에 따라 2학기 취업을 하면 그냥 행정적인 절차를 통해 졸업하는데 무리가 없도록 인정해 주는 곳도 많으니, 4학년 1학기도 본인의 생각에 따라 선택될 수 있을 것 같습니다. 보통 MD학원의 경우는 교육기간이 6개월이니까 졸업과 학사 일정을 잘 고려해서 짜는 것이 좋고 졸업과 동시에 취업, 또는 졸업 전 취업의 형태가 가장 이상적인 형태라고 할 수 있습니다.

나중에 친구들에게 MD학원을 다니려면 대학부터 해결해야 된다고 꼭 얘기해 줘요.

학원도 고르는 기준과 다닐 때가 있다고 믿는 멘토가

3) 기사만 잘 이해해도 해결되는 문제

대기업이 말해주지 않는 불편한 진실

안녕하세요. 저는 12학번 새내기 대학생입니다. 이제 대학생이 되면서 꿈, 열정, 연수와 여행 등에 관한 관심이 많아졌습니다.

하지만 막 1학기를 보내고 여름방학을 알차게 보내려는 생각을 하는 도중에 문득 취업이라는 단어가 떠올랐습니다. 그리고 요즘엔 자다가도 벌떡벌떡 '벌써부터 취업을 준비해야 하나, 스펙도 쌓아야 하나?' 이런 생각이 듭니다.

몇몇 분들은 '지금부터 준비해야 한다.', '좀 쉬었다 해도 된다.', '이거는 먼저 해야 된다.' 이거다 저거다 진짜 말들이 많습니다. 이제 겨우 대학에서 1학기를 보내고 나서 취업과 스펙에 관해 바라보았을 때, 저의 느낌은 새로운 과목을 공부하는 고등학교 4학년의 느낌입니다.

궁금합니다. 진정 취업을 위한 온전한 스펙은 무엇인가요? 이제 대학생활을 시작하는 제게 스펙에는 무슨 종류가 있는지, 취업을 위해 스펙은 어떤 부분을 쌓아야 하는지, 학업에 충실하고 나중에 준비해도 되는지 등등 사실을 좀 알려주십시오.

저는 이 상황을 이해하기가 어렵습니다. 단순히 영어성적, 학점 이런 것입니까? 아니면 공모전, 사회참여, 봉사 등 다양한 사회경험을 모두 준비해야 하는 것입니까?

이게 현실이겠습니다만, 사회 초년생으로 방황하는 대학생에게 좋은 답변 주셨으면 합니다. 혼란스럽습니다.

고민에 쌓인 G양

잡코리아가 최근 시작한 '스펙타클'이라는 서비스를 통해 2011년도 국내 대기업의 취업성공자들의 스펙이 조사된 자료가 있습니다.

기사를 읽고 나서 제가 얻은 결론은 '아, 그래 어쩐지 그런 것 같더라.'

기업은 말하지 않고 학생들은 알지 못하지만 데이터베이스는 말하고 있는 대기업이 원하는 진짜 신입사원의 스펙입니다.

2012년 3월26일 기사

상반기 대기업의 신입공채가 한창인 가운데, 기업이 원하는 요구사항과 스펙을 비교하면 시행착오를 줄일 수 있다.

취업포털 잡코리아는 최근 시작한 서비스인 '스펙타클'을 통해 대기업의 다양한 스펙 요구사항을 분석했다. 이 서비스를 활용하면 주요 대기업의 평균 합격 스펙도 확인할 수 있어 자신의 부족한 부분을 체크할 수 있다.

잡코리아 스펙타클에 등록된 주요 대기업의 합격 스펙 중 눈에 띄는 부분은 공통적으로 어학연수 경험(1회)과 자격증 보유 수(2개), 인턴경험(1회), 봉사활동 수(1회)가 대부분 동일하다는 점이다.

차이를 보이는 곳은 학점과 토익부분이었다. 삼성전자에 합격한 지원자의 평균 학점은 3.7점과 토익점수 841점이었으며, LG전자는 학점 3.56점, 토익 832점, '두산중공업'은 학점 3.57점, 토익 805점, SK건설은 학점 3.58점, 토익 800점, CJ제일제당의 경우 학점 3.63점, 토익 787점, 대한항공은 학점 3.65점, 토익 837점 등으로 조사됐다.

특히 삼성전자에 취업한 합격자들의 스펙 분포도를 살펴보면, 서울 소재의 4년제 대학 졸업자로 7가지 스펙 보유 개수 중 2개를 보유한 합격자가 가장 많았다.

대기업이 정한, 하지만 말할 수는 없는 신입사원의 적정한 나이

올해 26살 된 여자입니다. 2010년에 4년제 대학을 졸업하고, 그 해에 해외인턴십, 2011년에 해외 어학연수, 어학연수 후 2012년 현재까지 해외인턴십만 계속 하는 것이 경력을 쌓고자 했던, 그리고 진로를 현장 속에서 찾아보고자 했던 제 선택이었습니다. 그런데 이제와 누구를 탓할 수도 없고 시간을 돌릴 수도 없고 그렇게 후회하지도 않지만 제가 걱정인건 올해 26살이 되었는데 아직 해외에 있습니다. 미국이요. 미국에 온지 1년 조금 넘었지만 아직 영어에 자신이 없네요. 특히 한국 돌아가서 취업에 필요한 토익점수를 생각하면 눈앞이 까마득해요. 미국 오기 전이랑 별반 차이 없는 것 같아서 한숨만 나옵니다.

영어를 생각하면 올해 하반기까지는 미국에 더 있고 싶은데 나이를 생각하면 갑자기 갑갑해 집니다. 하반기 이후에 한국 돌아가면 아마 취업은 내년이 될 텐데 그럼 27살이잖아요? 면접관님들이 제 나이 보고 안 좋게 보시지는 않을지 신입사원으로 27살의 여자를 뽑아주실지 너무 걱정이에요. 열린 채용을 한다고들 하니 은근 거기에 기대는 마음이 생기다가도 한편으로는 좀 막막하기도 하고, 인턴이 딱 좋은데 어떡해야 좋을까요? 조언 좀 부탁드립니다.

인턴과 미국을 마냥 흡족해 하는 I양

완전 부럽습니다. 부럽기는 한데 마냥 그렇게는 있을 수 없을 것 같습니다. 경쟁에서 뒤진다는 것은 본인이 달려가지 않는다는 것이 아니라 세상의 속도, 나와 경쟁을 하는 다른 사람들의 속도가 본인보다 빠르다는 것을 의미합니다. 본인도 지금 무진장 열심히 다니고 있고, 배우려고 뛰고 있고, 뭔가를 해 보려고 안간힘을 쓰고 있는데 남들은 I양보다 훨씬 빠르게 가고, 세상은 I양보다 더 빨리 변화하고 있다면 그게 바로 경쟁에서 뒤지는 겁니다.

기업이 가장 선호하는 남녀 신입사원의 연령은 남자 27~28세, 여자 25~26세 랍니다. 차이가 나는 2년은 군대 때문인 것 같지요?

그러니까 빨리빨리 취업전선에 뛰어 들어가야 합니다.

2012년 3월 7일 부산일보 기사

최근 기업들 사이에 열린 채용이 고수되고 있지만, 국내 기업 중 상당수는 여전히 신입사원 채용 시, 보다 어린 사원을 선호하는 것으로 조사됐다. 6일 취업포털 잡코리아가 올해 신입직 채용 계획을 가지고 있는

〈신입사원의 나이 출처 – 취업포털 인크루트〉

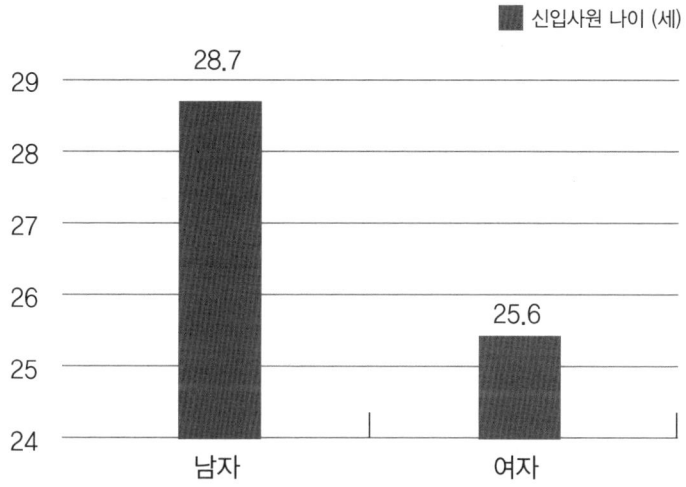

424개 기업을 대상으로 신입사원 채용 시 신입사원 선호 나이에 관해 설문한 결과 밝혀진 사실이다.

설문결과, 신입사원 채용 시 '연령제한이 있다'는 기업들의 비율은 18.6%였으며, 69.3%는 '신입사원 채용 시, 연령제한을 두지 않지만 나이가 많으면 채용이 꺼려진다'고 답했다. 반면, '나이는 전혀 문제가 되지 않는다'는 기업은 12.0%에 불과했다.

기업 인사담당자들이 가장 선호하는 신입사원 나이는 어느 정도 수준일까? 연령대별로는 남성 신입사원의 경우에는 27~28세가 38.0%로 가장 많았으며, 다음으로 29~30세 23.6%, 25~26세 11.1%, 31~32세 6.4% 등의 순이었다. 반면 남성 신입사원 선발 시 나이제한이 없다는 기업은 12.5%에 불과했다.

여성 신입사원의 연령대로는 25~26세가 35.4%로 가장 많아 남성들에

비해 다소 낮았으며, 다음으로 23~24세 19.6%, 27~28세 19.1% 순이었다. 반면 나이 제한이 없다는 기업은 11.6%로 남성 신입사원 선발 시 보다 다소 낮았다.

한편, 개방형 문항으로 선호하는 신입사원들의 나이를 게재하도록 한 결과, 남성 신입사원은 평균 29.4세, 여성 신입사원은 26.3세로 여성 신입사원이 평균 3세 정도가 낮았다.

신입사원에게 알려주는 삼성의 21세기 인재상

선생님, 단도직입적으로 여쭙겠습니다. 21세기가 원하는 인재상은 무엇인가요? 답변 부탁드립니다.

깜짝 놀라게 만드는 P양

이렇게 짧고 강한 질문은 처음 받아 봅니다. 뭐라고 얘기를 할까 고민을 해 봤는데 뭐라고 치장하든 저의 대답이 무색할 것 같습니다. 과거시험으로 인재를 선출하던 옛날부터 글로벌을 지향하는 지금까지 기업이 찾는 인재상은 한 번도 변한 일이 없습니다. 다만, 그 인재상을 확인하는 방법이 시대에 따라 달라졌을 뿐입니다. 21세기라고 다른 인재를 찾지 않는다는 겁니다.

인간으로서의 기본에 충실한 것, 사회적 존재로서 사람이 살면서 잊지 말아야 하는 것, 사회를 발전시켜 나가기 위한 공동의 목표를 위해 필요한 것 등 이런 것을 갖추는 것이 과거의 인재상이었을 것이고, 지금의 인재상이며 앞으로 변하지 않을 인재상일 겁니다.

2012년 3월 14일 머니투데이 기사

삼성그룹이 오는 18일 채용시험인 직무적성검사(SSAT) 등을 통해 4,500명의 상반기 3급 신입사원을 뽑는다. 사상 최다인 5만 명이 지원해 11대 1의 경쟁률이다. 지원자들의 국적만 47개국에 순수 외국인만 700명에 달하는 '좁은 문'을 통과하기 위한 '비법'은 뭘까?

삼성 채용담당자가 '삼성그룹 블로그'에 '상반기 공채를 위한 팁'을 공개했다.

삼성은 지난 7일까지 입사지원서 접수를 마쳤으며 오는 18일엔 SSAT 시험을 치르고, SSAT 합격자를 대상으로 3월말에 면접, 4월 중순 건강검진을 실시해 최종 합격자를 선별하게 된다. 면접의 경우는 반나절에 걸쳐 인성면접, 프레젠테이션 면접, 토론면접 세 가지를 다 보게 되는데, 이는 삼성 전 관계사가 모두 동일하다. 박 대리가 소개한 삼성이 원하는 인재상은 열정이 있는 사람, 창의적인 사람, 소통이 되는 사람, 마음이 따뜻한 사람, 대화하는 사람, '사람·사랑'이라는 삼성생명의 브랜드에 부응하는 사람이다.

면접시 주의사항도 조언했다. 그는 "면접장에 들어오면 누구나 다 긴장을 한다. 그렇기 때문에 많은 준비를 해 오는데, 외운 것을 풀어내거나 판에 박힌 대답을 하기보다는 편안하게 대화하듯이 하면 된다. 면접관들은 지원자들과 '대화'를 하고 싶어한다."고 말했다.

또 "면접관들이 뭔가를 물었을 때 살짝 당황해한다거나 생각하는 표정을 지어도 좋고, 자연스런 모습을 보여 주면서 편안하게 커뮤니케이션 하는 것이 좋다."며 "경직되고 딱딱한 모습이 아닌 부드럽고 웃는 인상으로 면접관과 편하게 대화하듯이 면접에 임하는 그런 지원자를 좋아한다."고 덧붙였다.

박 대리는 "지원한 회사에 대해 공부해오고 준비를 해 온 사람이 좋은 점수를 받을 수 있을 것"이라고도 말했다. 그는 자기소개서를 쓸 때는 '재미있고 사람을 끄는' 글이 도움이 된다고 말했다. 박 대리는 "자기소개서를 읽는 면접관들이 '독자'라고 생각하고 어떻게 하면 그들이 자신의 자기소개서를 재밌게 읽을 수 있을까, 색다르게 다가갈 수 있을까 생각을 해보기 바란다."고 당부했다. 즉, 읽는 사람의 입장에서 쓰라는 것이다.

박 대리는 합격자들의 공통점으로 '적극적인 사람'이라고 말했다. 영업마케팅 직군이 가장 기본 직군인 금융업에서는 수줍음을 타거나 대인관계가 원만치 못한 사람들은 아무리 스펙이 좋아도 뽑히기 힘들지 않을까 생각된다며, 금융회사는 사람 간의 커뮤니케이션이 활발한 업종이기 때문에 누구와도 잘 어울릴 수 있고 밝고 패기를 가진 사람이 적합하다고 지적했다. 그는 삼성생명에 취업하기를 바라는 지원자들에게 '인턴'을 권했다. 박 대리는 "우리 회사에서 하든, 타사에서 하든 인턴경험을 통해 회사가 어떤 곳인지 경험해보고 오면 좋겠다."며 "기업체에서의 인턴근무를 통해 회사가 어떤 곳인지 알고 온 친구들은 회사 사람들과 얘기하면 통하는 게 있다."고 말했다. 그는 "기업에서 신입사원을 뽑는다는 것은 그 사람의 꿈과 열정을 사는 것이다."며 "조직이 생기가 있고 힘차게 돌아가려면 젊은이들의 패기와 열정이 필요하다."고 덧붙였다.

7.2시간 VS 7.4분

선생님, 다른 답변들을 보아하니 자기소개서 쓰는 방법을 잘 알고 계신 것 같아서 염치불구하고 질문을 드립니다. 자기소개서를 써야 하는데 제가 자기소개서를 써본 적이 없어서 그런지 자기소개서 쓰는 빈 공간을 보니까 막막합니다. 눈에 잘 띄게 쓰고 싶은데 어떻게 써야 하는지 좀 알려주세요. 지원 동기를 어떻게 써야 될지 모르겠습니다. 일단 들은 바로는, 기업의 이념과 비전에 기인하여 쓰라고 하던데, 어떻게 써야 할까요? 답변을 부탁드립니다.

자기소개서를 쓰려고 하는 염창동 P양

아마 비슷한 고민들이 학생들 사이에 많은 것 같습니다. 실은 제게도 며칠 전에 한 학생이 어려운 부탁이라며 자기소개서를 봐달라고 메일을 보내왔습니다. 강의를 하고 있기는 하지만 그런 것까지 잘 봐주지 않는데 새 학기 들어 처음 부탁을 하는 학생이라 메일을 열었더니 거기에는 아주 다양한 안타까움이 있습니다.

시간을 오래 들여 쓴 표시는 역력했습니다. 그런데 글이 모아지지 않았다고 할까? 제한된 14줄이 오히려 채우기에 급급했다는 인상을 지울 수가 없었습니다. 포인트 없이 늘어져 버린 글은 힘도 없고 전달력도 약합니다. 뭘 중요하게 써야 하는지를 모르고 질문의 의도를 100% 이해하지 못한 상태였습니다.

아무리 자기가 날을 세워 써도 인사담당자에게 읽혀지는 시간은 오직 7.4분입니다. 면접을 위한 모든 글이 하나하나 엑기스가 아니면 안 되는 이유입니다.

스펙보다 잘 쓴 자기소개서가 더 낫다고 생각하는 멘토가

2012년 3월 16일 노컷뉴스 기사

구직자가 자기소개서 한 통을 작성하는데 걸리는 시간은 평균 7.2시간이었고, 인사담당자가 자기소개서 한 통을 검토하는데 걸리는 시간은 평균 7.4분이었다.

취업포털 인크루트가 기업 인사담당자 216명과 신입구직자 312명을 대상으로 '자기소개서'에 대한 설문을 진행했다. 우선 인사담당자에게 자기소개서 평가 시 가장 큰 비중을 차지하는 항목이 무엇인지 물었더니, 경험 및 경력사항(70.4%)이 첫 손에 꼽혔다. 이어 지원동기(12.5%), 성격의 장·단점(5.1%), 직업관(3.7%), 생활신조(2.8%), 성장과정(2.3%), 입사 후 포부(2.3%), 기타(0.9%) 순이었다. 또한 이들은 글 전체의 내용에서도 '직무에 맞는 다양한 경험을 갖췄는지(59.3%)'를 가장 꼼꼼하게 평가한다고 답했다. 지원자의 경험을 가장 중점적으로 평가한다는 것이다.

하지만 자기소개서를 작성하는 구직자들은 가장 공들여 쓰는 항목으로

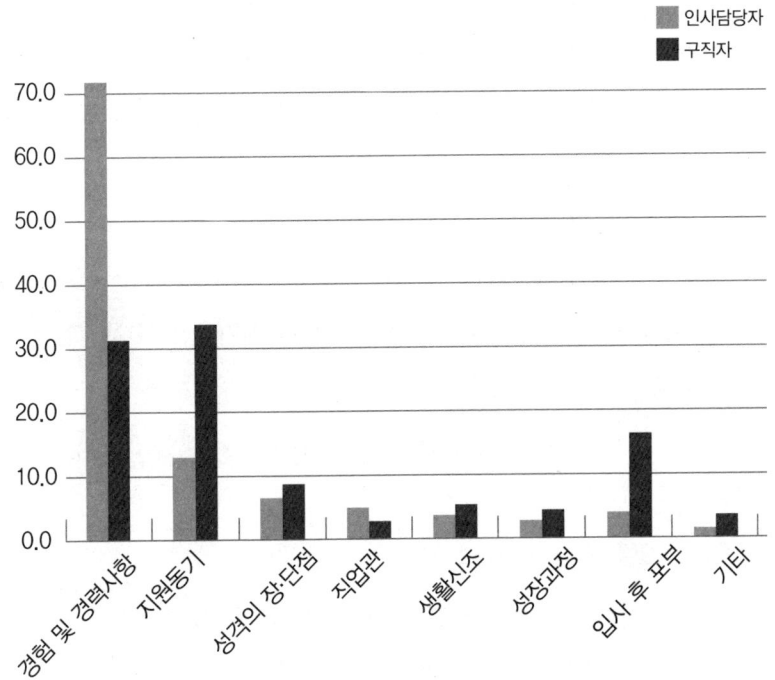

지원동기(33.0%)를 꼽아 차이를 보였다.

이어 경험 및 경력사항(31.7%), 입사 후 포부(14.7%), 성격의 장·단점(8.3%), 생활신조(4.5%), 성장과정(3.5%), 직업관(1.9%), 학창시절(1.3%), 기타(1.0%) 순이었다.

취업공채에서 확실하게 떨어지는 5가지 방법

안녕하세요. 저는 27살 여자입니다. 재수 4년 해서 ○○○경영학과 갔습니다. 들어가서는 스펙 쌓는다고 1년 쉬었고 2년 남았습니다. 토익은 850점대입니다.

어학연수는 필리핀으로 1개월 갔다 왔습니다. 학과 성적도 3.6(4.5만점)정도로 나쁘지 않은 편이라고 생각합니다. 대학 졸업하면 29살이 됩니다. 엄마가 월 250만 원 벌어서 저랑 동생 뒷바라지를 하는데 차까지 사주시고, 그래서 더 눈치가 보이네요.

전 아직까지 아르바이트를 한 적 없이 엄마가 전부 돈을 대주셨습니다. 지금처럼 앞으로도 학업에 열중할 생각입니다.

29세에 졸업한 후에 취업이 안 되면 아무 데나 취직하기도 그렇고, 스펙이나 더 쌓을까 합니다. 그럴 경우 필요한 것들도 알려주시면 감사하겠습니다. 저는 나이도 있고 해서 주로 온라인에서 정보들을 얻고 있는데 그게 얼마나 믿을 수 있는지 모르겠습니다. 그리고 요즘 봉사활동을 해야 조금 더 취업이 잘 된다고 해서 하고 있는 중입니다. 제가 졸업하고 바로 취업을 할 수 있을까요?

아무래도 나이도 있고 하니까 이력서를 다양하고 많게 제출해 보는 것이 좋겠죠?

재수를 너무 넘치게 한 C양

특히 요즘이 대부분 학생들의 관심이 취업에 몰입하게 되는 시기인가 봅니다. 오늘 아주 재미있는 '취업공채에서 떨어지는 비법'이라는 이름의 기사가 눈에 들어왔습니다.

미디어 때문일까요? 요즘 학생들은 너무 쉽게 생각들을 하는 것 같습니다. 그리고 서슴없이 자기만의 독단적인 생각으로 이미 결정을 하고 실행을 해버리는 경우도 많은 것 같고요. 우리는 지금 100세 시대에 살고 있습니다. 『아프니까 청춘이다』의 예를 들자면 평균 80세만 잡아도 이제 경우 9시 언저리에 있을 텐데, 왜 그렇게 빨리 결정을 하는지 모르겠습니다.

경험에 의하면 회사는 매우 보수적입니다. 겉으로는 개방적이고 열려 있고 창의적인 인재를 발탁하는 것처럼 보이지만 그건 선전용이고, 실제로는 검증되고 무난한, 성격 좋고 성실한 매우 고전적인 인재상을 선호합니다. 신입사원은 조직을 잘 이끌 사람이 아니라 조직에 잘 어울릴 사람을 찾으니까 절대 오버하면 안 된다는 겁니다.

스스로를 냉정하게 평가하되 평정심을 유지하고 자신의 강점을 부각시킬 수 있는 체계적인 공채 전략을 세우고 실천하는 것이야 말로 그게 방패를 뚫는 창입니다.

방패는 창을 이길 수 없다고 생각하는 멘토가

2012년 3월 19일 파이낸셜뉴스 기사

본격적인 공채시즌을 맞이해 삼성그룹, CJ그룹, 포스코그룹, 두산그룹, 현대자동차 등 국내 주요 대기업들의 상반기 신입사원 공채가 이어지고 있다. 이런 때일수록 공채를 대비하는 마음가짐부터 준비가 철저해야 할 때이다. 사람인이 '공채에 합격하고 싶다면 반드시 피해야 할 공채 금기 Best 5'를 발표했다.

■ 무조건 남보다 튀어야 산다

높은 경쟁률을 뚫고 공채에 합격하기 위해서는 자신의 강점을 어필할 수 있는 능력도 필요하다. 특히, 조건이 비슷한 상황에서는 인사담당자에게 좀 더 강한 인상을 남겨야 취업 성공의 가능성이 높아지는 것도 사실이다.

하지만 모든 것이 과하면 지나치는 법이다. 서류 및 면접 과정에서 남들보다 튀기 위해 무례한 말투를 쓴다거나 과도한 이벤트를 준비할 경우 역효과가 나 탈락하기 쉽다. 활발하고 개성이 강한 인재를 선호하는 경우도 있지만, 대부분 조직에 융화되어 잘 적응하고 예의를 지키는 인성을 가지고 있는지를 먼저 평가하기 때문에 지나치게 튀어 보이는 것은 조심해야 한다.

■ 온라인 취업 커뮤니티의 정보가 취업의 왕도

각종 온라인 취업 커뮤니티에는 채용정보를 비롯하여 취업 관련 각종 팁과 정보들이 올라온다. 특히 공채 시즌이 되면 구직자들끼리 지원한 기업에 대한 의견과 정보를 자유롭게 공유한다. 정보 중에서는 쉽게 얻을 수 없는 구직자들이 직접 겪은 내용이 생생하게 담겨 있어 다른 구직자들 입장에서는 매우 좋은 팁이 될 수 있다. 하지만 커뮤니티 정보를 맹신하다가는 큰 코 다칠 수 있다.

내용 중에는 검증 없이 개인이 올리는 것들도 다수 있기 때문이다. 커뮤니티 정보를 지나치게 신뢰하지 말고, 선별적으로 활용하며, 참고용 자료로 활용하는 것이 좋다.

■나 정도 스펙이면 충분하다

일부 공채 지원자들은 출신 학교, 학점, 어학점수, 인턴, 해외 연수 등의 스펙이 어느 정도 이상 뒷받침되면 공채에 쉽게 합격할 수 있을 것이라고 생각한다. 물론 스펙이 당락에 전혀 영향을 미치지 않는 것은 아니나, 그 것이 절대적인 합격을 의미하지는 않는다.

공채 최종면접 혹은 그 전단계 정도까지 올라갈 경우 경쟁자들의 스펙을 비교해보면 크게 차이가 나지 않는다. 스펙은 공채 초반 단계에서 지원자들을 구분할 때 참고자료로 사용하긴 하지만, 단계가 거듭될수록 주어진 업무를 잘 수행하고 주변 사람들과 어울릴 수 있는 인성적인 측면을 중시하는 경우가 많다.

실제 취업포털 사람인이 기업 인사담당자들을 대상으로 조사를 한 결과 기업 2곳 중 1곳이 인성평가를 실시하고 있으며, 이들 기업 중 97.2%의 기업이 인성평가 결과로 불합격시킨 지원자가 있었다고 밝혔다. 이는 스펙 못지 않게 인성에도 많은 신경을 써야 좋은 결과를 기대할 수 있다는 것을 보여주고 있다.

■거짓말해서라도 잘 보이면 붙을 수 있다

기업의 인재상에 부합하는 인재로서 보이기 위해 자신을 어필하는 것은 좋지만 필요 이상의 과대포장 혹은 거짓된 사항으로 공채에 임한다면 100% 떨어지게 되어 있다. 최근 공채 과정이 단계별로 심화되어 있고 면접 중 지원자의 거짓 여부를 파악하기 위한 별도의 과정을 포함하는 기업도 늘어나고 있기 때문에 거짓말은 절대 피해야 한다.

인사담당자들은 지원자의 자기소개서와 이력서를 토대로 하나의 질문을 던진 후 나온 답변에 대해 2차, 3차 심층적으로 안으로 계속 파고 들어 답변에 대한 사실 여부를 파악해낸다. 이 과정은 답변의 내용보다 지원자가 거짓말을 하고 있는지를 파악하기 위한 것이기 때문에 솔직하고 자연스럽게 자신의 이야기를 풀어나가는 것이 중요하다.

■ **이력서 많이 낼수록 합격확률 높다**

청년실업이 심화되면서 취업에 대한 조급함 때문에 채용 공고가 뜨면 가리지 않고 지원하는 구직자들이 많다. 말 그대로 '묻지마 지원'을 하는 것이다. 뚜렷한 목표 없이, 지원하는 기업과 직무에 대한 이해가 부족한 상태에서 기존 지원했던 이력서와 자기소개서를 조금만 수정하여 제출하기를 반복한다. 하지만 이렇게 급조된 것으로는 서류전형부터 통과하기 어렵다. 만약, 운 좋게 합격한다고 해도 높은 입사 열정과 직무 이해도를 가진 경쟁자들에게 밀려나게 될 것이다.

자신이 가고자 하는 기업에 대해 체계적으로 일정을 잡고 기업의 가치관, 이념, 인재상, 지원 분야에 대해 충분히 이해하고 여러 조건들을 매칭하여 지원해야 나중에 그 다음 단계인 인·적성 검사 및 면접 과정에서도 좋은 결과를 기대할 수 있다.

국제기구 한국인에게 취업의 노하우를 공개하다

안녕하세요. 현재 대학교 1학년인 여학생입니다. 제가 국제기구에 취업을 하고 싶고 궁금한 것이 있어서 질문을 드립니다.

취업이 가능한 국제기구는 무엇이 있는지 궁금하고 또 가능하다면 최소로 어느 조건이어야 하는지가 궁금하네요. 저는 현재 영어학과 1학년이며, 2학년 때에는 복수전공을 국제관계학을 할 예정입니다. 그리고 대학원도 국제대학원을 갈 생각입니다.

국제기구에 관심이 많아서 네이버를 통해서 국제기구 채용정보에 가서 정보도 많이 보면서 구체적인 꿈을 꾸게 되었습니다. 국제기구에 취업하려면 어떻게 공부해야 하나요? 좀 가르쳐 주시기 바랍니다.

비슷한 꿈을 가지고 있던 후배 M양

저도 국제기구에서 일을 해 보고 싶었던 때가 있었습니다. 목적이야 다들 다를 수 있겠지만 세계를 품고 세계를 위해 일할 의지를 가지는 젊은 이들이 많다는 것은 우리나라에 큰 재산이라고 생각합니다. 이들에게 인사담당들이 하는 얘기가 있습니다

"자신감 좀 가져라, 넌 충분히 잘났거든? 니가 제일 나아!!"

한국 사람이 세계 어느 나라 민족보다 충분히 경쟁력이 있다는 이 말! 저절로 힘이 됩니다.

국제기구를 마음으로 후원하는 멘토가

2011년 12월 5일 기사

"우리 국제기구에서 어떤 일을 해보고 싶습니까?"

"한국이 반세기 만에 최빈국에서 선진국으로 올라선 비결을 개도국에 전수해 주고 싶습니다."

지난달 17일 경희대 호텔관광대학 여러 강의실에선 기획재정부 주최로 OECD(경제협력개발기구) 등 7개 국제금융기구의 채용 인터뷰가 진행되고 있었다.

국제기구는 많은 젊은이들에게 선망의 직장 중 하나다. 그러나 지레 겁부터 먹고 제대로 시도조차 못하는 경우가 대부분이다. 국제기구 입사를 위해 어떤 준비를 해야 하는지 국제기구 인사담당자들과 좌담회를 열었다. 참석자들은 공통적으로 "한국인들은 모두가 뛰어난 역량을 갖고 있

다.”며 “본인이 스스로 갇혀 있는 틀만 깨면 된다.”고 조언했다.

■ 채용 인터뷰 때 자신감 없어

국제기구 인사담당자들은 한국인 직원들이 탁월한 업무 능력을 보여주고 있다고 입을 모았다. 안나 마리아(Anna Maria) 세계은행(World Bank) 채용과장은 “한국인들은 업무 이해도가 빠르고 무척 열정이 있다.”며 “많은 한국인들을 뽑고 싶고 모든 사람들에게 기회가 열려 있다는 말을 해주고 싶다.”고 말했다. 또 후앙 보가(Juan Borga) 미주개발은행(IDB) 인사담당 선임역은 “한국인들은 새로운 것을 빨리 배우는 게 가장 큰 장점”이라며 “지식도 많고 업무 준비가 잘 돼 있어 무척 빨리 적응한다.”고 설명했다.

하지만 한국인들은 인터뷰 때 이런 장점을 제대로 부각시키지 못한다. 패트릭 반 호이트(Patrick van Haute) OECD 인사담당 이사는 “한국인들은 일단 들어오면 ‘워커홀릭’이라 불릴 만큼 대단한 성실성을 보여주지만 채용 인터뷰 때는 무척 자신감이 없어 보인다.”고 말했다. 그는 “다른 나라 사람들은 가진 게 없어도 자신감에 차있는데 한국인들은 인터뷰 기계처럼 정형화된 말만 반복한다.”며 “근본적인 인터뷰 트레이닝이 필요하다.”고 지적했다. 다니엘 조지(Daniel Jorge) 국제금융공사(IFC) 인사과장은 “한국인들은 입사에 필요한 모든 것을 갖고 있는데 한국 특유의 수직적 문화로 인해 인터뷰 때 자신감이 없어 보인다.”고 말했다.

■ 전문성이 첫 번째

국제기구 입사 열기는 전 세계적으로 뜨겁다. 경쟁률이 보통 수백대 1을 넘는다. 호이트 OECD 이사는 “채용 때마다 다르지만 경쟁률이 최고 300대 1을 넘을 때도 있다.”고 밝혔다. 조지 국제금융공사 과장은 “100명 정도를 선발하면 5,000명 이상이 지원할 때가 대부분”이라고 했다.

선발의 첫 번째 기준은 전문성이다. 금융, 개발, 마케팅, 회계, 보안 등 어떤 분야에서건 전문성만 갖추면 누구나 국제기구 직원이 될 수 있다. 학위나 국적 등은 부차적이다.

마리아 세계은행 과장은 "기본적인 자격 조건 외에 전문성을 중점적으로 본다."며 "전문 분야에서 일한 경력이 있는 사람을 선호한다."고 말했다. 그는 "전문성과 더불어 열정, 국제적 감각, 성실성, 리더십을 본다."고 덧붙였다.

■ 원하는 국제기구 트위터 팔로잉을

국제기구 취업 정보를 얻기 위해서는 취직하려는 국제기구 홈페이지는 물론, 공식 페이스북, 트위터 등에 모두 등록해 놔야 한다. 마리아 세계은행 과장은 "최근에는 페이스북 등 소셜미디어를 알림 창구로 적극 활용하고 있다."고 말했다. 등록 정보를 본 채용 담당자들이 먼저 연락해 올 때도 있다. 타임스, 이코노미스트 등 주요 외국 신문·잡지에 채용 공고가 나올 때도 많아 챙겨 봐야 한다.

경력 없이 졸업하자마자 국제기구에 입사하는 방법으로 YPP(영 프로페셔널 프로그램)란 제도가 있다. 대졸 공채와 비슷한 제도이다. OECD의 경우 연간 300명 정도를 선발하는데 YPP를 통해 매년 6명 정도를 뽑는다.

국제기구 채용 담당자들은 글로벌 재정위기에도 불구, 채용 인원을 줄이지 않고 있다고 말했다. 호이트 이사는 "OECD 예산의 85%가 인건비인데 아직 삭감 얘기가 나오지 않고 있다."며 "우리는 여전히 사람을 필요로 하고 계속 뽑아나갈 것"이라고 말했다. 쉬 ADB 이사는 "많은 국제기구들은 위기 때 할 일이 더 많아진다."며 "인원을 계속 늘려나갈 것"이라고 말했다.

회사가 직장인에게 하는 거짓말

안녕하세요. 오랜만에 인사드립니다. 아마 기억 못하실 텐데요. 선생님께 2년 전에 상담받고 지금의 회사에 들어와서 회사 생활 잘하고 있는 ○○○입니다. 연락드린다 하면서도 잘못 드리고 있었는데 마침 여쭤볼 것이 있어서 다시 찾아 왔습니다.

인턴부터 시작한 일이라 아시겠지만 연봉이 많지는 않았습니다. 하지만 일을 배운다는 생각으로 했고 그 부분에 대해서는 후회 없습니다. 실제로 많이 배우고 있으니까요. 그런데 제가 회사입사 때 연봉협상을 했는데 인턴 3개월이 끝나면 그 이후로 1년 후에는 ○○○만원 인상을 해 주기로 약속했었습니다. 그런데 1년이 지난 한달 후 월급날 인상된 월급이 안 나왔습니다. 처음엔 기다렸습니다. 두 달이 지나도 오르지 않았습니다. 인사과에 얘기를 했더니 몰랐다고 하면서 처리를 해 주긴 했지만 사실 좀 어의가 없었습니다.

입사할 때만 해도 회사가 최대한 배울 수 있는 기회를 제공함은 물론 지원금도 줄 수 있는 것처럼 말을 해 놓고는 회사가 약속을 잘 지키지를 않습니다. 물론 그 이후로 경기가 안 좋아졌다는 것은 압니다. 하지만 그러면서도 직원들에게는 출근시간 칼같이 지키라고 요구하고 지각을 두 번하면 다음 달 월차를 못 쓰게 합니다.

회사는 제대로 하지 못하면서 왜 제게는 이런 것을 강요하는지 좀 억울하고, 다른 회사도 그런지 궁금하고 저는 이럴 때 어떻게 하면 되는지 좀 판단이 서질 않습니다. 어떻게 하면 될까요?

의리감에 불타는 돌아온 청년 N군

화가 많이 났군요. 인사팀에 얘기를 해서 소급을 받았다니 그래도 다행입니다. 얘기 안했으면 그냥 넘어갈 뻔 했군요. 인턴은 잘 끝난 것 같고 1년도 잘 지난 것 같습니다. 급여문제는 해결이 되었으니 넘어가도 될 것 같고, 지원금 문제는 사실 알게 모르게 대부분의 회사가 명확하게 명시해 놓지 않은 복지에 대한 지원이나 비중은, 회사 매출에 따라 예고 없이 변동되는 경우가 있습니다. 대기업도 그런데 작은 회사는 좀 더 하겠지요? 하지만 복지 때문에 회사를 다니는 것은 아니니까 후회 없이 직장을 선택했다는 생각을 여전히 하고 있다면, 개인적으로는 참고 다니는 것이 맞는다고 생각됩니다. 사장님이 복지 후원에 대해서 말씀을 하신 분이니 형편이 좋아지면 분명히 지원해 주실 겁니다.

그리고 직장생활은 원래 성실하게 해야 하는 겁니다. '두 번 늦으면 월차가 없다'라고 생각하지 말고 그냥 출근시간을 정해 놓은 시간보다 '30분 일찍'이라고 생각하면 절대 늦을 일이 없을 겁니다.

사실 우리끼리 얘기지만 직장인들도 회사에 하는 거짓말이 있습니다. 좀 늦으면 '차가 막혀서 늦었다, 갑자기 집에 일이 생겼다, 집안에 누가 아프다, 하려고 했는데 누가 이미 했더라, 평생직장처럼 다니겠다, 회사에서 가장 열심히 일을 하겠다, 내년에는 좀 더 열심히 하겠다, 월급의 2배만큼 일하겠다' 등등 많습니다.

제가 해 보니 회사도 똑 같습니다. 회사도 진짜 잘해 주고 싶은데 경쟁 때문에, 달라지는 환경 때문에, 당장 줄어드는 MS때문에, 입금이 안 되면 월급을 줄 수 없으니까, 자꾸 매출이 줄어드니까 그렇게 하지 못하는 것이 대부분입니다. 어차피 한 배를 탔으니까 서로서로 적당히 속아주는 것이 좀 위로가 되지 않을까요?

적당히 속아주는 것도 괜찮다는 멘토가

2012년 5월 29일 파이낸셜뉴스 기사

채용과정에 있어 '알고도 속고 모르고도 속는' 기업의 뻔한 거짓말이 있는 것으로 조사됐다. 중소기업에 재직 중인 남녀 직장인 10명 중 8명이 '기업이 구직자에게 하는 뻔한 거짓말이 있다.'고 답했다.

29일 취업포털 잡코리아가 최근 직원수 300명 미만의 중소기업에 재직 중인 남녀 직장인 1,096명을 대상으로 '인사담당자들의 뻔한 거짓말'에 관해 조사를 실시한 결과 밝혀진 사실이다.

설문에 참여한 중소기업 재직 직장인들에게 '채용과정에서 기업들이 구직자에게 하는 흔한 거짓말이 있는가?'라고 질문했다. 그 결과, 85.2%의 남녀 직장인들이 '그렇다'고 답했고, 기업의 뻔한 거짓말 종류로 '현재 연봉은 낮게 책정하지만 입사 후 능력에 따라 높게 책정할 수 있네(41.1%)'를 가장 많이 꼽았다. 다음으로 '가족적인 분위기에요(21.0%)', '스펙보다는 인성을 중요하게 생각합니다(14.2%)', '앞으로의 비전이 높은 회사입니다(12.8%)', '자율복장, 칼퇴근 등 근무 분위기가 자유롭습니다(10.0%)' 등이라 답했다.

현재 직장인들은 입사 시, 기업의 이 같은 거짓말을 전혀 몰랐을까?

조사결과, 56.7%는 '알면서도 어차피 다른 기업도 마찬가지일 것 같아 모른 척 입사했다.'고 답했고, '입사 후 알게 됐다.'는 응답자는 36.8%였다.

한편, 중소기업에 재직 중인 남녀 직장인들은 대기업에 비해 상대적으로 낮은 연봉을 받고 있음에도 불구하고 직장 내 동료들과의 사이가 원만할 때, 회사가 조금씩 발전해 나가는 것을 느낄 때 우리 회사가 좋은 회사라고 생각하는 것으로 조사됐다. 설문에 참가한 직장인들에게 연봉이 높진 않지만 그래도 우리회사가 좋다고 생각하는 순간이 언제인지 꼽아보게 했다.

그 결과, 남성 직장인들은 '회사가 조금씩 발전해 나가는 것을 느낄 때 (32.1%)'를 가장 많이 선택했다. 여성 직장인들은 '직장 상사 또는 동료들과의 사이가 돈독할 때(29.7%)' 비록 연봉이 낮아도 우리회사가 좋다고 생각하는 것으로 나타났다.

이 외에도 남녀 직장인들은 '근무 분위기가 화기애애하고 서로 존중하는 문화일 때(25.3%)', '직원들의 자기계발 및 교육기회를 적극적으로 제공할 때(8.2%)', '직원들을 위한 소소한 이벤트나 행사를 진행할 때(6.4%)' 애사심이 생기는 것으로 조사됐다.

패션MD가 되기 위해 많은 학생들이 주목하는 국가인증 관련 자격증

안녕하세요. 대학교 3학년을 마치고 휴학한 상태로 패션MD가 되려고 합니다. 관련된 자격증들이 있는 것 같아서 그걸 따려고 합니다. 그래서 질문이 있습니다. 우선 패션MD 관련 자격증을 공부하려 하는데 몇 가지 궁금한 것을 물어보려고 합니다.

1. 학원을 다니면서 시험에 응시하여 자격증을 따는 방식이 맞는 건가요?
2. 어느 곳에 전문학원이 있는지를 몰라서요, 좀 가르쳐 주세요.
3. 두 가지 다 자격 제한 없이 볼 수 있나요?

진짜 초짜입니다. 조언과 답변을 부탁드립니다.

자격증에 관심을 가지고 있는 T양

반갑습니다. 전공이 뭔가요? 자격 제한 여부를 묻는 것으로 보아 패션

관련 전공은 아닌 것 같습니다. 그렇다면 제약이 있을 수 있습니다. 패션 MD와 연관해서 생각할 수 있는 자격증을 인터넷에 검색해 보시면 여러 가지를 보실 수 있습니다. 국가인증 자격증을 관리, 주관하는 곳은 한국산업인력공단(www.q-net.go.kr)입니다. 여기에 올라 와있는 것만 국가인증이 된 것이라고 보면 됩니다.

모든 시험에는 자격이 있습니다. 국가인증 시험인데 아무나 보게 하겠습니까? 다행인 것은 홈페이지에 들어가시면 각 과정마다 하단에 자신의 환경을 대입시키면 대상이 되는지, 안 되는지를 확인할 수 있도록 자기평가 코너가 있으니까 그걸 해보시면 됩니다. 연도에 따라 다소 있었던 혜택이 소멸되거나 달라지는 경우가 있으니 반드시 직접 확인해야 합니다.

다음은 이해를 위해 한국산업인력공단에서 부분 발췌를 한 것입니다.

[패션머천다이징 산업기사]

• 특징

기사 자격증은 없고 산업기사만 있다. 전문자격증으로 실무나 관련학과를 다녀야 일찍 딸 수 있다(비전공이면 준비시간이 더 걸림).

• 개요

21세기의 패션산업은 생활과 문화의 발달, 소비자의 다양한 수요에 부응하여 급속한 발전이 예측되며, 최근에는 패션·유통시장의 세분화에 따라 패션전문인력의 전문성에 대한 수요는 점차 확대되고 있어 전문인력 양성이 궁극적으로 섬유·패션산업의 고부가가치 창출 및 지식집약화에 큰 역할을 수행할 것이다.

• 수행직무

상품이나 의류브랜드의 특성을 시장분석과 정보기획을 토대로 하여 패션트렌드와 소비자 수요의 정확한 예측으로 상품의 생산계획 및 제품화 계획, 패턴 및 샘플제작, 판매 및 세일즈 프로모션 등을 하는 직무를 수행한다.

• 진로 및 전망

상품기획 부분의 총괄자로서 상품계획에서 판매부분까지 광범위한 직무영역을 가지고 새로운 브랜드 개발 및 기획에 관련된 의류 업체

관련직업 : 머천다이저(의류)

[의류기사]

• 개요

우리나라의 의류봉제 산업 기술은 일부 선진국의 수준에 미치지 못하고 있다. 이에 따라 의복제작을 위한 디자인, 설계, 봉제, 품질관리 등에 관한 이론과 기술을 갖춘 기획 관리 기술자의 양성을 위해 자격제도를 제정했다.

• 수행직무

수주된 직물의 생산가능성 여부 검토, 제품의 유행성에 대한 시장성 조사, 새로운 제품 및 디자인 개발, 표준화된 검사, 장비 및 방법 등을 이용하여 가공된 옷감의 물리적 특성 시험, 완성된 제품의 품질상태 점검 등의 실무업무를 수행한다.

• 진로 및 전망

방적 및 방직업체, 섬유제조업체, 섬유제조 관련 연구소 등으로 진출할 수 있다.

[컬러리스트 기사]

• 개요

지식기반 사회에서 국제경쟁력을 갖추기 위해서 컬러리스트의 자격인 증과 자질의 향상 그리고 전문화는 필수적인 사항이라고 할 수 있다. 품질과 디자인으로 국제경쟁 시장에서 경쟁력의 우위를 점하고, 색채를 통한 고부가가치 상품을 개발하고 여러가지 문화 상품을 수출하기 위해서 컬러리스트의 역할은 무엇보다 중요하다고 할 수 있다.

• 수행직무

색채관련 상품기획, 소비자 조사, 색채규정 검토 및 적용, 색채디자인, 색채관리 등 전반에 걸쳐 전문적인 지식과 기술을 습득하고, 색채와 관련된 타 분야와 협조를 하면서 종합적인 업무를 수행하는 자이다. 특히 색채와 문화, 색채 마케팅 등 색채관련 응용능력이 필요한 업무를 수행하고, 자문할 수 있는 전문인력이다.

• 진로 및 전망

색채 관련 산업현장에서 건축, 제품, 실내디자인, 조명, 화장품, 패션, 미용, 원예 등 다양한 분야에서 약 500,000명의 전문인력이 활동하고 있다. 색채전문가의 활동영역이 광범위한 반면에 색채 전문성 한가지만으로 직업을 가지고 있는 경우는 드물다. 색채전문성은 주로 다른 전문성과 결부되어 해당 분야 직무의 부가가치를 높이는 방식으로 활용된다. 색채는 우리의 시각적 경험 중에서 감성에 대한 직접적 호소력을 갖는 속성으로서 각종 디자인의 성패를 좌우하는 가장 중요한 요소이다. 산업경쟁력에 있어서 디자인의 중요성이 크게 부각되면서 근자에 이르러서는 색채의 중요성도 함께 부각되고 있으며 색채전문가의 필요성도 커지고 있다.

[패션디자인 산업기사]

• 개요

디자인은 기술상의 문제를 해결하고 새로운 요구들을 충족시키는 변화와 개선을 의미하며, 사람들의 예술적, 양적 또는 질적인 욕구와 실용적 욕구를 함께 만족시키는 고도의 기능을 수행한다.

• 수행직무

수주된 직물의 생산가능성 여부를 검토하고 제품의 유행성에 대한 시장성 조사, 새로운 제품 및 디자인 개발, 표준화된 검사, 장비 및 방법 등을 이용하여 가공된 옷감의 물리적 특성 시험, 완성된 제품의 품질상태 점검 등의 실무업무를 수행한다.

• 진로 및 전망

대부분 의류제조업체의 디자인 관련 부서로 진출하며 충분한 경력과 능력을 갖추면 자영도 가능하다. 소비자 및 해외바이어의 상품 구매 여부의 결정요인으로 품질 및 디자인을 가장 중시하며, 전자상거래를 통한 상품선택에 있어 디자인 의존도가 심화, 생산방식이 대량생산에서 다품종 소량생산으로 전환 등 발전가능성이 높아 패션디자인 산업기사 자격취득자의 인력수요는 증가할 것이다.

보여줄 스펙이 있어야 할까, 없어도 될까?

안녕하세요. 마지막 학기를 보내고 있는 ○○대학교 4학년 학생입니다.

상반기 공채를 기다리고 있습니다. 이번에 삼성에서 신입사원을 왕창 뽑는다고 하던데 어느 정도 스펙이 돼야 할까요?

제가 토익은 좀 낮지만 공모전 수상경력도 있고 호주로 어학연수도 갔다 왔는데 떨어질까요? 이번 상반기 때 취업을 못하면 졸업을 연기해야 합니다. 선생님이 보시기에 정말 소위 대기업에 합격하는 취업의 정말 기본적인 스펙은 어떤 것이 있나요?

얼마 전에 '인사의 끝판왕'이라고 불리는 삼성전자 원기찬 부사장님의 인터뷰를 봤더니 삼성은 보이는 스펙을 보지 않는다고 공언을 하시던데 어디까지 믿어야 할지 모르겠습니다.

절대순진 T군

부사장님은 스펙을 보고 뽑지 않으실 수 있는데 부사장님한테까지 서류가 가기 전에, 실제 채용업무를 담당하고 있는 대리나 부장은 여전히 스펙을 보고 사람을 뽑기 때문에 부사장님의 말을 믿으시면 안 됩니다. 가끔 예상을 뒤엎고 생뚱맞게 삼성에 입사하는 친구들이 있습니다. 그리고는 신문에 나죠. 이유는 아주 특이한 일이니까 신문에 나는 겁니다. 대부분은 매우 정상적인 프로세스로 학과, 학점을 포함한 전형적인 최소한의 스펙을 유지해야 비로소 스펙을 보시지 않는 부사장님 앞에 갈 수 있는 겁니다.

부사장님 말씀도 틀린 말은 아닙니다. 본인은 정말 스펙을 보지 않고 최종적으로 인력을 채용할 수 있을 겁니다. 다만, 그 전에 미리 일정한 수준의 사람들이 담당자들에 의해서 정리가 된다는 거니까 부사장님 입장에서는 누굴 뽑아도 비슷하다는 얘기가 되겠습니다. 누군가에게 더 좋게 평가받기 위한 스펙이 말처럼 그게 필요 없다면, 삼성은 왜 공항에 광고를 하고 영국 첼시팀 유니폼에 수백억을 쏟아 부으면서 광고를 하겠습니까? 결국 그게 다 삼성의 입장에서 고객에 대한 구매력(Bargaining power)을 낮추기 위한 스펙 쌓기잖아요.

다만, 그것에 지나친 포커스를 맞추어 나머지 기본을 소홀히 하면 안 된다는 그런 말씀이겠지요. 삼성이 그런 광고를 하면서도 세계에서 가장 뛰어난 성능을 자랑하는 하드웨어 기반의 스마트폰이나 울트라북을 만든 것과 같은 예일 겁니다.

오히려 포인트는 균형감각이라는 말씀으로 들립니다. 속도가 아니라 방향이라는 말도 충분히 공감이 가는 내용입니다.

인생을 살면 살수록 어느 경지에 이른 분들의 얘기는 다 비슷비슷한 거 같습니다.

2012년 6월 6일 데일리안 기사

"보여주기 위한 스펙 필요 없다."라는 삼성전자 인사의 '끝판왕'이라 불리는 원기찬 삼성전자 부사장(인사팀장)이 자신의 미래를 고민하는 청춘들에게 던진 말이다.

원기찬 부사장은 5일 영삼성이 주최하고 삼성그룹이 후원하는 청춘 토크콘서트 '열정樂서 시즌2'의 마지막 목적지가 된 경희대 평화의 전당에서 강연자로 나서 4천여 객석을 가득 메운 청춘들에게 삼성 입사 비결을 조언했다. (중략)

원 부사장은 "요즘은 속도가 아니라 방향이 중요한 시대"라며 "한쪽으로 치우치지 않는 판단력과 균형감각이 중요하다."고 강조했다. 균형감각을 기르기 위해 종이신문 읽기의 중요성도 언급했다. 원 부사장은 "요즘은 한쪽으로 굉장히 많이 쏠리는 시대"라며 "젊은이들이 인터넷을 통해 기사를 접하는데 주로 남들이 많이 본 인기뉴스를 위주로 기사를 보게 된다. 결국 봐야 할 것을 보는 게 아니라 보고 싶은 것만 골라 읽게 되고, 그러다 보니 쏠림현상이 나타나 균형감각이나 판단력을 상실하는 것"이라고 진단했다.

그는 자신이 매일 아침 5개의 종이신문을 읽는다고 설명하며 "신문에는 오른쪽, 왼쪽에 상관없이 좋은 이야기와 싫은 이야기가 다 나오기 때문에 균형감각을 기르는데 매우 좋다."고 말했다.

원 부사장은 "삼성의 채용 역시 스펙이 아닌 기본기와 판단력을 본다."며 가장 매력적인 인재로 '내가 하고 싶은 분야에 대해 넓고 깊은 기본기를 갖고 있는 사람'을 꼽았다. 그러면서 "삼성에 대한 선입견이 있는데 실제 삼성그룹은 학점이 4.5점 만점에 3점만 넘으면 그 이후에 학점은 보지 않는다. 학점이 높은 사람보다 전공에 대해 이해를 많이 하고 있는 사람을 선호한다."며 "외관적인 스펙은 정말 중요하지 않다."고 말했다.

면접장에서 가장 눈여겨보는 것으로는 '신언서판(身言書判)'을 꼽았다. 신언서판은 중국 당나라 시절 관리를 뽑을 때 몸가짐과 말씨, 글씨, 판단력 등을 본 것을 의미한다. 원 부사장은 "면접장에서 옷매무새를 제대로 갖췄는지 남의 이야기를 잘 존중해주는지 이런 것들을 중요하게 생각한다."며 "면접장에서 꾸며서 말하기보다 솔직하게 답하는 것이 제일 좋다."고 조언했다.

자신의 열정을 '긍정'으로 정리한 원기찬 부사장은 "여러분은 빈 화분의 씨앗과 같다. 어떻게 가꾸느냐에 따라 나무가 되어 열매를 맺을 수도 있고 시들 수도 있다."며 "긍정적인 생각을 갖고 훌륭한 나무로 성장하길 바란다."며 강연을 마무리, 관객석의 큰 박수를 받았다.

4) 업태의 특성만 잘 알아도 금방 풀리는 문제

통계학과와 패션을 연계 전공한 남학생의 홈쇼핑MD되기

안녕하세요. 저는 ○○대학교 통계학과 주전공/패션디자인 및 머천다이징을 연계전공하고 있는 27세 남학생입니다. 이번에 하반기 공채를 준비하면서, 다음 주에 ○○쇼핑 MD로 면접을 보게 됐습니다.

염치없게 이런 걸 여쭤보아도 되는지 모르겠습니다.

1. 홈쇼핑MD로서, 현재 관심 있게 볼 핫이슈엔 무엇이 있을지,

2. 선생님께서 CJ오쇼핑에 근무한 경험이 있다고 하셨는데 그 기업은 어떤 인재를 원하는지,

3. 선생님께서 면접관이시라면 MD의 어떤 역량을 고려할 지에 대해 답변을 주실 수 있나요?

좋은 후배가 될 것 같은 자양동 T군

반갑습니다. 홈쇼핑MD로서 현재 관심 있게 볼 이슈를 보기 위해서는 먼저 유통을 감싸고 있는 외부요인과 내부요인에 대한 환경을 이해하고 볼 수가 있어야 합니다. 그런데 이 부분은 회사가 신입사원에게 기대하는 수준의 답까지는 아닐 것 같고 당장 신문에 오르내리거나 소비자의 태도에 관한 명확한 이해 정도가 아닐까 싶습니다. 그런 견지에서 보면 2000년대 후반 미국과 유럽에서 시작된 경기 불황과 금융위기가 2010년대에도 유지될 것이라는 얘기, 그래서 경제성장은 둔화되고 경기는 별로 활성화되지 않을 것이라는 분위기에 대한 인식, 내부적으로는 상생의 기조에 따른 공정거래위원회의 다각적인 조사와 훈수에 따라, 대형업체들이 요주의 대상에 올라있고 이미 백화점과 마트는 물론, 홈쇼핑도 지나친 수수

료 문제가 이슈가 된 일이 있었습니다. 그래서 실제로 유통이 눈치 볼 곳이 너무 많아졌다는 것에 대한 공감, 경쟁이 심해지다 보니 새로운 상품, 특화된 상품에 대한 니즈(Needs)가 어느 때보다 강력해졌다는 얘기, 여섯 개의 홈쇼핑 체제와 그로 인해 야기될 수 있는 앞으로의 상황에 대한 의견 등이 충분히 물어볼 수 있는 이슈가 될 것 같습니다.

가끔 가장 최근에 홈쇼핑을 이용해 본 경험이 있는지에 대한 것도 심심치 않게 물어 보는 것 중에 하나입니다. 본인이 MD라면 어떤 상품을 기획하는 것이 좋을 것 같은지도 자주 물어 보죠. 그런데 이건 뭐 진짜 면접자 마음이라서 뭐라고 딱 꼬집어 얘기하기 어렵습니다.

기업이 원하는 인재상에 대해서 가장 잘 나와 있는 곳이 해당 회사의 사이트입니다. 특히 최근 기업들은 1996년 이후 정보, 지식경영에 대한 경영기법이 확산되면서 모든 회사가 비전과 미션, 그리고 가치(Value)를 포함해서 인재상이라는 것을 만들어 놨는데 여기에 대해서 충분히 알고 가는 것이 좋습니다. 특히 기업에서 중요하게 생각하는 것은 비전과 가치입니다. 거기에 맞게 생각하고 표현하고 그걸 추구하는 인재를 좋아하죠.

만약 제가 면접관이라면 면접자에게 앞서 말한 유통에 대한 이해, 홈쇼핑에 대한 이해를 포함해서 과연 얼마나 현장에 대한 관심이 있는지가 제일 궁금할 것 같습니다.

○○쇼핑은 소통 능력과 정직한 것을 중요하게 보는 기업 중에 하나입니다. 특히 MD에게 있어 이 두 가지 자질은 매우 중요하게 생각하죠. 상황을 분석적으로 보고 논리 있게 사고하고, 조리 있고 정직하게 표현할 줄 아는 글로벌한 인재가 선호하는 인재일 겁니다. 잘 준비하셨다면 좋은 결과가 있을 겁니다. 잘하면 우리 만날 수 있겠네요.

우연 같은 필연을 기대하는 같은 동네형 멘토가

광주에 사는 중학교 남학생의 홈쇼핑MD되기

안녕하세요. 상품기획전문가 최낙삼 아저씨. 제가 중학교 2학년 때 기술시간에 직업에 대한 수업 내용이 나왔었는데 그때 홈쇼핑MD라는 직업에 저는 정말 필(Feel)이 왔습니다. 그 후로 집에서 홈쇼핑MD가 되려면 어떻게 해야 되나 사전조사도 해봤는데 인터넷 지식인에 묻기에는 솔직히 믿음도 안가고 그래서 찾다가, 최낙삼 아저씨의 블로그를 찾게 되었습니다 그런데 '젊은 MD를 위한 팁'이라는 글귀를 클릭해보니 정말 유익한 정보들이 많아서 믿음을 가지게 되었습니다. 그래서 이렇게 따로 메일도 보내는 겁니다.

질문 드릴테니 답을 해주셨으면 합니다.

1. 대학교에 MD관련 학과가 있는지 알려주세요.

2. 홈쇼핑MD가 되려면 취득해야 할 자격증이 무엇인지 알려주세요.

3. 홈쇼핑MD도 패션, 의류 등 분야별로 나눠져 있나요?

4. MD전문학원에 다니면 홈쇼핑MD가 되는 데에 어떤 도움을 주나요?

과감한 호칭을 고민 안하고 사용해 준 A군

반갑습니다. 그러게요, 저 아저씨 맞습니다. 블로그를 통해 믿음이 생겼다니 다행입니다. 아마 실제로 고민하고 있는 대부분의 형, 누나들의 마음이라 더 실감이 났을 것 같습니다.

다음에 나오는 그림은 현재 우리나라에서 근무하는 MD를 좀 분류해 놓은 것입니다. 제일 먼저 있는 그림은 취급하는 품목에 따른 분류이고, 그 다음이 그 품목을 가지고 하는 구체적인 일(기능)에 대한 분류이고, 마지막이 그 일을 어디서 하는지에 대한 업태에 대한 분류가 되겠습니다. 이 중에서 뭐가 제일 중요하느냐? 사실은 맨 앞에 있는 취급하는 품목을

카테고리에 따른 종류	하는 일에 따른 종류	업태에 따른 종류

카테고리에 따른 종류	하는 일에 따른 종류	업태에 따른 종류
1. 패션MD	1. 기획MD	1. 백화점MD
2. 패션잡화MD	2. 영업MD	2. 할인점MD
3. 화장품MD	3. 바잉MD	3. 유통/리테일MD
4. 스포츠MD	4. 소싱MD	4. 제조MD
5. 식품MD	5. 생산MD	5. 온라인MD
6. 축산MD	6. 디자인MD	6. 콘텐츠MD
7. 인테리어MD		7. 어패럴MD
8. 가구MD		8. 모바일MD
9. 전자(디지털)MD		9. 바잉오피스MD(MR)
10. 보석MD		
11. 문화상품MD		

정하는 일이 제일 중요합니다. 품목을 정해야 나중에 홈쇼핑이든, 백화점이든 들어가서 일을 할 수 있기 때문입니다. 또 품목을 정해야 본인이 MD로서 알아야 하는 체계와 시장, 흐름에 대한 일을 공부할 수 있습니다.

품목을 정한 후에 정해야 하는 것이 그 품목을 어떻게 할지에 대한 기능을 정하는 일이에요. 가령 생활가전류에 관심이 있다면 그것을 생산할 것인지, 바잉해서 올 것인지, 아니면 기능을 개발하는 쪽으로 할 것인지를 정하는 겁니다.

그 다음에 하는 일이, 어디서 일을 할지에 대한 고민입니다. 즉, 품목과 기능이 정해진 후에 업태를 정하는 것이 복잡하지 않게 순서를 정하는 방법이라는 얘깁니다. 그럼 왜 업태를 제일 나중에 정하느냐? 2010년대 이후로 한국의 소매업태는 동종, 이종(異種)간의 제휴, 결합이 매우 활발하게 진행이 되어서 지금은 백화점도 홈쇼핑을 하고 있고 홈쇼핑도 인터넷쇼핑몰을 운영하고 있습니다. 그리고 백화점이 아울렛을 하는가 하면 치킨회사도 홈쇼핑을 하는 세상이기 때문에 업태를 정하는 것은 의미가 없는 일이 되었습니다.

본인이 희망하는 홈쇼핑MD는 지금 정할 일이 아니라 아주 나중에, 맨 나중에 정해도 되는 일입니다. '업태는 중요하지 않다, 카테고리 선정이 제일 중요하다' 이것만 이해하면 되겠습니다.

아쉽게도 우리나라 대학교에는 머천다이징을 가르치는 학교가 아직 없습니다. 패션머천다이징학과라는 것이 있고 대부분은 유통물류학과 같은 변형된 형태로 학과가 개설되어 있습니다. 그냥 머천다이징을 개별 과목으로 가르치는 학과는 있습니다. 하지만 전문 MD를 위해 프로그램을 가지고 있는 학과는 없는 것이 현실이지요. 홈쇼핑과 같은 리테일 분야에서 일하고자 하는 MD를 위해서라면 제일 무난한 과가 현재까지는 경영학과입니다.

홈쇼핑MD가 되기 위해 반드시 필요한 자격증은 없습니다. 좋은 학교의 졸업장과 좋은 학점, 영어실력 등이 가장 좋은 자격증입니다. 그러니 공부에 집중해야겠죠? MD전문학원이 홈쇼핑MD가 되는데 줄 수 있는 영향은 그들이 운영하는 프로그램에 있습니다. 프로그램은 MD가 되기 위한 기본 조건과 실전에서 필요한 것들의 훈련, 현업MD들의 실전 강의 등으로 구성되어 있습니다. 무엇보다 현장감을 느낄 수 있다는 것이 제일 장점이고 취업도 지원을 해 줍니다. 하지만 반드시 홈쇼핑MD가 되도록 해 준다는 보장은 아니고 될 수 있는 방법들을 알려주는 곳이니, 굳이 다니지 않더라도 상담은 받아볼 만합니다. 교육프로그램 자체가 무엇을 공부해야 하는지를 알려주는 노하우라고 할 수 있습니다.

그런데 지금 본인은 홈쇼핑MD가 되기 위해 고민하기보다는, 학생이니까 학교 공부에 집중하고 최선을 다해 내신성적에 신경을 쓸 때입니다. 지금 하는 고민은 앞으로 5~6년 동안은 본인에게 어떤 영향도 끼치지 않은 완전히 쓸데없는 일이니까 관심 끄고 공부하세요. 학원과 취업에 대한 깊은 관심은 대학 들어가서 그때 가져도 전혀 늦지 않습니다.

우리 아들도 같은 고민을 한번쯤은 해보기를 기대하는 헝상아저씨 멘토가

외식경영을 전공하고 있는 여학생의 홈쇼핑MD되기

안녕하세요. 저는 ○○대학교 호텔관광대학에서 외식경영학을 전공하는 학생입니다. 올해 졸업반이라 원서를 한창 쓰면서 뒤늦게 진로를 설정하고 있습니다. 지금 24살로 2학년 때 좀 노는 바람에 5학년 1학기를 나니고 있습니다.

MD에 관심을 갖게 되며 관련 정보를 찾다 보니 선생님의 블로그까지 오게 되었습니다. 정말 감동받은 점이 '젊은 MD를 위한 팁' 카테고리가 언제나 진행 중이네요. 처음에는 저도 다른 학생들과 비슷하게 MD가 되려면 뭘 해야 하지? 생각하며 답을 찾으려 했는데 블로그에서 선생님의 답변을 읽으며 저에게도 도움이 많이 되었습니다. MD가 되고 싶다며 단순한 찔러보기에 그치지 않으려고 제가 알아볼 수 있는 만큼 잘 알아보고 선생님께 조언을 구하자 결심했습니다.

그동안 저는 희망하는 기업을 CJ푸드빌 정도로 막연하게 생각하며 지내왔는데 서류 지원하며 유통업계, 대기업 외식사업부 또는 식자재, 호텔 등 분야가 너무 다양했습니다.

MD라는 직업은 경험이 중요한 것으로 알고 있습니다. 저는 공채 전에

인턴사원으로 근무를 해 보려고 합니다. 그런데 제가 어떻게 준비를 하면 좋을지 모르겠습니다. 현대홈쇼핑은 인턴을 통해서 정직원을 뽑는다고 하더라고요. 현재 이마트 인턴사원을 지원했습니다. 본사 채용 설명회에 참가해서 그곳의 MD부서에서 채용상담을 했는데 특정 카테고리를 정하기보단 유연하게 생각을 하고 오는 게 좋다는 뉘앙스로 말씀하셨습니다.

그래서 자기소개서에는 우선 아르바이트 경험과 열정을 강조해서 적었는데 곧 공고가 뜰 CJ오쇼핑 인턴이나, 롯데 인턴 모집도 그렇고 시간이 되고 정말 도전해볼 만한 일이라 생각한 만큼, 준비를 해 가고 싶은데 어떻게 해야 할지 모르겠습니다.

학점이 좀 낮아서 3.05이고 오피스 자격증 ICDL, 토익 785점, 토익 스피킹은 9월 취득한 150점, 6급 끝머리입니다.

11월 9일까지 스피킹 7급으로 올려놓으면 외국어 점수에서 좀 두각을 나타내지 않을까요?

남은 기간 동안 인턴 지원을 위해 제가 준비할 것이 뭐가 있을까요? 자기소개서가 자유형식이라서 오히려 성의를 드러내기 좋은 기회 같은데, 저도 포트폴리오 같은 것을 준비하면 되나요?

질문이 정신없네요. 인턴사원으로서 경쟁력을 갖추기 위해서 자기소개서 외에 무언가 내세울 게 있으면 알려주세요!

2학년 때 진짜 잘 놀았을 것 같은 T양

우선 현재 홈쇼핑 회사의 상황에 대해서 좀 아시는 것이 좋겠습니다. 현재 국내 모든 홈쇼핑 회사가 100% 인턴제를 운영합니다. 그러니 인턴으로 들어가게 된다는 사실은 하나도 이상할 것이 없습니다. 이마트 설명회에서 들은 내용은 아주 잘 이해하셨습니다. 실제로 특정 카테고리에 연연하면 담당자 입장에서는 입사를 시키기가 매우 곤란합니다. 회사는 회사 마음대로 직군을 변경시킬 수 있어야 하는데 직원이 변경되는 것을 거부할 소지가 있어 보인다면, 당연히 뽑기가 부담스럽겠죠. 나중에 '왜 나를 그리로 발령 내냐? 나는 패션MD로 입사를 했는데 누구 맘대로 침구MD로 보내냐?' 하면 회사도 골치 아플테니까 유연하게 생각을 하고 오는 게 좋다는 말을 솔직하게 얘기해 준겁니다. 그러니 이제 준비와 자세가 더욱 중요해 지는 거죠.

CJ오쇼핑이나 롯데 인턴 모집을 포함해서 꼭 기억해야 할 것은 기업에서 좋아하는 인재의 1순위가 '성실한 사람'이고, 2순위는 '책임감이 있는 사람'입니다. 성실함과 책임감! 이게 아주 무서운 겁니다.

사실 취업을 위한 준비는 1학년 때부터 했어야 합니다. 학교생활에 성실한 학생은 당연히 학점이 좋겠죠? 즉, 학점이 안 좋은 학생은 아무리 자기가 4학년 때 이런저런 거짓말을 해도 성적이 그의 성실함을 말해줍니다. 특별활동이나 봉사활동, 외국어 모두 마찬가지입니다. 공부를 열심히 했다면 당연이 학점이 좋아야 하는데, 학점이 안 좋다면 열심히 했다는 말이 말짱 '거짓말'아니겠습니까? 회사가 보고 싶어 하는 것은 '성실함과 책임감'이라는 것을 잊으면 안 됩니다.

또 한 가지 회사가 지원자의 자기소개서를 통해 보고 싶어 하는 몇 가지가 있습니다. 자신이 생각하는 자아와 그런 자아가 이루고자 하는 목표에 대한 뚜렷한 목적의식, 목적을 이루기 위해 어떤 구체적인 과정을 거쳤는지, 과정 중에 만난 고난은 무엇이었으며 그걸 어떻게 극복했는지 알고 싶어 합니다. 그리고 과정 중에 만난 성취는 무엇이며, 그것을 통해 느낀 것은 무엇인지, 왜 귀하가 우리회사에 입사를 해야 하는 지와 입사해서 뭘 하고 싶은지에 대한 구체적인 이유입니다. 그걸 양식이 없어도 풀어서 써야 하는 것이 자기소개서입니다.

가능하다면 본인이 말한 내용들을 증명할 수 있는 자료, 즉 포트폴리오가 있으면 도움을 줄 겁니다. 패션에서 특히 포트폴리오가 필요한 것은 패션을 한 학생들의 실제 실력을 회사가 모르기 때문입니다. 그럼 패션 MD 이외의 분야를 지원한 사람들에게는 포트폴리오가 필요 없느냐? 아뇨, 있으면 좋습니다. 꼭 있을 필요는 없지만 있으면 도움을 분명히 받습니다. 준비해 오는 사람이 많지 않을 테니 남들은 말로 할 때, 본인은 시각적인 자료를 제시할 수 있으니까 더 준비된 사람으로 보일 겁니다.

그러니 남은 기간 동안 인턴 지원을 위해 준비할 것은 '자기소개서 잘 쓰기'를 준비해 봄이 어떨지요. 처음에는 네 장 정도로 길게 썼다가 나중에 두 장으로 줄여보세요. 본인을 좀 돌아보는 시간을 가지면서 급하게 쓰지 말고 천천히, 그리고 알차게 씁니다. 새로운 것을 벌이는 것보다 지금까지 해 온 것을 잘 정리만 해도 좋은 결과가 있을 겁니다. 대부분의 사람들이 없어서 못하지 않습니다. 몰라서 못하는 겁니다.

곧 있을 중간고사 잘 보시고 스스로에게 집중하는 시간을 좀 많이 가지시고 무엇보다 자신감을 잃지 않도록 하시기 바랍니다. 자신감이 떨어지면 끝입니다.

애들이 잠든 야밤에 컴퓨터 앞에 앉은 야행성 멘토가

경영학부 3학년에 재학 중인 여학생의 어패럴 패션기획MD되기

안녕하세요. 예전에도 선생님께 메일을 보냈던 적이 있었는데요. 그때보다 더 구체적으로 진로를 정했고, 그것과 관련해서 질문 드리고 싶은 게 있어서 이렇게 또 메일 보냅니다. 제가 하고 싶은 일은 패션기획MD입니다. 저는 중학교 때부터 옷을 좋아했으며, 고등학교 때에는 직접 드레스를 디자인하고 만들어서 학교 축제 때 패션쇼를 했던 적도 있습니다. MBTI 검사를 하면 항상 A(예술형)와 E(진취형)가 나오는데 추천 직업을 보면 언제나 디자이너가 나왔습니다. 그래서 사실 패션 디자이너가 하고 싶었는데, 미술도 전공하지 않았고 성적도 상위권이었던지라 부모님의 반대가 심해 경영학과에 입학하게 되었습니다.

많은 MD 중에서 패션기획MD를 하고 싶은 이유는 패션디자인과 관련된 일에도 관심이 있기 때문입니다.

전 지금 마케팅을 심화전공 하고 있고, 문화콘텐츠학과를 복수전공 하고 있기 때문에 신제품 마케팅 수업이나 문화콘텐츠 기획 실습과 같은 수업은 계속 듣고 있습니다. 기획 일을 하는데 조금이나마 도움이 될까 싶어서 입니다. 저는 제일모직에 입사하고 싶습니다 그 회사의 제도도 너무 마음에 들고 학교에서 삼성 쪽을 많이 지원해주기 때문입니다. 조직 수업 때, 의류산업에 대해서 분석하는 과제가 있었는데 그때 제일모직과 이랜드를 분석하면서 제일모직에 근무하시고 계시는 분들과 인터뷰를 한 적이 있었어요. 그분들 말씀도 듣고 제가 따로 조사해본 결과 제일모직의 여러 부분이 너무 좋았습니다. 그렇다보니 학교에서도 모의SAT도 자주보고 SAT관련 강의도 많이 하구요. 삼성 쪽으로 취업할 수 있도록 많이 지원해주고 있어요. 그래서 일단은 제일모직 상품기획MD를 목표로 준비를 하려고 합니다.

제가 사정상 다음 학기에 휴학을 해야 합니다. 교환학생이랑 제일모직 인턴을 둘 다 하고 싶어서 다음 학기에 휴학을 하기로 결정했습니다. 토익은 공부하고 있긴 한데 성적이 잘 나오는 편이 아니라서, 일단 휴학기에는 토익이랑 오픽, 회화 공부를 위주로 열심히 해 볼 생각입니다. 제 키가 169cm 정도에 55사이즈라서 피팅모델을 할 자격요건은 되거든요, 근데 의류회사에서 피팅모델을 하는 게 경험이 될까 싶기도 하고, 어떤 일을 하는 게 좀 더 도움이 될까요?

또 내년 2학기에 프랑스로 교환학생을 가려고 준비하고 있습니다. 혹시 유럽 중에서 프랑스보다 패션공부하기에 좋은, 추천해주고 싶은 나라가 있으신가요? 그리고 제가 영어를 제외한 제2외국어를 공부하려고 하는데 불어나 중국어 중에서 고민이에요. 우선 한 가지 정도 정해서 먼저 해볼까 하는데 선생님 생각엔 불어랑 중국어 중 뭐가 더 낫다고 생각하시는지 궁금합니다. 매번 감사드립니다!

욕심이 많은 능동 사는 J양

꿈에 훨씬 가깝게 간 것 같습니다. 패션기획MD가 되고 싶다니 좋고 반갑습니다. 이정도의 열심과 준비를 앞으로도 게을리 하지 않는다면 비록 내가 선발을 하는 것은 아니지만, 충분히 제일모직 입사까지는 가능할 것 같습니다. 하지만 제일모직에서 특정한 브랜드의 상품기획을 하는 MD라면 쉽지 않은 길이 될 것 같습니다. 브랜드에서, 그것도 우리나라를 대표하는 최고의 회사에서 본인이 4년 동안 패션을 전공한 다른 사람들보다 패션디자인을 더 잘할 수 있을 것이라는 것을 보여주어야만 브랜드의 기획MD로 취업이 될 수 있겠습니다.

이들의 실력을 뛰어 넘는 디자인 능력과 특별한 패션에 대한 안목과 이해, 머천다이저로서의 차별성을 보여주지 못한다면 전공의 벽을 넘어서기가 결코 쉽지 않을 겁니다. 본인에게 앞서 말한 그런 것을 얼마나 뛰어 넘을 수 있는 자질이 있는지 나는 잘 모르겠습니다. 일단 지원은 해보세요. 어차피 거긴 전공에 제한을 두지 않으니까요. 개인적으로는 전공을 고려했을 때 패션기획MD보다는 패션마케터로서 본인의 일을 제안하는 것이 지금 생각으로는 더 유리할 것 같습니다. 실제로 나도 본인을 안 보고 이런 말을 하는 것이 좀 맞지는 않지만, 메일과 블로그를 통해 상담을 해보면 본인만큼 패션에 관심 있고 느낌 있는 사람은 전국에 수도 없이 많거든요. 본인이 가지고 있는 지금의 그런 느낌만으로는 본인을 차별화하기 어렵습니다. 무슨 사정이 있는지 모르겠지만 혹시 교환학생과 제일모직 인턴을 위해 학교를 쉬기로 결정했다면 그건 좀 생각이 부족했던 것 같습니다.

학교는 그런 일로 휴학을 하는 것이 아닙니다. 당연히 교환학생은 재학 중에 다녀와야 하는 것이고 인턴도 방학에만 하면 되는 것이기 때문입니다. 앞으로 사회생활을 하다 보면 예기치 않게 반드시 쉬어야 하는 때가 생깁니다. 특히 여자는 결혼과 출산이라는 것 때문에 커리어에 불가피한 영향을 받을 수밖에 없기 때문에 시간을 잘 활용해야 하는 것이 필수인데, 별 것도 아닌 일로 쉰다는 것은 좋지 못한 생각입니다. 지금 언급한 일들을 열심히 공부하면서 새벽과 밤을 세워가며 해야 하는 일이지 한 학기를 쉬면서 해야 하는 일이 아닙니다. 부디 좋은 계획이 있었기를 바라고 혹시 아니라면, 당장 학교에 가서 취소할 수 있는지를 알아보세요. 후회하게 될 가능성이 매우 높습니다.

패션 분야에서의 실전경험을 쌓고 싶고 심지어 의류회사에서 MD보조로 일할 수 있으면 좋겠다고 했는데 만약 본인이 패션업체를 운영하는 사장이라면 대학교에 휴학 중인, 어떤 비전공학생에게 회사에서 경험할 수 있는 정말 리얼한 현장경험을 해보게 할까요? 미안하지만 저 같으면 안 시킬 것 같습니다. 본인이 사장이라면 우리회사 사람이 될지 안 될지도 모르는 사람에게 속내를 보여주면 실전경험을 쌓게 해주고 회사의 비밀을 알게 하겠습니까? 나중에 그 친구가 우리회사에서 배운 것을 가지고 경쟁사를 갈 수도 있는데 말입니다. 패션회사가 제일 염려하는 것이 자기들의 상품전략과 머천다이징을 풀어주고 함께 고민해 주는 거래선들인데 왜 그 중요한 소스를 단지 '경험을 쌓기 위해' 온 사람들에게 공유하지는 않습니다.

가능하다면 피팅모델을 해보는 것이 좋겠습니다. 그걸 하면서 MD랑 친해지시는 것이 훨씬 직무에 도움이 될 겁니다. 유학은 이전에 말한 대로 프랑스나 유럽은 패션관련 명문대를 찾아 가면 될 것 같은데 개인적으로 느끼기에는 역시 현대 마케팅과 패션머천다이징의 최고는 의심 없이 미국입니다.

외국어는 너무 욕심내지 말고 오히려 영어를 완벽하게한다는 생각을 하는 것이 좋겠습니다. 완벽하게 구사해서 실제로도 주저함 없이 누구를 만나도 자연스럽게 영어가 튀어나올 수 있는 '잘하는 영어'를 구사하시기 바랍니다. 영어를 정말 잘하게 되면 누가 뭐라고 안 해도 스스로 다른 언어를 배우게 될 겁니다. 지금은 영어에 집중할 때이기 때문에, 제가 얘기할 단계는 아니지만 실무에서는 어정쩡한 2개의 언어보다, 1개의 완벽한 언어를 구사하는 게 비즈니스에서는 더 중요합니다.

제일모직과 같은 어패럴회사에 특정 브랜드의 상품기획자로 입사하기를 원한다면 처음부터 디자인에 대한 백그라운드를 가졌어야 했습니다. 하지만 '전공불문'이라고 회사에서 천명했으니 잘 준비해서 덤벼보세요.

갑자기 편두통이 생긴 구의동 멘토가

제4장

앞으로가 걱정인 미래 MD

4장
앞으로가 걱정인 미래MD

1) 목표문제

외고 1학년에 재학 중인 여고생의 패션디자이너, 패션MD되기

안녕하세요. 저는 외국어고등학교 1학년에 재학 중인 여학생입니다. 다름이 아니라 제가 진지하게 패션디자이너의 꿈을 갖게 되었습니다. 일단 제가 예고를 나오지 않는 이상 지금 실기실력은 안 되니까 서울대, 고려대, 연세대의 의류학과로 목표를 잡고 있습니다.

제 꿈은 유니클로 같은 브랜드를 만드는 것입니다. 사실 그걸 하면서도 패션MD나 패션에디터 등의 일을 함께 하고 싶습니다. 그럼 저는 의류학과를 목표로 해야 하는 것이 맞나요?

또 제가 영어, 일본어에 능통합니다. 이것이 도움이 많이 될까요?

그리고 패션계에서는 인맥이 참 중요하다고 해서 서울대 의류학과보다는 이대 의류학과 가는 것이 일 쪽에서는 더 유리할 수도 있다고 들었습니다. 물론 주위에서 들은 이야기입니다. 그래서 목표를 어느 대학을 잡아야 할지도 모르겠습니다. 좀 알려주세요.

영어와 일어에 능통한 I양

반갑습니다. 서울대, 고려대, 연세대의 의상관련학과가 실기시험을 안 보나요? 모두 예체능계에 속해있지 않고 생활과학대학 계열에 속해 있나 봅니다. 공부를 잘해야겠군요. 실기시험 여부에 대해서는 꼭 다시 한번 확인하기 바랍니다.

본인의 꿈이 유니클로 같은 브랜드를 만드는 것이라면 보편적으로 볼 때는 패션디자인을 공부해야 할 것 같습니다. 그게 어떤 특정한 과정이 아니더라도 디자인은 공부를 할 수 밖에 없는 과정 중에 하나가 될 겁니다. 그리고 그것은 브랜드를 만드는 것을 포함해서 패션MD, 패션에디터 등의 일에도 유용하게 쓰일 것이라고 생각됩니다. 그렇다고 꼭 디자인을 공부해야만 유니클로 같은 브랜드의 사장이 된다는 말은 아닙니다. 현재 일본의 유니클로 야나이 다다시 회장도 디자인을 전공한 분이 아니고 와세다대학에서 정치학을 공부하신 분인 것을 보면, 디자이너로서 사용하는 뇌와 사업가로서 사용하는 뇌는 확실히 다르긴 한 것 같습니다. 진정한 사업가가 되려면, 이 두 가지를 효과적으로 묶어내는 지혜가 필요한 것이라 생각됩니다.

영어와 일본어에 능통하다고 하니 아주 좋습니다. 고등학교 1학년이 영어와 일본어에 능통하다는 말을 어느 정도의 수준으로 이해해야 할 지 모르겠지만 그렇게 말할 수 있을 정도라면 분명히 도움이 될 겁니다. 그래도 영어와 일본어에 대한 공인된 성적을 준비해 두는 것이 좋겠습니다. 능통하다는 말은 추상적이니까 공인된 점수가 있으면, 다른 사람들이 본인의 실력을 금방 이해할 수 있겠습니다.

2개 국어를 한다면 적어도 언어로 인한 잘못된 의사결정이나 프로세스의 지연은 없을 테니, 그것만으로도 아주 좋은 기회를 만들 수 있습니다.

패션계에서의 인맥의 중요성은 그게 패션계라서가 아니라 우리나라는 물론, 전 세계 어디에서도 아주 중요합니다. 그만큼 선배들이 해당 분야에 많이 진출해 있다는 얘기일 테니까요. 아마 그런 의미에서 I양의 주변에서 서울대보다는 이대가 더 좋지 않느냐는 얘기를 한 것 같습니다. 그럴 수도 있겠지만 개인적으로 100% 동의하지는 않습니다. 공부 잘하고 실력 있는 사람은 어디서나 알아주기 때문이지요. 실력이 특출한 사람은 학교나 학과를 따지지 않습니다. 잘하느냐, 못하느냐가 문제죠. 정말 본인이 말한 대로 유니클로 같은 글로벌 브랜드의 패션기획MD를 생각한다면 일본이든, 미국이든, 혹은 유럽이든 외국에서 유학을 진중하게 고려해 봐야 할 겁니다. 한국에서는 배운 것만 가지고는 차별화가 안 될 테니까요. 지금도 우리나라에서 활동하는 대부분의 패션 오너들은 외국에서 공부를 하신 분들입니다. 특히 젊은 오너들은 거의 100% 외국에서 공부를 한 분들입니다.

그만큼 어렵고 워낙에 비용과 시간이 많이 드는 일이니 정말 본인이 원하고 있다면, 지금부터 부모님과 상의를 시작해야 할 것 같습니다.

학교에 대한 부분은 이제 1학년이니까 지금 굳이 어디를 정할 필요 없이 무조건 잘해놓고 나중에 골라 가면 그게 제일 쉬운 거 아닐까요?

지금 당장 필요 없는 걱정은 하지 말고 지금 당장 해야 하는 공부에 집중하기 바랍니다. 그것이 모든 것을 수월하게 풀어내는 핵심입니다. 지금은 일차 관문인 대입시험과 내신에 집중할 때라고 생각해요. 다음 일은 다음에 생각합시다.

영어와 일어를 능통하게 구사하는 것이 부러운 멘토가

시각디자인 전공 후 편입에 실패한 25세 여학생의 목표 찾기

너무 막막하여 교수님께 조언을 얻고자 글을 씁니다.

저는 지방 국립대 캠퍼스에서 시각디자인 전공을 2학년 수료하고, 3학년 1학기까지 다니다가 자퇴한 상태입니다. 본캠퍼스로 편입을 썼는데 경영학과에 불합격되었습니다. 제가 생각하고 있는 몇 가지에 대하여 질문을 드릴테니 답변을 해주세요.

1. 자퇴한 대학은 재입학이 가능합니다. 올해 2학기부터 등록이 가능한 상태이고요. 다시 국립대 캠퍼스로 재입학을 하여 졸업을 하는 게 나을까요? 아니면, 재입학하여 공무원준비를 할까요?

2. 자퇴한 상태로 서울권 학교 일반편입(영어)을 준비하여 졸업 후 회사 취업을 할까요?

3. 편입미술학원을 다녀 일반편입으로, 서울권 미대실기로 준비하여 졸업 후 디자인계열 회사로 취업을 할까요?

4. 학점은행제나 독학사를 이용하여 학사취득 후 대학원 진학이나, 학사편입을 진행할까요?

나이는 25세 여자입니다. 본캠퍼스로의 전과는 1학년 마치고 편입밖에 되지 않고, 자퇴를 꼭 해야만 원서를 쓸 수 있었습니다.

이런 경우 대체 어떻게 해야 되는지 길이 보이질 않습니다. 너무 대책 없는 질문이지만 어떻게 해야 더 이상 시간낭비를 안 할 수 있는지, 조언 꼭 부탁드립니다.

많이 당황한 P양

무슨 사정인지 모르겠지만 상황이 안타깝습니다. 자퇴한 대학에 재입학을 하는 것까지는 괜찮은 것 같은데 개인적으로는 '공무원시험'에서 딱 걸립니다. 마치 재입학과 졸업의 목적이 공무원시험인듯한 인상이랄까?

자퇴한 상태로 서울권 학교 일반편입(영어)을 준비하여 졸업 후 회사 취업을 하겠다는 생각은 너무 리스크가 커 보입니다. 그러다가 잘못하면 본인의 최종학력이 고졸로 될 수도 있습니다. 개인적으로는 차라리 편입미술학원을 다녀 일반편입으로, 서울권 미대실기를 준비하여 졸업 후 디자인계열 회사로 취업하는 것이 나을 것 같습니다.

제가 느끼는 P양의 문제는 본인은 지금 뭐가 되려고 하는지가 정해져 있지 않아 보입니다. 마치 공무원도 좋고 경영학과도 좋고 영어과도 좋고 정 안되면 다시 미술을 해도 좋고라는 식이랄까요? 그러면 아무것도 안 됩니다. 목표가 결국 방향을 결정하는 것인데 지금 본인은 방향이 안정해져 있기 때문에 더 복잡한 겁니다. 뭐가 맞을지는 모릅니다. 그건 본인이 본인의 미래를 만드는 거니까, 어차피 정해진 것은 없습니다. 답을 찾는 게 아니라 답을 만드는 것이라고 해야 할까요. 찾으려고 하지 말고 만들 생각을 하세요.

혼자서 조용히 좀 시간을 가지고 본인에게 물어보세요. 너무 급하게 생각하지 말고 억지로 뭘 하려고도 하지 말고 자신에게 물어보세요.

"네가 진짜 원하는 게 뭐야? 네가 진짜 하고 싶은 게 뭐야? 평생 네 가슴을 뛰게 할 그런 일이 뭐라고 생각하니?"

그걸 하세요. 그게 정해지면 언제든 다시 연락을 주세요!

애매한 것을 정해주는 MD멘토가

전문대 의상학과 2학년에 재학 중인 여학생의 패션MD되기

안녕하세요. MD쪽에 관심이 많아 둘러보던 찰나에 교수님의 블로그를 들어오게 되었고 다른 분들의 메일에 친절하고 정확하게 답을 보내시는 것에 빈하여 저도 이렇게 메일을 보냅니다.

저는 현재 ○○전문대학교 의상디자인과에 재학 중인 현재 20살, 2학년 여학생입니다. 저는 중학생 때부터 패션 쪽으로 관심이 많은 학생이었습니다. 미술을 전공해서 서울에 좋은 4년제에 입학하고 싶었으나 집안 사정으로 인해 미술도 배우지 못하였고, 저 스스로도 공부를 열심히 하지 않은 탓에 전문대로 입학하게 되었습니다.

전문대에 들어오면서 '내가 공부를 하지 않아 이 학교에 온 거니까 여기서 열심히 해서 빨리 취업하자.'라는 생각을 갖고 있었습니다. 막상 1학년 동안 수업을 들으면서 힘든 점이 많이 있었습니다. 무엇보다 제가 따라갈 수 없을 정도의 실기능력을 가진 전문계 고등학교에서 온 친구들이 많아서 낙담한 적이 아주 많습니다. 학점은 1학년 평균이 3.7점이고, 현재 가지고 있는 자격증은 없으며 일러스트나 CAD도 잘하지 못합니다.

저는 의상디자인과에 입학하면서 취업을 생각할 때도 디자이너로 즉, 실기가 중요하고 개인적인 아이디어가 기본이 되는 쪽보다는 제 성격처럼 냉정하게 분석하고 트렌드를 읽으며, 의상판매를 기획하는 쪽에서 일하고 싶다고 생각했습니다. 그러나 전문대라서 4년제보다 실기 수업이 훨씬 많았으며 제가 배우고 싶은 마케팅 관련 수업은 터무니없이 적었습니다. 그러다 보니 제가 잘하는 과목도 아니고 열심히 해도 잘되지 않는 과목이 많아, 학교수업에 점점 흥미를 잃게 되었던 것 같습니다. 그래서 현재 편입을 생각하고 있습니다.

그런데 이번 연도에 학업과 병행해서 편입을 한다면 너무 좋겠지만 넘쳐나는 과제와 2학기에 있을 졸업작품전까지, 과연 제가 편입영어에 올인(all in)할 수 있을 지가 너무 걱정이 됩니다. 졸업을 하고 1년 동안 편입

영어에만 집중을 해야 되는 건지 아니면, 취업할 수 있는 기회가 온다면 취업을 하고 나중에 학사를 따야 하는 것인지 걱정이 많아집니다.

편입을 성공함과 동시에 영어회화를 포함한 여러 방면으로 공부해서 실력을 탄탄하게 쌓고 싶습니다. 제가 지금 생각하는 게 너무 어리석다고 생각되시나요?

부모님께서는 '전문대에 왔으면 취업을 해야지'라고 생각하시거든요. 학사도 학사지만 저는 좀 더 공부를 하고 싶은 생각에서 편입을 하고 싶은 거라 부모님의 말씀도 이해는 합니다. 중학생 때 미술을 포기하고 공부를 안 해 지금 상황에 온 것을 보면서 다신 후회할 일을 만들고 싶지 않습니다. 제가 생각하는 게 옳은 방법인지 아니면 다른 방법이 또 있는 것인지가 너무너무 궁금합니다.

또 실패할 것같이 불안한 S양

봄이 오는 것 같기는 한데 메일의 분위기는 좀 냉정해야 할 것 같습니다. 일단 전문대 졸업자의 신분으로는 본인이 하고 싶어 하는 '냉정하게 분석하고 트렌드를 읽으며 의상판매를 기획하는 쪽'에서 일을 하기란 그리 쉽지가 않습니다. 그 일을 하시려면 학력을 키우셔야 합니다.

일은 하고 싶다고 하는 게 아니라 할만 해야 할 수 있는 겁니다. 본인이 희망하는 일은 사회 통상적으로 전문대를 졸업한 학력자에게, 더군다나 학점, 글로벌한 역량, 디자인 능력, 프로그램 운영 능력이 없는 사람에게는 확률적으로 거의 주어지지 않는 일입니다. 그런데 그나마 학교 수업에 흥미까지 없다면 꿈을 빨리 바꾸시거나 뭔가 조치를 해야 하지 않을까요? 특단의 대책이 필요해 보입니다.

편입을 생각하고 있다고는 하는데 어쩐지 말투에 학업과 병행해서 편입을 생각하는 것에도 영 자신감이 없어 보입니다. 본인이 스스로 계획을 짜면서도 스스로 자신없어 한다면 이게 나중에 어떻게 되겠습니까? 오히려 제가 걱정이 됩니다.

졸업하고 1년 동안 편입 영어에만 집중하면 잘 될 것 같습니까? 자신 있어요? 그렇게 해서 어느 정도의 대학으로 편입할 수 있을 것 같나요? 10위권은 자신 있나요?

개인적으로는 아직 공부를 더 할 마음의 준비가 안 되어 있고, 왜 필요한지도 아직 잘 실감 못하는 것 같습니다. 이럴 때 제일 좋은 것은 취업을 하는 것인데, 지금의 조건으로 취업이 될지 모르겠습니다. 준비를 많이 한 4년제에 학점이 3.8~3.9점이 되고 탁월한 영어에 대외활동 많이 한 사람들도 힘들어서요. 아무튼 가능하다면 지금 상황에서는 취업이 제일 좋아 보입니다.

본인이 바라는 '편입을 성공함과 동시에 여러 방면으로 공부해서 실력을 탄탄하게 쌓고 싶다.'는 것은 제가 보기엔 별로 의미가 없어 보입니다. 그걸 바라지 않는 사람은 아무도 없거든요. 문제는 그걸 실행하는 사람이 극소수라는데 있습니다.

생각하는 것은 전혀 어리석지 않습니다. 생각만 하고 행동하지 않는 게 어리석은 거죠. 패션MD를 위해서의 편입은 '좀 더 공부를 하고 싶은 생각'이라는 고상함이 아니라, '생존'을 위해서 필요한 과정이라고 생각합니다. 우리나라 대기업의 경력 기준은 4년제 학사가 기본입니다. 그러니까 요즘같이 학력 인플레이션이 심한 시대에 전문대 졸업자는 대기업 입장에서 입사와 진급을 위한 냉정한 필요충분조건에는 부족하다는 얘깁니다. 취업뿐만 아니라 그 후의 진급을 위해서라도 공부는 좀 더 하는 것이 좋겠습니다.

사람들이 어리석어서 방통대를 다니고 야간대학을 다니는 게 아닙니다. 또한, 제가 아는 소위 잘나가는 회사의 잘나가는 패션MD들은, 대부분 유학을 갔다 오고 대학원을 마쳤거나 혹은 대학원을 어떻게든 가려는 사람들이 대부분입니다.

정신 똑바로 차리고 마음을 좀 가다듬을 필요가 '정말' 있어 보입니다. 정확하게 현실을 보시고 본인이 가고 싶은 길을 냉정하게 보고 본인의 수준을 판단하시기 바랍니다. 인생이 절대 녹록하지 않습니다.

인생을 아주 조금더 경험한 멘토가

법학과를 졸업하고 인턴을 통해 정직원이 되기 위한 취업기

안녕하세요. 동생이 강연을 듣고 강력 추천하여 블로그를 방문하고 구경하고 갑니다. 진심으로 일을 사랑하고 아픈 청춘들에게 조언을 주고자 하는 모습에 감동받아 저도 조언을 얻고자 글을 남깁니다.

저는 ○○여대 법학과를 졸업하고 바로 남들이 부러워하는 글로벌 1위 제약회사 영업직으로 입사하였으나, 졸업불가로 3개월 만에 퇴사했습니다. 다행히 2달 만에 바로 다른 일본계 제약회사 채용전제 인턴으로 뽑혀 6개월간 정말 하루도 허투루 쓰지 않고 온 몸을 바쳐 일했지만, 본사 방침으로(지진) 7명 중 2명만 정직원으로 채용되고 나머지는 탈락하였습니다. 그래서 9월부터 다시 공채에 도전하였으나 낮은 학점 때문인지 서류 통과도 안 되었습니다.

그나마 제약회사의 경력 때문인지 국내 중견제약회사 마케팅 신입으로 최종 합격하였으나 다른 기업 면접(SI업체)과 겹쳐서 과감히 포기하였습니다. 하지만 갑자기 최종에서 IT전공이 아니어서 6개월간 또 인턴을 한 후에 정직원 전환을 고려한다고 하는데 지금 입사한 지는 한 달이 되었습니다. 대기업 계열이라는 이름값 때문에 국내 제약회사 마케팅 정직원을 포기했지만 너무너무 후회가 됩니다.

이제는 인턴이라면 지긋지긋하고 또 6개월 후에 어떻게 될지 모르는 제 상황이, 하루하루가 정말 마음이 지옥입니다. 그만두고 과감히 이번 공채에 올인해야 하나 아니면 IT, 금융영업이라는 분야는 여자가 거의 없다고 하는데, 이 험난한 분야에 올인해야 하나 암담하기만 합니다. 조언 주시면 정말 감사하겠습니다.

얻어 걸려 인연이 된 D양

답답함 마음이 그대로 전달이 되는 것 같습니다. 결론부터 말하면, 저라면 지금 다니고 있는 회사에 올인해야 할 것 같습니다. 지금 글로 보이는 본인의 직업관은 직무보다는 직장에 더 집중되어 있어 보입니다. 그렇다면 본인에게는 인턴을 털어내는 것과 더불어 어디든 정규직으로 직장에 들어가는 것이, 제일 우선순위가 되기 때문에 또 다시 환경을 옮기는 것보다는, 지금 직장에서 인턴을 마감하는 것이 좋겠다고 생각됩니다. 그래도 있었던 곳에서 뭔가를 해내는 것이 좋으니까요.

LG○○면 좋은 회사입니다. 공채로 또 마음을 흔들지 말고 지금 직장에 집중하시는 것이 좋겠습니다.

더군다나 요즘 IT, 금융영업 분야는 여성이 세일즈에 많은 역량을 보여주는 곳으로 알고 있습니다. 제 집사람도 세일즈와 마케팅(해외영업)을 하는데 정말 경쟁력이 있습니다. 도전해 보실 충분한 가치와 희소성까지 있고, 자리만 잡으면 탁월한 경쟁력을 가질 수 있습니다.

속상하게 듣지 마세요. 일본 지진처럼 어쩔 수 없는 경우가 있기는 하지만 대부분의 경우, 인턴이 인턴으로 그치는 데는 본인의 태도에 문제가 있는 경우가 많습니다. '천상' 인턴처럼 행동하는 마음가짐과 태도가 결국 본인에게 부메랑이 되어서 돌아오는 겁니다. 당장 다음 주 월요일부터 본인이 정직원인 것처럼 마음먹고 눈치 보지 말고 후배사원으로서 선임들을 섬기는 마음으로 대한다면, 다른 결과가 생길 겁니다. 다른 미래를 만들 수 있는 것은 지금 다르게 생각하고 다르게 행동하는 것 말고는 전혀 없습니다.

이전과 다른 결과를 원한다면 요행을 바라지 말고, 재수가 없어 당했다고 생각하지도 말고, 원인을 본인에게 찾아서 첫째 본인이, 둘째 지금 즉시, 셋째 이전과 다르게 행동하시기 바랍니다.

인풋(in-put)이 달라지지 않으면 아웃풋(out-put)도 달라지지 않습니다.

강추 당한 멘토가

중학교 2학년에 재학 중인 여학생의 패션MD되기

안녕하세요. 저는 지금 제주도에 살고 있는 중학교 2학년 학생입니다. 요즘에 진로에 대해 많이 고민을 해서 인터넷을 돌아다니다 보니까, 선생님 블로그가 있어서 이렇게 방문하게 되었습니다. 저는 패션 쪽에 종사하고 싶어서 미용고를 진학하려고 했는데 엄마가 안 된다고 하시고, 그래서 저도 상상을 해봤는데 '손님에게 머리를 해주었는데 스타일이 마음에 안 든다고 뭐라고 하면 어쩌지'라는 생각을 해보니 저와는 안 맞을 거 같기도 합니다.

저는 패션을 좋아하고 관심도 많아서 꼭 패션 관련된 일을 하고 싶습니다. 그런데 저는 공부도 그렇게 잘하지도 않고 좋아하지도 않습니다. 그래서 패션브랜드 마케팅에 관심을 가져서 질문을 드리겠습니다.

패션머천다이저가 되려면 어떤 학과를 들어가야 되는지 이떤 노력을 해야 하는지 좀 알려주셨으면 합니다.

아름다운 제주도에 기대되는 J양

반갑습니다. 제주도 학생이군요? 중학교 2학년이라고요. 사람들의 머리를 만져주는 '미용고'는 공부 못하고 좀 하기 싫어해도 갈 수 있을 것 같습니다. 그건 단순한 기능을 가르치는 곳이니까요.

그런데 패션머천다이저가 되려면 공부를 잘하는 과를 가야 합니다. 공부를 못해서는 갈 수가 없습니다. 구체적인 학과는 서울 사대문 안에 있는 경영학과와 전국에 있는 패션관련학과가 제일 유리합니다. 물론 다른 과들도 좋지만 대부분 상경계통이나 사회과학 계열의 과들이 유리합니다. 아님 유학을 가는 방법도 있습니다.

그러니까 지금 J양이 앞으로 패션에 관련된 일을 하기 위해 해야 하는 노력은 공부에 취미를 붙여서 공부를 잘하는 것 말고는 없습니다. 지금 하는 공부는 그냥 공부가 아니라 세상을 이해할 수 있는, 세상에 적응해 나갈 수 있는 방법을, 습득하고 마음의 수양을 기르는 과정입니다. 수학에서 sin, cos, tan, 루트, 3차 방정식, 근의 공식, 순열, 조합 등 이런 게 살면서 얼마나 필요하겠습니까? 몇 번이나 쓸까요? 거의 필요 없지만 배우는 이유는 사고하는 법을 깨우치기 위해서입니다.

지금 세상은 '생활의 달인' 정신으로는 입에 풀칠만 하면서 살 수 있습니다. 하지만 '생각의 달인'들은 마음껏 즐기면서 살 수 있습니다. 그 사람들은 남들까지 먹여 살려요. 몸으로 하는 일을 하면 먹고 살 수 있습니다. 기업을 이룬 사람들도 있지만 대부분은 먹고만 살아요. 남은 먹일 수 없고 겨우 자기와 식구들을 먹일 수 있을 만큼 삽니다. 하지만 생각의 달인들은 남까지 먹여 살리고 심지어는 나라까지 먹여 살립니다. 어떤 사람이 될지는 J양이 선택하는 겁니다. 먹고만 살거냐, 먹이면서 살거냐?

저도 공부 싫어요. 그런데 지금도 매일 영어공부하고 일하면서 대학원에서 매주 3일씩 강의 듣고 이렇게 온라인에서 상담까지 해주죠. 책도 쓰고 대학에서 강의도 합니다. 생활의 달인이 아니라 '생각의 달인'이 되려고 하기 때문입니다.

공부에 재미를 붙이는 노력을 하세요. 지금은 패션마케팅 이런 거 생각하지 말고 내신과 공부에 집중할 때입니다. 중2인데 벌써 공부가 재미없어지면 분명히 인생 자체가 재미없어 집니다. 평생 제주도에서 벗어나지 못합니다.

제주도의 두루치기를 좋아하는 멘토가

디자인영상학부에 입학한 남학생의 패션바잉MD되기

안녕하세요. 저는 이번에 ○○○대 디자인영상학부에 진학하게 될 ○○○이라고 합니다. 다짜고짜 연락드린 점 정말 죄송합니다. 단순 인맥이나 쌓고자 하는 바람이 아니라, 어렸을 때부터 패션 쪽에 관심이 많았고 이제까지도 그 마음 변치 않고 있습니다. 그만큼 열정도 넘치고 패션을 위해서라면 뭐든지 할 자신이 있습니다. 다름이 아니라 MD를 꿈으로 정한 뒤로 무엇을 하는 직업인지 정도만 알았지 자세한 계획을 못 세워 왔습니다. 하지만 이번에 네이버 지식인에 답해주신 글을 읽고 많은 도움이 되었습니다.

제게 '정확히 하고 싶은 것이 무엇인지 정하라'고 하셨는데 저는 바잉

MD가 되길 희망합니다. 저는 남들처럼 술이나 마시고 놀면서 아까운 20대를 보내고 싶진 않습니다. 물론 전혀 안 한다 그러면 서삿말이겠죠. 하지만 좀 더 빨리 경력을 쌓고 좀도 심화된 공부를 하면서 꿈을 이루고 싶습니다. 더 이상 옷을 사기만 하는 사람이 아닌 팔고 싶은 사람이 되고 싶다는 말씀입니다. 그러나 제가 속해있는 학과는 제 꿈과 약간에 거리가 있습니다. 하지만 재수나 반수할 생각은 없습니다. 그냥 여기서 최대한 패션스쿨 쪽으로 가서 패션에 대한 지식 쌓고 싶습니다.

어려서부터 패션쪽 일만을 바라보고 달려왔습니다. 비록 성적에 맞추어 희망과 다른 과를 오긴 했지만 이제 20대에 들어온 저로서는 늦지 않았다고 생각합니다. 설령 늦었다 하더라도 남들보다 몇 배는 노력할 것입니다. 막연한 꿈을 좇는 사람이 되지 않게 도와주셨으면 합니다.

앞으로 제가 어느 방향으로 갔으면 하시는지 알려주시면 감사하겠습니다. 부디 제 이름을 기억해 주십시오. 언젠가 최낙삼님 귀에도 들릴만한 훌륭한 사람이 되겠습니다.

벌써부터 기대되는 R군

패션바잉MD가 되려고 하는가 봅니다. 아주 좋습니다. 이제 1학년이면 충분히 되실 수 있습니다. MD되는거 어렵지 않습니다. 하지만 막연한 기대와 상상은 금물입니다. 우선은 직업에 대한 실체를 알 필요가 있습니다. 대부분의 사람들이 MD에 대한 막연한 기대와 동경, 특히 바잉MD의 경우 '해외에 많이 나간다', '외국과 교류를 한다'는 아주 피상적인 것들만 보고 부러워하는 경우가 너무 많습니다. 심지어는 자기 돈 안 들이고 해외에 나가서 '쇼핑을 할 수 있다'라는 것에 의미를 두는 사람들도 있어서 완전 헛다리를 짚는 경우 또한 많습니다.

첫 번째 할 일은 우선 영어를 해야 합니다. 바잉MD가 되려고 한다면 가능하면 해외에서 공부할 수 있는 기회를 얻는 게 좋습니다. 굳이 내 돈 들이고 유학을 안 가도 됩니다. 나랏돈이나 학교 돈으로 다녀오는 방법도 많습니다. 영어공부는 토익으로 공부하지 마시고 토플이나 아이엘츠(IELTS)로 공부하세요. 목표는 토플IBT 100입니다.

두 번째는 경험을 쌓는 일인데, 우리나라에는 KOICA를 비롯한 해외단기 봉사단체들이 있습니다. 거기를 이번 여름방학 전부터 알아보셔서 글로벌 네트워크를 가진 해외봉사활동 단체에서 경험을 쌓아보는 겁니다. 지금 아니면 하기 어려우니까 올 여름이든 아니면 언제가든 방학 동안에 한번 거길 다녀오세요.

바잉MD에게 필요한 것은 안목으로 단기간에 넓혀지지 않습니다. 한국에서 봉사하는 것도 좋지만 글로벌한 감각을 갖춘 사람은 기업에서도, 다른 곳에서 모두 좋아하겠죠? 학점 관리도 잘 해야 하는데 동아리 활동을 패션마케팅과 관련된 동아리 활동을 하시되 학생으로서의 기본인 학점에 더 많은 신경을 쓰기 바랍니다. 3~4학년 때에는 모두가 몰리니까 지금부터 절대 B학점 이하가 나오지 않도록 하시기 바랍니다. 학점, 영어, 대외활동, 동아리의 균형을 지금부터 차곡차곡 쌓아가는 겁니다.

제가 시킨 것이 아니라 본인이 하겠다고 했으니 분명히 할 수 있을 것이라고 봅니다.

시키는 대로 이름을 기억해 버린 멘토가

지방분교 3학년에 재학 중인 여학생의 리테일MD되기

안녕하세요. 블로그를 통해 정보를 얻다가 저도 조언을 듣고 싶어 이렇게 메일을 보냅니다. 저는 지방분교 타 전공 3학년에 재학 중인 여대생입니다. 그리고 내세울만한 건 관광아이디어 공모전에서의 수상 경력이 있습니다. 저는 상품기획MD를 하고 싶은데요. 그 중에서도 식품이나 관광, 여행상품MD를 하고 싶습니다.

이번 학기에 타 전공수업을 들으면서 어떠한 상품을 개발하는 것에 흥미를 느꼈습니다. 그러나 이곳으로 진로를 정하다 보니 무엇을 어떻게 시작해야 할지를 모르겠습니다.

1. 저는 내년에 바로 졸업할 예정입니다. 그러나 관련업체에서 아르바이트를 해본 적이 없고, 해 본 것이라고는 호텔 서빙이나 안내, 식당 아르바이트 정도밖에 없습니다. 취직 전 관련업체에서 아르바이트를 해보는 게 좋을까요?

2. 관련 자격증 취득이나, 어떠한 부분을 잘하면 좀 더 우대받을 수 있을까요? 관련 공모전을 더 많이 해봐야 할까요?

3. 저는 영어를 잘하지 못합니다. 회화는 조금하지만, 토익점수 600~700입니다. MD라는 직업은 영어도 잘해야겠죠? 잘해야 한다면, 어느 정도 해야 할까요?

4. 외람된 질문일 수도 있지만 제가 잘하는 것과 제가 좋아하는 것, 어떤 것을 추구하면서 살아야 할까요?

5. 마지막으로 MD라는 직업은 무엇을 우선시해놓으면 더욱 도움이 되고, 우대될까요? 선생님이 생각하는 MD에 대한 베스트 5가지를 말씀해 주신다면, 저 말고도 많은 젊은 분들에게 도움이 되리라 생각합니다.

마음 놓고 질문을 해 준 J양

처음부터 좀 잔소리가 나갈 것 같습니다. 지방분교라는 말까지는 알겠는데, 타 전공이라는 말이 뭔가요? 무엇에 대한 '타'입니까? 혹시 본인의 전공이 '타'입니까? 수상한 '관광아이디어 공모전'은 주최가 누구였고 언제 받았는지, 무엇에 관한 아이디어를 공모하는 것이었는데 무엇으로 받았는지, 대상인지 입선인지, 거기에 따라서 당연히 실력에 가치 판단이 달라지지 않을까요? 지금 3학년인데 이런 식으로 본인을 설명하면 누가 본인에 대해서 이해를 하고 조언을 해줄 수 있겠습니까? 내가 보기엔 지금 본인 코가 석자인데, 남을 위한 질문까지 신경을 쓰다니 조금 이해하기 어렵네요.

상품기획MD를 하고 싶고 그 중에서도 식품이나 관광, 여행상품MD를 하고 싶다고 했는데 여기에 대한 답을 고민해 보려면 본인의 전공과 배경에 대한 정보가 좀 더 필요합니다. 또 식품과 관광은 동떨어진 영역입니다. 그러니까 두 가지를 한번에 포커싱하는 것은 본인에게 부담이 될 겁니다. 두 영역 중에 하나로 정리를 하는 것이 쉬워 보입니다.

지금은 모든 회사들이 현장 경험이 있는 사람을 선호합니다. 그게 인턴이라는 말로 표현이 되는 것이고 업무 관련 자격증 보유자라는 말로 표현이 되는 것이고요. 오죽하면 '스펙 6종 세트'라는 것에 인턴과 자격증이 들어 있겠습니까. 물론 어떤 자격증이냐에 따라 그 가중치는 다를 수 있을 겁니다. 하지만 남들 놀 때 열심히 공부해서 일정한 일을 수행할 수 있는 자격이 검증된 사람이라면 회사에서 충분히 좋아할 겁니다.

토익점수 600~700점은 모자란 점수입니다. 지금 기업에서 채용하는 수준이 720점에 스피킹 레벨 6 정도로 이건 평균이고, 최저는 680에 레벨 5 정도로 알고 있습니다.

본인이 잘하는 것과 본인이 좋아하는 것 중에 어떤 것을 추구하면서 살아야 하는 지는 사람마다 다르게 평가할 수 있겠지만, 저는 좋아하는 일을 하면서 사는 것이 좋다고 생각합니다. 좋아하면, 지금은 잘 못해도 계속하면 잘하게 되어 있거든요. 하지만 아무리 잘해도 싫어하는 일은 하면 할수록 짜증이 나니까 오래 할 수 없게 될 가능성이 높습니다.

마지막 질문에 대해서는, 본인의 앞날이 궁금한 거 아닌가요? 전체적인 질문의 깊이나 방향을 볼 때 J양은 다른 사람 신경 쓰기 전에 본인부터 뭐가 진짜 궁금한지, 뭐가 필요한 지를 챙기는 게 우선인 것 같습니다.

3학년이면 어린 나이 아닙니다. 시간 진짜 금방 가요. 자기 인생에 대해서 자기가 고찰하고 고민하지 않으면 누가 대신해 주나요? 키보드판을 두드리는 마음이 편하지만은 않습니다.

4학년 되기 전에 본인의 꿈에 대한 직접적이면서 직설적인 아주 냉정한 고찰이 필요해 보입니다.

대답을 하다가 흥분해버린 멘토가

시각디자인을 전공한 25세 여학생의 기획MD되기

안녕하세요. 늘 올려주신 좋은 글을 재미있게 읽고 있는 구직자입니다. 저는 25살 여학생으로 지방 사립대를 이번 2월에 졸업하였습니다. 제가 시각디자인 전공이긴 한데 원래 패션에 관심이 많습니다. 대학시절에도 연극동아리에서 의상 파트를 담당하기도 했고 방학 때에는 재봉학원을 다니고 컬러리스트 자격증을 취득하기도 했습니다. 지난번 방학에는 현직 패션컬러리스트로 일하시는 분에게서 패션컬러기획의 전반적인 과정을 배웠습니다.

영어는 한 학기 미국 교환학생 다녀와서 토익은 940이고 학점은 3.8입니다. 교내 디자인 연구소에서 6개월간 일을 하였는데, 이것은 교내라서 경험으로 인정해주지 않는 것 같더라고요. 사실 취업을 준비하면서 패션 쪽에서 일하고 싶은 욕심을 버리지 못한다면, 어떤 길이 있는지 생각도 많이 했습니다. 그리고 위의 패션컬러리스트라던지, 패션VMD라던지, 패션MD까지 '나는 어떤 것을 하고 싶고 할 수 있는 것인가?'에 대해서도 고민하였습니다. 패션MD는 상경계열을 우대하는 경우가 많더라고요.

제가 패션MD가 되고 싶다면 어떤 준비를 해야 하나요? 사실 지방에 살아 힘들긴 하지만 서울의 MD학원을 다녀야 하는 것인지 혹시 패션머천다이징 자격증을 취득하는 것도 도움이 되는지요?

열심히 서류를 넣고서 기다리다가 이렇게 도움의 말씀을 청합니다.

봄 같은 좋은 소식을 더불어 기다리게 하는 S양

제가 보기에 패션MD가 되기 위해서 준비는 이미 하실 만큼 하신 것 같습니다. 학점도 영어도 전공도 문제없어 보입니다. 그런데 메일을 통해서 느껴지는 것은 본인이 패션MD가 되려는 명확한 의지가 4학년 치고 어째 좀 충만해 보이질 않습니다. 정말 원하고 있는 건가요?

그렇다면 그것을 좀 더 명확하게 하실 필요가 있어 보입니다. 그냥 '한 번' 해 보려고 가 아니라, 정말 그것을 원하는 사람만 가지고 있는 열정이 보여야 합니다. 일반적으로 봐서는 크게 스펙이라는 부분에서도 기우는 것 같지 않습니다. 혹시나 제가 글에서 느낀 그런 감정이 지금까지 S양의 이력서와 자기소개를 받았던 사람들이 공통으로 느꼈던 것이 아닐까 하는 생각이 조심스럽게 듭니다. 입사에는 사실 여러 가지 복잡한 변수들이 있기 때문에 이 부분에 대해서는 딱 집어서 얘기를 해 줄 수가 없습니다.

학원 얘기를 했는데 서울에 있는 MD학원을 다닌다면 당연히 취업과 업무를 이해하는데 도움이 됩니다. 비싸지만 나름 취업에 도움이 되는 것은 사실이라는 얘깁니다.

이미 2,000여 명이 넘는 사람들이 교육과 함께 취업의 기쁨을 누렸지만 다닌다고 해서 취업을 보장하는 것은 아닙니다. 더욱이 S양이 원하는 바로 그 직장을 구해준다는 것은 있을 수 없는 일이기 때문에 충분히 과정과 결과를 예측하고 결정을 할 필요가 있습니다.

투자해야 하는 시간과 비용이 적지 않기 때문에 이 부분은 아쉽지만 결국 본인이 의도를 가지고 그 기준에 맞게 의사결정을 해야 합니다. 자료를 찾아보니 2012년에 우리나라 30대 그룹의 보통 요즘 신입직원들을 보면 전공에 관련된 것 하나, IT에 관련된 것 하나로 자격증이 2개라고 합니다. 패션마천다이징 자격증을 가지고 있으면 공부를 했으니 도움은 받으실 겁니다. 하지만 그것이 취업을 보장하는 것은 아닙니다.

대학시절 연극동아리에서 시작한 의상 파트 일, 방학에 재봉학원을 다닌 일, 컬러리스트 자격증 등을 취득했던 이유와 과정, 그 안에서 배운 것과 느낀 것을 잘 정리하면 자기소개서가 더 풍성해질 것 같습니다.

현직에 계신 패션컬러리스트에게 배운 것들도 잘 모아두고 시행착오를 경험해서 자기 것으로 만들어 놓으시기 바랍니다. 본인이 경험한 교내 디자인 연구소 활동도 좀 더 디테일하게 쓴다면 충분히 본인을 다르게 보이게 하는 '꺼리'가 될 것이라고 생각합니다. 그런 의미에서 본다면 제 생각에는 원서만 잘 써도 될 것 같은데 혹시 눈이 너무 높아서 우리나라의 대표적인 패션 대기업만 골라서 쓰고 있는 것은 아닌가요?

중소기업을 통해서도 분명히 자아를 실현할 수 있다고 믿는 멘토가

고시공부하다 돌아선 행정학과 여학생의 MD되기

저는 27세로 ○○대학교 도시행정학과 4학년에 재학 중인 ○○○이라고 합니다. 지난 2년 여간 고시공부에 집중하다 그것을 그만두고 현재 MD로 진로를 잡았습니다.

제가 액세서리를 사면 친구들이 따라서 구매하는 경우가 많았고, 옷을 사러 갔을 때도 빠른 시간 내에 예쁜 옷을 잘 고른다는 이야기를 친구들에게서 자주 들었습니다. 또 저희 이모님들이 동대문 근처에서 의류 공장을 운영하셔서 많은 샘플들과 옷의 탄생 과정을 어렸을 때부터 가까이서 지켜본 것이 제 선택에 큰 영향을 미친 것 같습니다.

여쭙고 싶은 것은 물론 스펙이 충족되고 운이 좋아 이랜드나 코오롱 같은 의류 회사에 MD로 취업이 되면 가장 좋겠지만, 스펙이 부족하기도 하고 저 개인적으로 판매직을 일차적으로 겪어보고 싶다는 열망이 굉장히 크다는 것입니다. 현재 루이비통 코리아에서 채용 공고를 냈고 그것을 신청한 상태입니다.

여기에서 제가 매장 슈퍼바이저 직무에 운이 좋게 채용이 된다면 앞으로 제 커리어가 어떻게 펼쳐질 수 있을까 하는 걱정이 생겨서 문의 드립니다. 무엇보다 자유롭고 자신감 있는 생각을 가로막는 것이 제 나이이기 때문입니다. 조그마한 회사라도 들어가서 한 살이라도 어릴 때 MD의 직함을 다는 것이 현명한 것인지, 1~2년 정도 판매업을 경험해 보는 것이 장기적으로 보았을 때 현명한 것인지 선생님의 고견을 여쭙고 싶습니다.

고시원으로 돌아갈 일이 없기를 바라는 J양

이왕 이렇게까지 연락이 된 거 그냥 확 펼쳐서 얘기해 보죠. 본인은 지금 어떤 요행이 생겨서 이랜드나 코오롱 같은 어패럴 제조회사에 입사가 될 지도 모른다고 생각하는 것 같습니다만, 객관적으로 볼 때 본인의 현재 전공이나 스펙으로 보기에 본인이 희망하는 이랜드나 코오롱 같은 의류회사의 기획MD로 입사할 수 있는 확률은 거의 없습니다. 99% 불가능하니까 이 부분은 생각을 정리하는 게 좋겠습니다. 판매직을 겪어보고 싶다는 생각은 아주 잘한 생각이라고 봅니다. 그럼 본인이 궁금해 하는 즉, 매장 슈퍼바이저 직무에 운이 좋게 채용이 된다면 어떻게 될까?

우선은 판매직으로 빠질 가능성이 제일 높습니다. 판매에 대한 이해와 경험이 MD에 있어 중요하다는 것은 말할 것도 없습니다. 하지만 수입브랜드의 경우는 완전히 달라서 본인이 아무리 판매사원으로 입사를 해서 슈퍼바이저로 승격이 된다고 해도, 진짜 별일이 아니고서는 본인이 루이비통의 MD가 되는 일은 결코 없을 겁니다. MD와 함께 상품을 선정하러 출장을 갈 수는 있을 겁니다. 제가 17년 MD생활을 하면서 루이비통에서 판매사원을 하던 사람이 슈퍼바이저가 된 다음에 본사MD가 되었다는 소리는 아직 못 들어 봤거든요. 수입브랜드 판매직으로 시작하면 계속해서 수입브랜드 판매직으로 남는 것이 제일 일반적입니다.

개인적으로는 본인이 패션어패럴 부분에 MD가 되고 싶어한다면, 루이비통에서의 판매 경험은 없는 것보다 도움이 되겠지만 특별한 도움이 될 것 같지는 않습니다. 루이비통은 대표적인 셀러마켓 상품으로 굳이 팔지 않아도 되는 상품이고 제조사가 원하지 않으면, 심지어 고객에게 상품을 팔지 않는 일까지 하는 제품이기 때문에 일반적인 바잉마켓과는 아예 구조가 다르고 마케팅의 방법도 다릅니다. 그래서 개인적으로는 굳이 루이비통 같은 곳이 아닌 소규모 회사라도 빨리 들어가서 한 살이라도 어릴 때 MD의 직함을 다는 것이 현명한 일이라고 생각합니다. 그렇다고 아무데나 들어가면 안 됩니다.

작지만 특징이 있는 회사를 골라 들어가셔야 합니다. 한번에 가면 좋겠지만 세상에는 돌아가는 방법도 있으니까 목표를 바로 정하고 가는 것이 좋겠습니다. 1~2년 판매직을 하는 것도 나쁘지 않습니다. 하지만 목표에 맞아야 한다는 겁니다.

루이비통에서 판매직을 수행하면 다른 의류 브랜드보다 폼은 좀 더 나겠죠. 하지만 이는 정작 본인이 되려고 하는 MD와의 상관성에 대해서는 깊이 생각을 해봐야 합니다. 필요한 행동인지 아님 목표와는 상관없는 필요 없는 행동인지, 잘못하면 폼 잡느라 아까운 시간이 그냥 가기 때문입니다. 세상의 모든 일은 목표가 무엇인지에 따라서 달라지는 것이니까, 먼저 목표를 분명히 하는 것이 좋겠습니다.

루이비통을 별로 안 좋아라 하는 한 때 명품MD였던 멘토가

2) 유학 중인 사람들의 문제

호주에서 패션머천다이징을 전공한 여성의 바잉MD되기

선생님, 안녕하세요. 저는 외국에서 머천다이징학과를 졸업하고 작년 7월에 한국으로 들어왔습니다. 미국 FIT가 아닌 호주 대학의 Fashion Merchandising을 졸업했고, 30세가 되어 한국에 들어왔더니 좀 핸디캡이 있습니다. 물론 다른 부족한 점들이 있어서일 수도 있지만 작년 하반기 공채에 실패했습니다. 저는 호주에서 주얼리 VM 및 판매원으로 2년 정도 일한 경력이 있습니다.

그러다가 지난 11월에 개인이 하는 작은 편집샵의 바잉MD로 입사하게 되어 일을 하고 있는데요, 확신이 잘 서지 않아서 불안합니다. 우선 규모

를 떠나 너무 체계가 잡히지 않은 근무환경 때문에 과연 경력이 될 수 있을 지 걱정입니다.

현재 하고 있는 업무는 바잉업무로 신입이지만 사장님께서 영어문제로 바잉 시 제가 함께 동행을 합니다. 그리고 수입에 관련된 무역업무, 업체들 관리, 이메일 업무가 주 입니다. 그 외에 예산안 잡기, 가격 책정 등이 있습니다.

문제는 MD라고 직함을 달고 있는 사람은 저 혼자이고 알아서 다 해야 하는데 과연 제가 잘하고 있는 것인지 아니면, 맞게 가고 있는 것인지 모르겠습니다. 그리고 회사에 계신 모든 분들은 저 빼고 다 세일즈하는 분들이라 어디 물어볼 사람도 없습니다. 궁극적으로는 바잉MD가 하는 직무가 이런 것들인가 하는 의문이 너무 듭니다.

이제 고작 바잉MD로 3개월 일을 했는데 눈 딱 감고 1년 이상은 여기서 버텨야 할까요? 아님 이직을 시도해봐야 할까요?

호주에서 만났을 뻔했던 M양

규모를 떠나 '체계 잡히지 않은 근무환경'은 규모와 상관없이 대부분의 회사에 있는 일입니다. 어지간히 큰 회사도 다 같이 가지고 있는 문제이기 때문에 너무 민감하게 대응하지 않으셔도 된다는 의미입니다. 아시겠지만 모든 회사의 프로세스는 대개 비슷한데 거기에 얼마나 디테일하게 일을 하느냐는 것이 회사의 규모 차이라고 할 수 있습니다. 그렇다 보면 작은 회사는 어쩔 수 없는 한계가 있습니다.

지금 하시는 일은 글로만 봐서는 분명히 경력에 속하는 MD일이 맞습니다. 아무리 MD가 혼자라고 해도 회사가 잘 돌아가고 있고, 잘 팔리고 있고, 물건 잘 들어오고 있고, 사장님이 별 얘기 없다면 잘하고 있는 거 아닌가요? 회사에서 일을 배울 수 있는 환경이 되면 더 좋겠지만 지금은 사장님과 둘이서 결정을 하는 단계이니 오히려 더 도움이 될 수 있겠습니다. 그런 경우가 신입으로서는 좀처럼 얻기 힘든 기회니 오히려 잘 활용을 해보는게 좋겠습니다.

궁극적으로는 바잉MD가 하는 직무가 현재 M양이 하는 것과 '싱크로율 100%'라고 말하기는 어렵습니다. 업종마다 품목마다 조금씩 다르지만 큰 맥락에서는 비슷합니다. 눈 딱 감고 1년 이상은 버텨야 하냐고 물으셨죠? 답은 아닙니다. 1년 이상으로 모자랍니다. 최소한 3년입니다. 본인은 나이도 있기 때문에 지금 여기서 옮기면 무조건 경력으로 옮겨야 하는데 여기서 경력관리 잘못하면 큰 낭패를 봅니다. 2년 동안은 절대 이동 없이 계시고 3년째가 되면 그때 한번 다른 곳으로 눈을 돌려보시기 바랍니다. 지금은 아니에요. 나이 서른에 바잉MD 경력 3개월은 정말 아무런 의미가 없는 경력입니다.

세상의 모든 일은 다 비슷하게 어렵다고 생각하는 멘토가

일본에서 패션비즈니스를 전공하는 유학생의 패션기업 선택하기

안녕하세요. 저는 현재 29세에 일본에서 패션비지니스를 전공하고 있습니다. 주된 학교 수업은 시장조사부터, 기획생산, 매장구성에 관한 전체적인 틀을 배우고 있습니다. 물론 2년의 짧은 시간인 만큼 각 파트의 전문성은 떨어지지만, 전체적인 흐름에 대한 이해는 지금의 공부를 통해서 미약하나마 많은 도움이 되었다고 생각합니다. 그리고 최근에 고민이 생긴 게 있습니다.

취업문제에 두 가지의 성향이 틀린 기업에 대한 진로를 고민하고 있습니다. 일본의 어패럴기업의 월드(world)라는 회사가 있습니다. 전에 인턴에 참가해서 다양한 실무자들에게 3일간 취업을 전제로 한 공부를 했습니다만, 제 소양이 부족해서 취업까지는 이어지지 않았습니다.

그리고 현재 일본의 디자이너 브랜드로 최근에 파리 패션위크에서 활동하고 있는 존로렌스 설리반이라는 곳에서 프레스인턴을 하고 있습니다. 이쪽 브랜드는 10명 남짓의 조그마한 규모의 디자이너 브랜드이고, 월드라는 기업형 브랜드와는 배우는 것도 회사의 시스템도 천차만별인 것 같습니다. 여기서 저의 고민이 시작되었습니다.

사회의 초년생으로서 어떤 포지션에서 시작하는 것이 좋은 것인지, 또한 일본이라는 특수한 패션업계에서 디자이너 브랜드 쪽에서의 인적 네트워크를 늘리는 게 좋은 것인지 아니면, 대기업의 일원으로서 갑의 관계에서 업계 전체를 배워가는 것이 좋은 것인지, 취업을 앞두고 공부와 다르게 진로에 대한 고민은 제가 경험하지 못한 것이어서 미래를 두고 어떤 선택이 더 유효한지 고민입니다.

대기업에서의 일원으로 패션업계를 배워갈 것인지 아니면 디자이너 브랜드에서의 인적 네트워크와 전반적인 실무의 다양성을 배워가야 될지, 어떻게 해야 할까요?

좋은 기회의 가치를 마음껏 누리지 못하고 있는 J양

패션비즈니스를 전공하시는 것을 보아 리테일 패션기획MD나 패션바잉MD 쪽으로 생각을 하고 계시나 봅니다. 사회의 초년생으로서 시작하기에는 당연히 대기업이 좋습니다. 제가 해보니 더욱 그렇더군요. 지면상 다 말할 수는 없는 여러 이유 때문에 가능하면 큰 기업에서 시작하는 것이 좋습니다. 그래서 사람들이 다 대기업을 가려고 하는 거 아닐까요?

일본의 패션업계가 얼마나 특수한지 모르겠지만 제 생각엔 디자이너 브랜드 쪽에서 인적 네트워크를 늘리는 것은, 본인이 일본에서 사업을 하든지 자리를 잡을 생각이라면 모르겠지만, 그렇지 않고는 별로 특별할 것이 없어 보입니다. 어차피 사람들이 있는 곳이고 패션이라는 것이 뻔한데 얼마나 다를까요?

게다가 지금의 일본은 아무리 일본패션이라고 해도 일본에서 뭘 하기는 어렵잖아요, 어차피 글로벌로 나와야 하는데 일단 글로벌로 나오면 모든 시스템은 비슷해질 수밖에 없습니다. 그게 글로벌이니까요. 아무리 패션에 뛰어난 사람도 결국엔 자본과 묶이지 않으면 안 되고, 어느 나라고 패션디자이너는 홍보나 PR, 미디어와 떼려고 해도 뗄 수 없는 관계가 되기 때문에, 본인이 디자이너가 되어서 브랜드를 런칭하고 자기의 컬렉션을 만들 요량이 아니라면, 대기업에서 정상적인 프로세스와 기업 마인드를 익히는 것이 더 중요해 보입니다. 그런 면에서 저라면 당연히 월드입니다. 월드는 큰 회사고 좋은 브랜드들도 많이 가지고 있는 회사니 본인에게 좋은 경험이 될 것이고, 무엇보다 한국에 들어왔을 때 거기서 일했었다는 경험이 본인에게 큰 도움을 줄 겁니다.

일본도 좋아하는 멘토가

미국에 유학 중인 고등학교 2학년 학생의 패션MD되기

안녕하세요. 저는 평범한 고등학교 2학년 여학생이에요. 요즘 제가 진로를 정하느라 갈팡질팡 매일같이 고민하는 중에 도움 좀 받고 싶어서 메일을 드립니다.

저는 잠깐 한국의 학교를 자퇴하고 그냥 단지 영어만을 위해 10개월 간

미국에 교환학생 자격으로 온 상태입니다. 이번 5월말쯤 한국에 귀국하는데, 가자마자 복학해서 공부를 다시 열심히 하려고 합니다.

제가 패션MD라는 직업은 대강 알고 있거든요. 사람들을 설득하고 무엇보다도 패션 분야라는 게 더 끌리더라고요. 제가 평상시에 이런 쪽에도 많이 관심이 있었는지는 솔직히 잘 모르겠어요. 한편으론 거의 모든 여고생들이 다 패션 쪽에 관심이 있지 않느냐는 생각도 들어서 결정하기가 어렵고 쉬운 문제가 아니라, 질문을 드리게 되었습니다.

일단 패션MD에 대해서 많이 궁금한 상태입니다. 패션MD가 되려면 기본적으로 뭐가 필요한가요? 성적과 무슨 대학교에 무슨 과가 업계에서 알아주는지 그런 부분도 알고 싶습니다.

패션MD가 적어도 제 세대까지도 괜찮은 직업일까요? 무슨 성향을 필요로 하는 직업인가요? 또 이건 좀 무례한 질문이 될 수도 있겠지만, 현실적으로 궁금한 부분인 MD의 초봉, 연봉 이런 부분도 궁금합니다.

또 패션MD의 단점도 알려 주시면 좋겠어요. 장점만 알기보단 단점도 알아봐야 할 거 같아서요.

저는 제가 패션에 대해서 관심을 가지게 될 줄은 상상도 안 해 봤습니다. 날마다 선생님, 교수 이런 직업들만 생각해보다가 이런 흥미로운 직업을 제 친구가 조언해주는 바람에 알게 되었습니다. 제가 꾸는 꿈이 늦은 감이 있는 것은 아닌지 벌써 걱정이 되어 진심으로 메일 드려요. 저는 복학하면 고등학교 2학년 2학기로 다시 복학합니다.

ᴵᴵᴵᴵ 특별한 일로 미국에 머물고 있는 L양

메일 잘 받았습니다. 저도 딸이 있기 때문에 딸 가진 아빠 마음으로 답을 해드립니다. 패션MD가 되기 위해 기본적으로 필요한 것은 일단 대학에 적당한 과로 입학을 해서 공부를 하는 겁니다. 내신은 좀 어떤가요? 이제 고등학교 2학년에 인문계라면 내신이 좀 받쳐준다는 가정하에 알려드립니다. 패션MD가 될 수 있는 좋은 방법은 입학사정관제도를 이용한 수시입학이 제일 빠릅니다. 앞으로 제도가 어떻게 달라질지 모르겠지만 이 방법을 생각한다면 그래도 공부 좀 해야겠네요. 내신이 어느 정도는 되어야 중상위권 대학을 갈 수 있습니다.

미국에서 대학을 진학할 예정이 아니라면 지금은 '닥치고 공부'가 최선입니다. 그리고 조언한 대로 입학사정관제도를 활용할 것이라면 그에 따른 공부도 병행을 해야 하는데, 현재로서는 패션학원을 통해 별도의 배움을 가지고 포트폴리오를 만드는 것이 대안이 될 것 같습니다. 그게 아님 과외를 받아야 하는데, 이게 좀 비쌉니다. 학과와 계열에 대해서는 학교마다 좀 차이가 나지만 문과에서도 얼마든지 갈 수는 있습니다.

대학교에 대한 사항은 전문가이신 학교 선생님께 여쭈어보는 것이 좋겠습니다. 패션MD의 성향과 자질에 대해 특별할 것은 없습니다. 다만, 사람을 대하고 앞으로의 미래를 예측해서 뭔가를 결정해야 하는 업무의 특성상 상상력과 설득력, 사고력이 필요한 직업이죠. MD의 연봉은 회사마다 달라서 '얼마다'라고 꼭 집어서 얘기하기는 어렵습니다. 대기업을 기준으로 보면 높은 편은 아니지만 그렇다고 낮은 편도 아니고, 중소기업을 기준으로 보면 초기 연봉은 좀 낮은 편입니다. 하지만 가면 갈수록 급격하게 많아지는 구조입니다.

패션MD의 단점이라면 패션뿐 아니라 전 카테고리에 걸쳐서 패션에 관련된 일이 실무를 오래할 수 있는 직업이 아니라는 겁니다. 나이가 들면 점점 감이 없어지니까요. 직업의 특성상 밤낮 없이 일하는 사람들이 많고 성격도 까칠해 지고 신체상에 이상도 많이 생기죠. 치질, 변비, 과민성 대장중상, 탈모 등 달고 살게 됩니다. 하지만 어디 돈을 벌기가 쉬운가요? 남들보다 더는 아니고 그저 만큼만 어려운 것 같습니다.

초기에는 연봉이 작지만 나중에는 많은 연봉과 함께 자유를 누릴 수 있습니다. 무슨 사연이 있어서 L양이 거기까지 갔는지 모르겠지만 집중해서 영어 잘 배우고 건강하게 돌아오기 바랍니다. 꿈을 가지고 있고 그것을 키워가고 있다는 것은 매우 좋습니다.

하지만 먼저 해야 하는 것이 있다는 거 잊지 말고 차근차근 탄탄하게 밟아 오기 바래요. 그리고 무엇을 해도 영어는 중요하니까 지금 시간을 최대한 잘 활용하기 바랍니다.

아메리칸 드림을 꿈꾸었던 멘토가

27세 경영학과를 졸업한 ROTC출신 남성의 패션MD되기

안녕하세요. 제 상황에 비추어 봤을 때 가장 좋은 진로방향이 어떤 것일지 몇 가지 여쭤보려 합니다.

저는 ○○대학교에서 경영학을 전공했고, 졸업한 뒤 ROTC로 육군 중위 제대했습니다. 제대한 후 바로 어학연수 겸 인턴십을 하고자 현재 27세로 뉴욕에 온지 약 2개월 되었습니다. 원래는 금융권으로의 진로를 생각하고 있었지만, 제대 시점에서 MD, 특히 바이어로서의 업무에 크게 흥미를 느껴 결국 진로를 전면 수정하게 되었습니다.

뉴욕 현지에서 상담했을 때 많은 분들이 '넌 관련 경력이 전혀 없으니 먼저 뉴욕에서 패션 기업 인턴십을 도전해봄과 동시에, FIT나 Parsons에서 패션머천다이징이나 마케팅 쪽으로 석사를 밟는 것이 어떻겠니?'라는 말씀을 많이 하셨었습니다. 그런 과정을 마치고 나면 뉴욕에 더 훌륭한 회사들이 많고 많은 기회가 있으니 일단 패션공부를 하라고 했습니다.

그런데 사실 제 원래 계획은 인턴십을 마치고 바로 한국으로 돌아가 면세점MD(호텔신라 면세영업부, 롯데면세점, 워커힐)가 되기 위해 하반기 공채에 지원하는 것이었습니다. 실무경력을 3~5년 쌓은 후 여건을 봐서 위의 패션대학석사 과정이나 ESSEC의 럭셔리 MBA를 가려고 마음먹고 있었습니다. 여기서 몇 가지 질문을 드리겠습니다.

1. 제 나이와 상황을 고려했을 때 여기서 머물며 석사를 밟고 뉴욕 현지 패션브랜드 MD직으로 도전하는 것과, 바로 한국으로 돌아가 경력을 쌓는 것 중에 어느 것이 더 현명한 방안인지 궁금합니다.

2. 브랜드 기업(제일모직, 신세계 인터내셔날, 이랜드, SK네트웍스)과 면세점(호텔신라, 롯데, 동화, AK, 워커힐) 중에 어느 분야에서 바이어/MD경력을 쌓는 것이 패션 석사나 해외 본사에 이직을 했을 때 더 경쟁력이 생길 수 있을지 궁금합니다.

3. 제가 영어를 못하는 편은 아닙니다만, 네이티브 스피커 수준으로 끌어올리고자 노력 중입니다. 제 2외국어도 동시에 준비하려 하는데 중국어와 불어 중에 고민 중입니다. 중국어는 수요가 많기는 하지만 그만큼 많은 공급이 있어 희소성 측면에서 떨어지지 않을까요?

불어는 라틴계열이라 잘 배워두면 이탈리아어, 스페인어까지 확장할수 있다는 장점이 있고, 럭셔리 브랜드의 본사가 거의 파리에 위치하고 있는 만큼 바이어/바잉MD가 불어를 잘하면 더 많은 기회가 생기지 않을까 생각합니다. 어떻게 생각하시는지요?

제대로 럭셔리할 것 같은 ROTC K군

본인이 미국에 머물며 석사를 밟고 뉴욕 현지 패션브랜드 MD직으로 도전하는 것과, 바로 한국으로 돌아가 경력을 쌓는 것 중 어느 것이 더 현명한 방안인지는 제가 명쾌하게 조언을 해 주기가 어렵겠습니다. 제가 앞날을 보는 사람도 아니고 본인의 취향이나 성격, 상황을 단 몇 줄로 이해할 수도 없으니까요.

다만, 제가 말할 수 있는 것은 두 경우에 대한 효율과 비용, 투자 대비 어떤 결과를 기대할 수 있고, 보장받을 수 있느냐에 대한 조언 정도입니다. 잘 알겠지만 뭘 하든지 리스크는 따르는 법이니까 무조건 '이게 제일로 안전하다'라고 말할 수는 없음을 먼저 말씀드립니다.

기회와 여건이 된다면 저는 이미 미국에 있으니까 간 김에 미국에서 공부를 더 하라고 권하고 싶습니다. 현재 어떤 조건으로 있는지, 인턴을 하고 있는 것인지, 비자는 어떻게 받았는지 모르는 상태라 더 디테일하게 말하기는 어렵지만, 큰 테두리는 앞서 어떤 분들이 말한 것처럼 '뉴욕에서 FIT나 Parsons에서 패션머천다이징 석사를 하라'고 말하고 싶습니다.

하지만 실질적으로 패션기업 인턴십과 머천다이징 석사를 병행하는 것은 여러 가지 시스템과 공부의 진도상 쉽지 않을 겁니다. 한국인 기업이 아니고서는 전공도 하지 않은 사람에게 해당 분야의 인턴십을 맡긴다는 것도 말이 안 되고, 2008년 이후에 미국도 상황이 안 좋아서 자국민들도 취업이 쉽지 않은데 과연 외국인에게 기회가 있을까 싶어서요.

그러나 가능하다면 디자인이 아니라 머천다이징을 공부할 경우에는 학부에서 전공으로 배운 과목들이 학점은 인정이 될 테니 도움이 될 것 같고, 거기서 공부하고 한 2~3년 실무하다가 한국에 들어오는 것이 그림상으로는 제일 좋아 보입니다.

패션 석사나 해외 본사로 이직하기에는 브랜드를 가지고 있는 기업에서 일을 하는 것이 훨씬 배울 것도 많고 유리합니다. 면세점 바이어들은 특별히 한정된 전공도 없고 순환보직이라는 체계로 담당을 바꾸기 때문에, 회사 이름이 유명하다는 거지 실제로 업무 역량은 대부분 브랜드에 있는 사람들 보다 떨어집니다.

그냥 프로그램에 의해서, 시스템에 의해서 움직여지는 일이라고 보시면 됩니다. 제대로 공부에 필요한 일을 배우시려면 브랜딩을 하는 회사로 가는 게 맞습니다.

머천다이저로서 외국어를 결정할 때 알아두어야 하는 것은, 머천다이징의 핵심이 무엇인가를 아는 겁니다. 머천다이징은 결국 생산과 판매, 두 가지로 정리가 됩니다. 싸고 좋은 제품을 만들어서 비싸게 많이 팔면 아주 좋죠. 어떤 언어가 파워풀할까요?

언어는 영어와 중국어입니다. 불어, 이태리어, 스페인어는 하면 좋지만 기본은 영어이고 다음은 중국어입니다. 삼성이 왜 중국어 인재에게 가산점을 줄까요? 그만큼 필요하기 때문입니다. 왜 영어 잘하는 사람들이 지금도 철밥통일까요? 그만큼 영어를 잘하는 사람이 없기 때문입니다.

언제 시험 봐도 토플은 110점 이상 되고 중국어 6급 이상 유지해 주면, 나중에는 굳이 본인이 다른 언어 하려고 하지 않아도 다른 사람들이 본인이 제일 잘하는 한국어를 배우려고 할 겁니다.

행운과 건투를 기원하는 멘토가

캐나다에서 대학 수료 중에 탈락한 여학생의 MD되기

안녕하세요. 저는 캐나다 벤쿠버에 있는 ○○○에서 2년 정도 공부하였습니다. 캐나다 온지는 5년이 되었고 영어는 원어민까지는 아니고, 전문가 정도도 아니지만 대화와 학업공부까지는 가능합니다. 일본어는 제3

외국어로 배우고 있고요. 요즘엔 중국어도 흥미가 있어 배워볼까 생각을 하고 있습니다. 나이는 22세입니다.

Commerce에서 졸업해서 경영쪽, 마케팅, MD 혹은 International relation으로 가려고 계획을 추진해 온 터에, 학점 1.6%가 모자라 정말 불행히 엊그제 퇴학을 선고받았습니다. 너무 반성하고 있고, 왜 그랬을까? 생각해 보니 학교 다닐 때 제가 목표를 확실히 정하지도 않고, 열정으로 눈에 불을 키고 미친 듯이 공부도 하지 않았던 것 같아요. 그래서 이 나쁜 상황에 오게 된 것 같습니다. 제가 되고 싶은 MD나 마케팅 쪽으로 대기업이나 아님 취직을 하기 위해선 4년제는 필수인데요.

지금 현재 다른 대학을 Apply 하자니, 이번 연도는 Apply과정이 다 끝나서 못 들어갈 테고, 전문학교 또는 2년제를 가자니, 대학원을 생각했던 저에게 2년제가 정말 도움이 되는지 의문이 듭니다. 아빠가 라이센스 등을 따는 게 어떠냐고 물어보시지만, 대학 졸업을 하고도 취직이 잘 안 되는 마당에 22살 나이에 4년제를 또 들어가서 졸업하면 26살인데, 24살에 졸업을 한다고 생각하면, 정말 지금 어떻게 해야 될지 모르겠습니다. 회사에선 신입사원 구할 때 나이 어린 사람을 선호한다고 하던데요.

인생은 속도가 아니라 방향이라고는 하지만 속도도 웬만큼 중요한데 속도에서 이미 늦어버린 것 같습니다. 학교이름과 명성도 중요하지만 제 마음이 맞는 곳으로 가는 것이 맞겠지요?

맘 같아선 유럽여행이나 배낭여행으로 어디론가 홀쩍 휴식과 안정을 위해 떠나버리고 싶네요. 하지만 이 상황에 부모님께서 걱정을 많이 하시고 다들 지쳐있는데, 지금 힘들어서 여행 간다고 말하기엔 너무 죄송스럽습니다. 대학과 학업에 대한 생각으로 지칠 때로 지쳐있어서 그런지, 방향 정하기도 힘듭니다. 꿈은 거대했는데 잠시 삐끗함으로써, 이 실수가 정말 제 인생을 좌지우지할 수도 있다는 생각에 정말 괴롭습니다.

따끔한 충고나 조언 부탁드립니다.

함께 속상한 캐나다에 있는 Y양

누구는 어떻게든 본인과 같은 환경과 여건을 그리워하며 기를 써도 잘 안 돼서 고민인데, 누구는 남들이 부러워하는 여건 속에서도 뭘 해야 될 지를 몰라서 고민이 많은 것을 보면 평균값은 비슷한 것 같습니다. 가졌다고, 있다고 자랑할 것이 아니고, 없다고 부러워할 것도 아니란 말이 정말 맞는 것 같네요.

개인적으로는 중국어는 놔두고 더 업그레이드 된 영어와 일본어에 집중을 일단 하시는 것이 좋을 것 같습니다.

'학점이 모자라 퇴학을 선고받았다'는 것으로 보아 공부 진짜 많이 안 했나 봅니다. 낙제도 아니고 퇴학이라면 그럼 22살에 고졸인거네요. 맞습니까?

그렇다면 개인적으로 생각하기에 이건 무슨 삶의 목표, 이런 거창한 것과는 좀 다른 '삶 자체에 대한 태도'를 점검해 봐야 할 것 같습니다. 상식적으로 퇴학이라면, 그 이전에 과락을 비롯해서 낙제와 학사경고가 이어졌을 것이고, 그 모든 경고에도 불구하고 퇴학을 맞았다는 것은 근본적인 사상과 태도의 변화 없이는, 앞으로 갈 길도 지금과 별로 다를 것 같지 않다는 생각이 듭니다. 제가 생각해도 '다시 하게 된다고 해도 과연 잘할 수 있을까?'라고는 의문이 듭니다.

자신이 없으면 '그냥 좀 쉬라'고 말하고 싶은데 시간이라는 것은 물리적으로 어떻게 할 수 없는 것이라 지금도 늦었는데, 여기서 더 늦으면 진짜 인생 우울해지거든요. 그러니 할 수 없이 다시 학교로 돌아가서 1학년 때부터 시작해야 할 것 같습니다. 취업과 진급을 위해서는 4년제라는 것이 중요한 것이 아니라, 학사라는 학위가 중요합니다. 학사를 못 따면 4년이 아니라 어떤 사람은 10년이 걸리는 것이고, 어떤 사람은 3년에도 되는 겁니다.

다녔던 학교가 얼마나 좋은 학교였는지는 잘 모르겠지만 본인이 다닐 수 있는 수준의 학교가 아니었으니 깨끗이 잊으세요. 강조하지만 반성은 필요 없습니다. 본인은 지금 태도와 습관, 즉 행동이 바뀌지 않으면 아무 소용이 없습니다.

현재하는 일과 상관없이, MD는 고사하고 제대로 된 정상적인 취업과 진급을 원한다면, 한국 땅에서는 무조건 학사학위가 필요합니다. 그러니 이건 옵션이 아니라 기본입니다. 학사학위를 받을 수 있느냐가 모든 결정의 기본이 되어야 해요. 대학원은 학사를 따고 난 뒤에 일어날 일로 지금은 전혀 쓸데없는 걱정입니다.

아빠께서 말씀하신 라이센스(License)를 따는 것도 한 방법입니다. 본인이 공부가 정말 맞지 않는다면 굳이 고통스러워하면서 공부를 할 필요는 없습니다. 학위 없이도 세상은 살 수 있습니다. 다만, 좀 힘이 든다는 거죠, 어찌 보면 기술을 익혀 몸을 쓰는 것이 가장 숭고하고 사기 안 당하고 죽을 때까지 할 수 있는 일입니다. 미용기술, 네일아트, 바리스타, 조무사, 세일즈가 모두 평생 할 수 있는 일입니다. 오히려 이런 일들은 사람들의 가치관 변화 때문에 마음먹고 하는 사람들이 없어서 취직도 잘됩니다. 어정쩡하게 공부도 안 하면서 시간 끄는 것보다는 이게 훨씬 낫습니다.

회사에서 신입사원을 구할 때는 기본이 되어 있는 나이 어린 사람을 선호한다는 것이지, 기본이 안 된 사람을 무조건 나이 때문에 선호하는 일은 없습니다. 본인은 기본이 된 좀 나이 있는 사람, 열의가 있고 언어에 재능이 있는 성숙한 사람으로 포지셔닝을 잡는 게 훨씬 유리하고 승부도 빨리 날 겁니다.

인생은 속도가 아니라 방향이라는 말은 매우 맞는 말입니다. 하지만 거기에 기본은 '그 사람이 달릴 준비가 되어 있느냐?'입니다. 달릴 준비도 안 되어 있고 달릴 마음도 없는 사람에게 방향과 속도가 무슨 의미가 있겠습니까?

여행 얘기를 했는데 여행을 가는 목적이 생각을 정리하고 전환점을 만들기 위함이라면, 굳이 멀리 나가야지만 꼭 몇 박을 해야 하는 것도 아니라고 생각합니다. 결정은 늘 '순간'이거든요. 대부분의 사람들이 그런 거 안 가고도 그냥 밥 먹다가 태도 고치고, 잠자고 일어나서 맘 바꾸고 그러니, 너무 유난스럽게 생각하지 말기 바랍니다.

생각과 태도를 바꾸는 게 뭐가 어렵죠? 이 편지 읽고 그냥 바꾸면 되는 것 아닌가요? 무슨 돈이 듭니까, 다른 에너지가 필요한가요? 뭔 일이 생기면 여행부터 가려는 태도도 빨리 바꿔야 하는 태도입니다. 그냥 '그 자리'에서 '지금 당장' 하면 되는 겁니다.

MD가 아니라 통역사나, 번역가나 뭘 해도 상관없어요. 그 전에 지금까지 누려 온 태도를 바꾸어야 다른 삶을 살 수 있습니다.

그리고 친구도 바꾸세요. 지금 다니는 친구들과는 빨리 헤어지세요. 그래야 다른 태도와 다른 길을 갈 수 있습니다. 친구들과 함께 있으면 어쩌면 다같이 편먹고 하류인생이 될지도 모릅니다. 한번뿐인 인생인데 하류인생을 살다가는 것은 그것도 본인이 모든 기회를 뿌리치고 '직접 선택한 하류인생'은 진짜 좀 아니지 않을까요?

자신의 삶은 자신이 만들어갈 수 있다고 믿는 멘토가

3) 유학과 대학원 문제

전역 후 해외인턴십을 목표하고 있는 25세 남학생의 상담

안녕하세요. 저는 25세 청년 ○○○입니다. 2010년 군대에 있을 때 선생님의 책 『MD WHO & HOW』를 정말 읽고 싶어서 군대도서관에 2분기 희망도서로 신청하여 새 책을 받아 읽게 되었던 것이 엊그제 같은데, 작년 1월에 제대하여 3학년을 다녔습니다. 그러던 차 지난 겨울 필리핀 영어연수를 두달 다녀오게 되었습니다. 집은 사정이 안 되지만 고모부가 주신 돈으로요. 첫 해외 경험, 그렇게 필리핀을 다녀온 두 달만으로 만족하고 있는데 이번에는 외삼촌이 1년 연수를 보내주겠으니 어느 나라든 구체적 계획을 가져오라 하시는 겁니다.

저는 패션MD, 마케팅에 관심이 있습니다. 패션기업이나 리테일회사(백화점)에 들어가서 MD관련 업무를 하고 싶습니다.

저는 경영학을 전공하고 있으며 남성패션에 관심이 있습니다. 우리나라도 일본처럼 점점 더 자신을 겉으로도 드러내는 것에 관심을 가지기 시작하는 것 같습니다. 여름까지 토플을 공부해서 8월이나 9월 초에 있을 교환학생에 합격하도록 노력하고 있습니다. 9월부터 다음 복학하기 전인 2월까지 6개월은 인턴십을 진행합니다. 그리고 다음해 3월부터는 교환학생 4학년 1학기를 보내고, 여름에 돌아와 4학년 2학기 내내 취업을 준비하는 것입니다. 그러면 휴학도 단 1년만 하는 거니까 바로 진행만 한다면, 27살에 취업되니 적절한 시기라고 생각됩니다.

2년 전 첫 상담 때 말씀하셨던 패션대학 진학을 생각하고 있습니다. 예를 들면, 졸업 후 가는 FIT 1년 코스나 이런 것은 아무리 삼촌이 해줘도 부담감도 있으며, 졸업하고 가는 거라 취업에 대한 부담도 있습니다.

게다가 이젠 더 이상 그런 학교를 다니는 것이 유니크하지는 않지 않나요? 가면 다 한국인이라던데, 웬만하면 인턴십하고 교환학생, 이렇게 가는 게 다양한 것 같아서 그렇게 생각을 하고 있습니다. 더군다나 FIT는 패션, 유통관련 기업으로 취업할 때에 딱 한정이 되니까요. 지원 시에 넓게 보지 못한다는 단점도 있다고 생각합니다.

제 계획을 어떻게 생각하시나요? 답변을 부탁드립니다.

복 받은 K군

좋은 외삼촌과 고모부를 두셨습니다. 뭐 하시는 분들이신지 모르겠지만 저도 도움을 받고 싶을 정도네요. 조카를 위해서 그런 배려를 하기 어려운데 부럽습니다.

계획대로 4학년의 반을 교환학생으로 나머지 반을 취업준비로 보낼 수 있다면 매우 좋습니다. 그런데 교환학생으로 가는 비자가 보통 J1비자인데 그게 1년으로, 효율적인지는 스스로 생각을 해보셔야 할 것 같습니다. 개인적으로 6개월은 너무 짧다는 생각이 드네요. 학교가 어디신지 모르겠지만 제가 학부학생들 보내는 거 보니까, 인원수 제한도 있고 토플성적도 학교와 과정에 따라 달리 보는 것 같던데, 모쪼록 잘 준비해서 다녀올 수 있으면 본인에게 많은 도움이 될 것으로 판단됩니다.

졸업 후 가는 FIT 1년 코스를 비롯한 그런 종류의 프로그램들은 사실 쓸 만한 곳이 별로 없기는 합니다. 개인적인 만족일 뿐 특별히 1년 다녀온다고 해서 완전히 뭐가 달라지지는 않는 것 같고, '나아진다'는 정도인 것 같습니다. 하지만 저는 개인적으로 여전히 FIT나 Parsons는 유니크하다고 봅니다. 한국인들이 그리 많다고 해도 여전히 거기서 2년 이상 공부한 사람들의 수는 필요에 비해 여전히 적거든요. 실력으로나 과정으로나 인턴십보다는 훨씬 '위'입니다. 거길 다니면 외국인이 운영하는 기업에서, 당당히 돈 받으면서, 아주 좋은 유통채널이나 기업에서 일을 할 수 있습니다. 물론 이것은 패션머천다이징을 하는 사람의 경우에 한합니다.

영어와 경험 두 마리 토끼를 잡고자 하고 결국 잡는 것은 순전히 본인의 마음가짐에 달렸다고 생각합니다. 본인이 무리가 될 것 같다고 생각하면 무리가 되는 겁니다. 편하게 생각할 것이냐, 부담을 가질 것이냐? 참고로 적당한 부담은 사람에게 아주 좋은 자극을 줍니다. 어마어마한 집중력을 발휘하게 하죠.

일단 본인이 뭘 하려고 하는지가 중요합니다. 목적이 뭐냐? 왜 유학의 기회를 넘보느냐? 왜 해외인턴을 하려고 하느냐? '기왕이면' 이런 말로 덧칠하지 말고 그냥 솔직한 본질에 대해서 깊이 생각을 하시고 그걸 명확히 하도록 하세요. 그게 분명하면 방법도 분명해 집니다.

2년 전에 만난 인터넷 멘토가

의상학과를 졸업한 여학생의 패션바잉MD되기

저는 올해 서울권 대학 4년제 의상학과를 졸업한 25세의 여학생입니다. 처음부터 바잉MD에 관심이 많았는데, 바잉MD 대부분이 경력직을 선호해서 고민하던 차에 이렇게 질문 드리게 되었습니다.

지금은 학교 졸업한 것 외에는 이렇다 할 경력이 없고, 고작 편집샵에서 아르바이트한 정도입니다. 영어를 포함한 외국어 능력도 그리 높지 않아서 이대로는 경쟁력이 없을 것 같아 유학을 준비하려고 합니다.

그런데 유학 전에 유학비용도 모으고, 경력도 쌓을 겸 신세계나 한섬에서 신입이나 인턴직 MD 일을 1~2년 하다 가려고 고민 중인데요.

1. 기획MD 경력사항이 향후 바잉MD 지원에 도움이 될까요?
2. 일을 1~2년 하고, 유럽(불어권)으로 유학을 다녀오면 나이가 너무 늦지 않을까요?
3. 유학 학위와 불어가 바잉MD 취업에 도움이 되는지 궁금합니다.

좀 많이 널널한 C양

바잉MD에게 있어서 바잉이라는 동작은 기능을 의미합니다. 살 줄 알고 사는 게 직업인 사람이죠. 패션을 전공하신 것으로 보아 패션바잉MD가 되시려고 하시나 본데 맞나요?

바잉MD가 필요한 이유는 스스로 만들지 못할 때, 우리나라에서 구하는 것이 경쟁력이 없을 때, 그것을 외부로부터 사오는 것이 더 경쟁력이 있음이 확실할 때, 비로소 필요한 겁니다. 그러려면 우선 한국에 뭐가 있는지, 자기 스스로 만들 때 뭘 어떻게 만들어야 하는지 잘 알아야겠죠? 그래야 한국에서 되는지 안 되는지, 한국에서 만들 때는 얼마인 줄을 알아야 해외에서 제안하는 가격이 싼지 비싼지를 알겠죠.

그러니까 바잉MD는 바잉하려는 제품에 대해서, 국내 제품에 대해서 잘 알아야 합니다. 훤히 알고 있어야 해외에서 더 비싼 돈을 주고 안 사온다는 겁니다. 바잉MD를 경력으로만 뽑는 것은, 신입MD는 국내 사정조차 모르기 때문입니다. 국내도 모르는데 해외에서 사 가지고 오는 것을 어떻게 맡기겠습니까? 본인이 사장이라면 국내 사정도 잘 모르는 신입에게 해외에서 물건 사오라고 돈을 주겠습니까? 경력직을 선호하는 것이 아니라 경력직만이 할 수 있는 일입니다. 바잉MD가 되고자 한다면 바잉에 대한 경력을 쌓기 전에, 제품에 대한 경력을 먼저 쌓는 것이 필요합니다.

유학을 준비하려 한다고 했는데 영어를 준비하지 못했다니, 이게 겸손인지 진짜인지 모르겠습니다. 유학을 가는 이유는 영어로 공부를 하기 위함이지 영어를 배우기 위함이 아닙니다. 그건 중·고등학교 때 끝냈어야 합니다. 유학을 갈 생각이라면 영어를 미리 해 놓고 가는 것이 맞습니다. 최소한 토플(IBT) 80이 가이드니까 그래도 제대로 공부 좀 하려면 90점 이상은 맞아야 합니다. 어느 정도 실력인지 모르겠지만 토플시험을 보면 겉으로 보기에 멀쩡한 사람들도 40~50점대로 아주 많습니다. 영어 못하면 사실 갈 수도 없지만 설사 간다고 해도 가서 돈만 쓰고 옵니다. 유학은 좀 더 치밀하게 생각해 보시기 바랍니다. '그냥 한번 다녀올까?' 이렇게 해서 다녀올 수 있는 것이 아닙니다.

신세계나 한섬에서 신입이나 인턴직 MD 일은 그쪽에서 시켜준다고 했나 보죠? 그냥 한 1~2년 봉사한다는 느낌으로 말을 하는군요. 그랬다면 뭘 망설이나요?

제가 아는 학생은 ○○대 나와서 토익 900점에 비록 변호사 사무실이지만 인턴 경력도 있는데, 거기 못 들어가서 난리입니다. 신세계나 한섬에서 일을 시켜주겠다고 나서서 온 것이라면 망설이지 말고 들어갈 것을 조언하지만, 만약 그게 본인의 생각이라면 반드시 일에 대한 본인의 태도를 고쳐야 하겠습니다. 제 생각에는 그런 마인드와 자세로는 신세계나 한섬에는 들어가기가 쉽지 않겠습니다.

유학에 관해서는 왜 하필 불어권인가요? 영어도 못하는 사람이 불어까지 하려고요? 불어권으로 유학가면 두 가지 언어를 같이 해야 하는데, 가능할까 싶습니다. 그건 본인만 알테니 다시 깊게 생각해 보세요. 질문으로 봐서는 뭔가 별로 깊게 생각한 상태가 아닌 것 같습니다.

또 한 가지, 유학이라는 학위는 없습니다. 학위는 학사 다음 석사고 다음이 박사입니다. 다만, 석사학위를 어디서 했느냐가 있는 거죠. 특별한 경우 프랑스에서 석사하는 사람들 있습니다. 본인이 특별한 경우인지는 한번 생각해 보세요.

나이도 적지 않은데 정신 바짝 차리셔야 할 듯합니다.

약간 흥분한 서울 사는 멘토가

대학원 공부에 의미를 찾지 못하는 일본 유학생의 패션MD되기

안녕하세요. 저는 26살 여자이고요, 한국에서 4년제 패션과 졸업 후 일본에서 어학연수 1년을 마치고, 현재 일본의 ○○패션대학원의 패션디자인학과 졸업을 1년 앞두고 있는 학생입니다. 실무경력은 전혀 없습니다.

그런데 대학원 학위는 교수가 될 게 아닌 이상 필요 없다고 많이들 합니다. 정말 대졸이나 대학원졸이나, 초봉이나 나중 연봉은 똑같을까요? 기껏 학비 들여갔다 와도 일반대학 나온 경우와 같은 월급을 받는다면 뭐랄까 좀 그럴 것 같습니다.

정말 그렇다면 부모님께 이렇게 굳이 넉넉하지 않은 가계에 부담을 끼치는 대학원은 그만두고 여기서 취업준비를 해야 하나 하는데요. 1학년 때는 한 달 용돈 정도의 돈을 장학재단에서 받고 다녔기에 조금 부담이 덜했지만, 2학년 땐 그것도 못 받는다 하고 그렇다고 딱히 다른 장학금을 받을 수도 없게 될 것 같아서 입니다.

가장 좋은 것은 졸업 후 일본에서의 취업이겠지만 일어 1급이라도 아주 일본인 같은 일어를 구사하는 것은 아니고, 우리나라만큼이나 심각한 이 나라의 취업난 사정을 고려해도 취업은 어려울 듯합니다. 또 제가 패션디자인에 대한 열정이 부족한 탓인지 공부를 굉장히 열심히 하는 것도 아닌 것 같기에 더 생각이 많습니다.

대학원을 마친다면 안 나온 것보다는 한국에서 조금 나은 곳에 취직은 가능할지, 아님 포트폴리오를 얼른 준비하고 바로 취업준비해서, 일을 하는 게 나을 지가 궁금합니다.

기회를 살리지 못하고 있는 D양

대학원 학위는 교수가 될 게 아닌 이상 필요 없다고 하는 사람들 대부분은 혹시 대학원에 못 간 사람들이 아닐까요? 아님 목적 없이 다녔거나 한 사람들이거나요. 완전히 틀린 말은 아니지만 요즘의 상황을 고려하면 동의하기 어려운 말입니다. 제 경험으로는 성숙된 MD의 자질 함양과 수준있는 머천다이징을 하려고 한다면 공부는 계속 필요합니다. 그리고 그 공부는 이왕이면 공식적으로 자격을 인정받을 수 있는 것이 비용효율적일 것이고요. 시간의 빠름과 늦음의 차이는 개인마다 있을 수 있겠지만 전 대학원 교육은 필요하다고 생각합니다. 그러니까 지금 아주 잘하고 있는 거죠.

물론 시작하지 않았다면 다른 조언의 여지가 있을 수 있겠지만, 이미 시작한 이상 반드시 끝내는 게 좋겠습니다. 교수가 되기 위해서가 아니라 교수가 될지도 모르기 때문에 대학원, 정확하게는 석사학위는 해두어야 해요. 나중에 엄청 잘 나가게 됐는데 대학에서 초빙하겠다고 해도 학위가 없으면 할 수가 없으니 꼭 마치길 바랍니다.

연봉에 관해서는 정말로 처음엔 별로 차이가 안 납니다. 하지만 3년만 지나면, 즉 승진이 될 때부터는 차이가 납니다. 회사생활 마치는 날까지요. 본인이 사장이라면 대졸 사원과 대학원졸 사원 중에 모든 조건이 같다고 할 때 승진 자격이 한 사람에게만 주어진다면 누구를 승진시키겠습니까?

답은 너무 분명합니다. 길게 보세요. 처음에는 비슷할지 모르지만 결코 마지막까지 그럴 수는 없습니다. 걱정하지 말고 투자하세요.

개인적으로 생각해도 졸업 후 일본에서의 취업을 하는 것이 제일 좋아 보입니다. 기죽지 말고 그렇게 할 수 있도록 최선을 다해 보는 것이 좋기 않을까요?

일본에서 뭔가 승부를 낼 각오를 하시고 준비하는 것이 좋겠습니다. 호 랑이를 그려야 나중에 고양이라도 나오는 법입니다.

대학원을 이미 시작했고 내년이면 마치기 때문에 지금 포기할 이유가 전혀 없습니다. 마치고 마지막 학기부터 취업을 준비하는 것이 훨씬 유리 합니다. 일어는 물론 영어까지 잘 준비하시면 분명히 좋은 결과가 있을 겁니다. 걱정 말고 우선은 공부와 다양한 경험에 집중하면 됩니다.

비너스포트의 다꼬야께를 좋아하는 멘토가

영문과에 재학 중인 여학생의 패션바잉MD되기

안녕하세요. 저는 패션바잉MD를 꿈꾸는 22살 지방 사립대 영문과를 다니는 학생입니다. 패션MD에 대해서 어렴풋이 고3때부터 하고 싶단 생 각을 했지만, 성적 때문에 여차저차 하다 보니 영문과를 오게 되었습니 다. 그래서 후회도 많이 되고 학창시절에 공부를 열심히 안 한 것에 대한 아쉬움으로 그리고 좀 더 나은 환경에서 공부해보고자 휴학 후 편입을 준 비하고 있습니다.

저는 패션MD 중에서도 패션바잉MD에 관심이 있어서 일단 지금 다니 는 학교에서 무역을 부전공으로 신청을 해놓았는데 어쨌든 MD일을 하고 싶습니다. 서울권 여대에 있는 의류학과의 편입을 목표로 두고 열심히 공부계획을 세우고 실행 중입니다.

모 여대에서 아마 파슨스에 교환학생으로 갈 수 있단 정보를 알게 되었고 그래서 '여대를 가서 공부 열심히 해서 교환학생으로 가면 되겠구나!' 싶었습니다. 그러다가 미국에서 공부 중인 친구를 만나게 되었고 그 이후에 쓸데없이 바람이 들어버린 것인지 '어차피 내가 하고 싶은 건 패션MD이고, 영어도 능통해야 하면 차라리 아예 편입준비할 1년 동안 미국에 있는 패션스쿨 진학준비를 하면 어떨까?'라는 생각이 들게 되었습니다. 그래서 여기저기 찾아보다가 학비가 그나마 저렴한 FIT 패션스쿨을 알게 되었습니다. 자격조건도 보게 되었고 토플 커트라인이 만만치 않더군요.

제가 만약에 FIT를 가게 되면 일단 2년 과정을 하여 준학사 과정을 이수하고, 2년 남은 학사과정은 어떻게든 그쪽에서 취업을 하여 마치고 싶습니다. 여러 가지 생각을 정리하고 목표를 세워야 하기 때문에 요새는 자료 찾고 정말 내가 하고 싶은 일인지 온종일 생각하고 있습니다.

FIT가 명성이 자자하다는 것은 알고 있지만 2+2년제 대학이잖아요. 제가 만약 재정상의 상황 때문에 2년만 마치게 된다면 준학사 자격만 있는 건데 한국의 모 여대들의 의상학과에 편입하는 것보다 FIT의 준학사 자격이 더 메리트 있지 않을까요?

준학사 과정만 이수하였을 때와 학사과정을 이수하였을 경우 취업하는 데에 미국현지나 한국에서 많은 차이가 있나요?

한마디로 한국의 명문대의 의류학과나 경영 무역을 나와서 따로 패션MD 쪽을 외국 가서 공부하는 것이 나은 지 아니면, 한국 학위 없이 바로 미국 FIT에 가서 준학사로라도 공부하는 것이 메리트가 있는 것인지에 대한 질문입니다.

말할수록 복잡해지는 P양

일단 영문과만을 나와서 패션MD가 될 수 있을까라는 질문은, 될 수도 있지만 요즘은 영어도 잘하면서 패션MD가 되려고 학과부터 특별활동까지 준비하는 친구들이 너무 많기 때문에, 그들보다 본인이 차별화되었다는 것을 보여주기 전에는 쉽지 않습니다. 결국 가능성을 높이려면 전과를 하든지, 편입을 해야 합니다. 패션MD를 하기 위해 기본적으로 알아야 하는 것은 신입사원인 경우 디자인에 대한 백그라운드가 있는 것이 제일 유리합니다. 그 다음 기획력이고 그 기획력을 보완하는 것이, 숫자에 대한 감각과 계수능력인 거죠.

패션MD가 되는 제일 확실한 방법은 패션디자인이나 의상학을 전공하면서 경영이나 소비자심리 등을 공부하는 경우입니다. 최근에는 의류공학과들이 생겨서 의상학과 숫자를 배울 수 있도록 하는 경우도 있습니다. 패션바잉MD는 이런 것들을 다 하고 난 후에 영어도 하고, 무역업무까지 알아서 내수뿐 아니라, 해외에서 필요한 상품을 구매하는 사람을 뜻합니다. 홍보나 영업은 나중에 일하면서 배우면 되는 거지만 결국 모두 할 줄 알아야 합니다.

한국에서 의상학과에 편입해서 학사 자격을 가지는 것과 FIT의 준학사 자격 중에 어떤 것이 메리트 있느냐는 질문은, 뭐라고 딱 집기가 좀 어렵습니다. FIT 2년 과정의 경우 업계에서는 통용되는 것이니 회사생활 하시는 데는 문제없을 것 같습니다. 하지만 학위가 필요한 어떤 부분에 놓인다면 학사가 아닌 것에 대한 불이익은 있을 수 있겠습니다.

준학사 과정만 이수했을 때와 학사과정을 이수하였을 때에 취업하는 데에는 미국현지와 한국에서 모두 당연히 차이가 있습니다. 미국의 Associate Degree에 해당하는 것이 우리나라의 준학사라는 것인데, 사실 준학사는 공식적인 학위보다는 수료라고 해야 합니다.

하지만 4년은 완전히 다릅니다. 졸업이고 학사의 공식적인 학위가 수여됩니다. 우리나라에는 FIT출신들이 아주 많은데 대부분 4년제를 나온 사람보다는 한국에서 4년을 다닌 다음에 2년을 다녔거나, 혹은 4년 중에 1년을 다녀온 사람들이 많은 것 같습니다. 그러니 그것은 본인의 여건과 형편을 잘 생각해서 정할 일입니다.

비용은 하도 궁금해 하는 사람들이 많아서 제가 직접 FIT에서 한번 찾아봤습니다. 이건 순수한 학비고 여기에 기숙사비와 책값, 생활비를 더하면 Associate과정(1년)만으로도 3,000만 원 정도는 생각을 해야 합니다. 또 토플 80점이 가이드이기는 하지만 가게 되면, 학기 시작하기 전에 최소한 3개월은 ELS를 들어야 하고, 그 비용이 1개월에 1,000~1,200불 정도하니까 그것도 염두에 둬야 합니다. 참고로 FIT에는 편입이 없지는 않지만 까다로운 것으로 압니다. 그냥 신입생으로 들어가거나 4년제 학위를 받고 석사로 지원을 하거나, 아님 1년짜리 ASS과정을 들어야 하는 것으로 알고 있으니 다시 한번 확인해보세요.

다음 표는 FIT 사이트에 나와 있는 등록금입니다(2011년 기준).

Associate-level out-of-state residents	$5571.00-per semester
Baccalaureate-level out-of-state residents	$6775.00-per semester
Graduate-level out-of-state residents	$6972.00-per semester

개인적으로는 어디서든 학사학위를 받아야 한다고 생각합니다. 그래야 다음 대학원 공부를 할 수 있습니다. 거기서 확실히 영어도 익히고 커뮤니티에 속할 수 있도록 하는 겁니다. 물론 돈이 부담이 되죠. 하지만 외국

학생도 1년 지나면 학비를 나눠서 낼 수 있는 제도들이 있으니까, 어떻게든 그걸 활용해서 대학을 나오기 바랍니다.

미국에서 대학을 나온 사람과 수료를 한 사람, 이수를 한 사람은 모두 한국에서 대우가 아주 확연히 다릅니다. 일단 4년을 나온 사람은 별로 안 물어보지만 2년 혹은 그 이하의 사람들에게는 영어 수준을 물어봅니다. '거짓'인 경우가 많기 때문이죠. 한국에서 의류학과를 졸업하고 미국에서 1년 ASS를 하는 것이 어떨까요?

그래도 명색이 영문과 학생인데 지금 당장 한두 달 유형만 좀 익히면 토플 80점은 금방 나오지 않을까요? 사실 단기간에 100점은 좀 어렵겠지만요.

영어는 본인이 무엇을 하든 꼭 해야 하는 것이니 FIT와 상관없이 공부하기 바랍니다. MD에 대한 적성을 알아보는 제일 빠른 길은 인턴이라도 해보는 겁니다. 휴학 동안 뭘 할지 어떤 계획을 세웠는지 모르겠지만 인턴을 할 수 있는 기회도 생각해 보세요.

시작도 안 했는데 '적성에 안 맞으면 어쩌나'를 생각해야 하는 상황이라면 먼저 저지르기 전에 잘 생각해보고 차근차근 하시기 바랍니다.

중요한 때 중요한 결정을 해야 하니 좀 더 집중해서 본인이 어떤 사람이 되려고 하는지, 뭘 하고 싶은지 깊게 생각했으면 합니다.

복잡한 패늘 여행을 떠나는 멘토가

특성화 고등학교 2학년에 재학 중인 여학생의 패션바잉MD되기

안녕하세요. 저는 지금 고2 여학생입니다. 특성화 고등학교를 다니고 있고 주변에 이쪽으로 아는 사람이 없어서 인터넷으로만 조사하는 것도 한계가 있어서 지금 무지 답답합니다.

저도 패션MD가 되고 싶습니다. 솔직히 MD도 하고 싶고 해외바이어도 하고 싶습니다. FIT 패션머천다이징과에 가고 싶습니다. 거기 입학을 하려면 GPA 3.0~4.0 정도가 커트라인이더군요. 게다가 토플 80점 이상이 되어야 하고 에세이 준비도 해야 하는데 저는 지금 고2 후반으로 아직 준비를 해놓은 게 하나도 없습니다. 토플도 지금 학원을 알아보러 다니면서 단어만 일단 외우는 상태이고, 내신도 딱히 잘해놓지를 않아서 한 3.5 정도 됩니다.

제가 계획한 미래는 일단 토플을 90점대 후반 정도로 높이고 내신관리도 열심히 하여 FIT 패션머천다이징과 학사과정을 밟는 것인데, 이렇게 졸업을 한 후 미국 쪽에서 일을 하고 싶은데 취업이 과연 될까요?

그리고 마치고 오면 한국에서 경쟁력이 있을까요? 요즘은 유학파도 굉장히 많아서 걱정도 됩니다. 제가 생각하기엔 우리나라 대학 커리큘럼보다 그쪽 학교 커리큘럼이 매우 좋은 것 같습니다. 혹시 저 방법이 안 될 시에 생각해놓은 두 번째 방법은, 저희 엄마가 지금 백화점 샵매니저를 하셔서 졸업하면 어머니의 도움으로 일단 백화점에서, 근무를 하면서 돈을 벌어서 준비하는 방법이긴 하지만, 별로 하고 싶지 않습니다.

일을 하면서 대학을 준비한다는 게 현실적으로 매우 힘든 거 같아요. 물론 제가 열심히 하면 가능할 수도 있지만 솔직히 가능성이 그렇게 충분해 보이지는 않거든요. 금전적인 문제도 많이 걸립니다. 정말 어떻게 해야 할지 모르겠습니다.

욕심이 아주 많은 K양

지금 2학년이라고 했죠? 일단 '토플을 통과해서 FIT에 들어가서 졸업하여 미국에서 일을 하는 계획'은 최소한 5년 정도 이후의 일입니다. 지금은 아무 상관없는 '쓸데없는 걱정'이지요.

제가 알고 있는 특성화 고등학교들이 그리 높은 수준이 아니어서 은근히 걱정이 됩니다. 그런데 거기서도 내신이 3.5 정도라면 이건 좀 냉정하게 생각해봐야 할 수준이 아닐까요? FIT나 파슨스나 보통 GPA점수 3.0에 토플 80점이 미니멈으로 알려져 있습니다. 제가 알기로 우리나라 고등학교 성적표를 4.0만점의 GPA로 환산하기는 힘든 것으로 압니다.

그래서 파슨스 같은 경우는 고등학교 성적표를 WES라는 성적공인인증기관을 통해서 제출하라고 요구하기도 합니다. 우리는 상대평가(등수구분)를 하고 미국은 절대평가(점수구분)를 하는 평가 기준이 달라, 우리나라 학생들에게 불리한 조건으로 알고 있습니다. 그래서 그런지 제가 듣기로는 GPA는 꼭 3.0 이상이 되어야 지원 자격이 주어지는 것은 아닌 것으로 압니다. GPA라는 게 결국 학교생활을 얼마나 성실히 했느냐를 판단하는 토대이기 때문입니다.

오히려 에세이를 어떻게 쓰느냐, 인터뷰를 통해 학교생활을 성실하게 잘할 것이라는 의지를 보여주는 것이 더 중요한 것으로 압니다. 지금은 이런 생각을 할 시간에 집중해서 영어공부를 해야 할 것 같습니다. 본인이 생각하는 토플 90점은 그냥 아무나 나오는 점수가 아닙니다. 대학 4학년 언니, 오빠들도 60점 아래가 수두룩한데 맘만 잡고 공부한다고 나오는 그런 점수가 아니니 탄탄한 계획이 필요한 겁니다.

어머니께서 백화점에서 판매사원을 하시는데 과연 K양을 여유있게 지원해주실 수 있을까요? 같은 부모로서 어머니가 걱정됩니다. 거기서 학사를 마치려면 최소 4년으로, 아마 가서 뭐하고 하면 5년은 걸립니다. 5년이라고 치면 최소한 2억~2억 5천만 원 이상 돈이 드는데 그게 가능한가요?

어머니의 도움으로 백화점에서 근무를 하여 돈을 벌면서 준비하겠다는 것은 말도 안 됩니다. 머리 싸매고 대학을 준비해도 못 가는 판에 판매 일을 하면서 대학을 준비한다는 것은, 어쩔 수 없이 그럴 수밖에 없는 상황이라면 모르겠지만 현실적으로 전혀 가능성이 희박한, 실은 거의 불가능한 설정입니다.

금전적인 것이 문제가 될 것 같으면 과감히 유학 같은 것은 잊어버리기 바랍니다. 보통 집에서 딸 하나를 외국에 유학을 보내서 2억 원 이상을 지원해 준다는 것이 절대 쉬운 일이 아닙니다. 혹시 헛바람이 든 거 아닌지 모르겠습니다.

유학만이 길이 아닙니다. 한국에서 공부해도 얼마든지 할 수 있습니다. 문제는 장소가 아니라 정신입니다.

헛바람을 빼는 멘토가

의상학과 4학년에 재학 중인 여학생의 FIT대학원 가기

아무 정보 없는 왕초보 학생입니다. 전 지금 ○○대학교 의상디자인과 4학년에 재학 중입니다. 졸업을 하고 미국 대학에서 대학원 공부를 할까 고민 중에 있습니다. FIT대학원에 패션머천다이징 과정이 있다는 얘기를 들었습니다.

입학을 하려면 어찌해야 하는지 궁금합니다. 기획MD나 바잉MD를 하고 싶어서 그 대학원에 가려고 하는 것인데 확실히 도움이 되겠죠? 혹시 MBA가 더 맞을까요? 그럼 MBA는 또 어떻게 해야 하나요? 젊은 인생 좀 도와주시기 바랍니다.

정말 보배 같은 귀를 가지셨습니다. 그런 얘기를 어떻게 들으셨나요? 미국에서 패션디자인, 패션마케팅으로 유명한 미국대학교는 거의 모두 대학원 과정이 있습니다. 그런데 칼같이 경력을 요구하는 경우가 대부분으로, 좋은 대학일수록 그렇습니다. 영어점수도 기본으로 요구합니다.

패션 관련해서 유명한 대학은 AAC, CCAC, FIT, 일리노이 아트, 파슨스, 프랫, 로드아일랜드 디자인, 시카고 아트, 신시내티, 워싱턴(세인트루이스)인데요. 그래도 한국에 잘 알려진 곳은 FIT, PARSONS, PRATT, FIDM 정도겠네요. 물론 원하신 FIT도 들어 있습니다.

일단 제가 알고 있는 것과 주위에서 들은 지식 가운데서 골라 몇 가지 말씀 드리니 참고하세요. (출처 : 「디자인 & 뉴욕」 중에서, 저자 박희현)

- FIT(Fashion Institute of Technology)

세계 최고의 패션 스쿨. 다른 사립대에 비해 학비가 저렴하고, 맨하탄에 위치해 있어 다른 아트 스쿨의 교수들 중 상당수가 이곳에서도 강의하고 있다. 2년 과정의 디자인 프로그램이 잘 갖춰져 있을 뿐 아니라, 2년 과정을 마치고 4년 과정으로 편입할 수도 있다.

FIT의 특징 중 하나는 전임 교수진의 비율이 다른 학교에 비해 높다는 점이다. 이곳을 졸업한 후에도 본인이 원한다면 언제든지 담당교수를 만나 진로 및 교과 과정에 대한 심도 높은 상담을 받을 수 있다는 점 역시 다른 학교에서 찾아볼 수 없는 점이다. 다만, 패션이 가진 지명도에 비해 다른 디자인 분야가 상대적으로 약하다는 점이 지적되기도 한다.

- **파슨스**(Parsons school of Design)

FIT와 함께 최고의 패션 스쿨로 알려져 있다. 파슨스는 The New School University에 속한 아트 스쿨이다. 따라서 The New School University에 속한 다른 학과의 수업을 수강할 수 있다. 파슨스를 졸업한 학생들은 다른 학교에 비해 월등하게 나은 학교 시설과 교육환경을 최고의 장점으로 꼽는다. 실제로 디자인은 물론 사진, 디지털디자인 학과의 장비와 시설은 다른 학교 학생들이 부러워할 정도로 탁월하다.

다만, FIT와 마찬가지로 패션 전공의 지명도가 높은 까닭에 다른 디자인 분야는 상대적으로 역사가 짧고, 비교적 약하다는 것이 단점으로 꼽힌다. 그럼에도 불구하고 학생들이 공부할 수 있는 최상의 환경을 만들어주고, 외국인 학생에게도 장학금 제도가 열려 있다는 점은 사립대학으로서는 흔치 않은 일이다.

- **프랫**(Pratt Institute)

100년이 넘은 전통을 가진 학교. 이 말은 프랫을 거친 유명 디자이너가 많다는 얘기다. 실제로 현장에서 활발하게 활동하는 디자이너 상당수가 프랫 출신임을 알 수 있다. 프랫의 특징은 미국이 아닌, 다른 나라에서 유학 온 학생들의 비율이 상당히 높다는 데 있다. 오늘날과 같은 세계화 시대에 여러 문화를 간접적으로 접할 수 있고, 세계 각국에 프랫 출신의 디자이너들이 활동한다는 것은 이 학교만이 가진 큰 장점이라 하겠다. 실제로 이미 오래 전부터 한국은 물론, 세계 각국에 동문회 형식의 단체가 형성되어 다양한 활동을 펼치고 있다.

프랫은 다른 아트 스쿨에 비해 아카데믹한 교육 과정으로 유명하다. 이탈리아 등 다른 나라의 학교에서 학점을 이수할 수 있는 시스템도 독특하다. 하지만 전통과 기본에 충실한 교육 과정이 장점일 수도 있지만, 졸업 후 바로 실무에 뛰어드는 능력이 필요한 디자인 분야에서는 단점이 될 수 있음을 알아야 한다.

• SVA(School of Visual Art)

짧은 역사에도 불구하고 훌륭한 교수진과 짜임새 있는 커리큘럼으로 명성이 높은 학교. 디자인에 관심 있는 사람이라면 그 이름만 들어도 알 수 있는 디자이너들이 교수진에 포함되어 있다는 점도 학교의 자랑이다. 강의를 맡고 있는 대다수 교수들이 현재 현장에서 활발하게 활동하는 디자이너라는 점은 학생들이 졸업 후 현장에 진출하는데 큰 힘이 되기 때문이다. 반면 학생들과 지속적인 상담을 통해 학교 생활과 졸업 후 진로 등을 의논할 수 있는 전임 교수진의 수가 그다지 많지 않다는 것은 아쉬운 점이다. 실제로 많은 졸업생이 전공과 관련된 교수진과 수업 내용은 다른 학교에 뒤지지 않지만, 정통 대학에서 느낄 수 있는 아카데믹한 분위기는 부족하다고 입을 모은다.

• 디자인 학교의 학비

FIT(Fashion Institute of Technology)

FIT는 2+2체제로, 2년간의 준학사 과정 ASS를 마치면 나머지 학사과정인 BFA과정 2년을 이수할 수 있다.

ASS만 마치면 준학사학위(일반 2년제 대학 학위), BFA까지 마치면 학사학위(4년제 학위)를 받을 수 있다. 4년제 졸업 후에도 대학원 과정에 해당하는 MFA을 이수할 수 있다. 주립대이기 때문에 뉴욕 주민(시민권자)은 굉장히 저렴한 학비만 내면 된다. 하지만 out of state resident이더라도 타 학교에 비해서는 저렴한 학비임을 알 수 있다.

확실한 건 FIT와 파슨스가 미국 패션스쿨의 양대 산맥이라는 것입니다. 대학원은 외국인의 경우 토플(TOEFL)을 봐야 합니다. 최소 자격은 학교마다 다른데 FIT의 경우에는 IBT기준 80점입니다. FIT를 포함한 미국의 일반 대학원은 GRE성적을 내야 하는데 딱히 커트라인이 얼마라고 정해져 있는 것은 아니지만 '대충 어느 정도'인지 알 수 있다.

GRE는 논리분석작문, 언어, 수리, 실험적 영역 모두 4가지 영역으로 시험이 출제됩니다. 국내에서도 많은 학생들이 치고 있는 시험이니 참고하면 됩니다. 만약에 MBA를 가려고 한다면 GRE 가지고는 안 됩니다. GMAT이라는 시험을 봐야 하는데 다행히 Verbal과 Math 두 과목이 있습니다. 만점은 800점이고요.

그나마 GRE는 학원도 여러 곳이 있는데 GMAT은 학원 수도 적고 학원비도 좀 하는 편이죠. 저도 3년 전인가 미국 MBA가려고 GMAT시험을 준비하고 시험도 봤었는데 완전 새로운 세계인 수학문제를 영어로 풀어야 했던 기억이 있습니다.

개인적으로는 MBA를 추천합니다. 패션기업뿐 아니라 다양한 사례를 공부할 수 있고 인맥의 수준이 일반 대학원과는 아예 다르기 때문이죠. 하지만 본인이 패션머천다이징으로 아예 방향을 잡았다면 FIT도 괜찮을 듯해요. 어차피 직급이 올라가면 대학원에 준하는 과정의 교육적 소양은 반드시 필요합니다.

FIT 경우에는 대학원 과정에 'Global Fashion Management'라는 과정을 이용하는 사람들도 많은 것 같은데 잘 선택하시기 바랍니다.

친절하고 싶은 멘토씨가

사범대에 재학 중인 여학생의 패션MD되기

선생님, 안녕하세요. 저는 ○○대학교 1학년 사범대에 다니는 학생입니다. 저는 지방 국립대에 많이들 부러워하는 사범대에 들어갔지만 진로에 대해 계속된 방황을 하다가, 지금은 패션기획MD를 꿈꾸게 되었으나 전과를 해야 할지 복수전공을 해야 할지 난감합니다.

전과를 하기에는 저희 학교 의류학과가 '알아주지 않는' 과라 친구들이나 지인들이 모두 리스크가 큰 것 같다고 하는데 그렇다고 기획MD를 하자니, 의류학과에서 배우는 과목들이 꼭 필요합니다. 그렇다고 복수전공을 하자니 두 전공들의 과제가 너무 많아 제가 두 가지를 다 제대로 해낼 수 있을지 걱정됩니다. 편입을 하자니 남들 1, 2학년 때 다져놓은 기초들을 따라갈 수 없을 것 같습니다.

전과와 복수전공 그리고 편입 셋 중에 어떤 것이 더 나은 방향일까요?

다음은 유학에 대한 문제입니다. 저는 2년 혹은 4년이라는 긴 유학보다는 짧게 방학 때 하면서 졸업도 제때하고, 실무를 경험할 수도 있는 인턴이 더 하고 싶은데, 친구는 아무리 유학이 꼭 필요한 것이 아니라고 해도 '유학자들이 수두룩한데 비 유학자를 뽑을 것 같으냐?'며 구박을 합니다.

정말 유학자들 사이의 비 유학자는 '군학일계'일까요?

{ **뫼비우스 띠를 가지고 있는 것 같은 고민 많은 G양**

우선은 각각의 조건부터 좀 살펴야 할 것 같습니다. 일단 전과를 한다는 것은 본인이 사범대를 포기한다는 의미이겠습니다. 본인에게 그럴 만큼 패션기획MD가 되고자 하는 열망이 간절한가요? 정말 후회하지 않을 만큼 여기에 인생을 걸 마음의 각오가 되어 있습니까? 확실해요? 그럼 돌아볼 것 없습니다. 전과를 하세요.

하지만 여기서 조금이라도 '혹시'나 하는 마음이 든다면 그럴 준비가 되지 않은 겁니다. 그럼 패션기획MD가 본인에게 강력하지 않은 겁니다. 그럼 일단 전과는 잊으세요.

복수전공은 시간과 노력을 상당히 요구하는 일입니다. 남들 하나를 할 때 두 가지를 하려고 하면서 편하게 하려고 생각하는 것 자체가 말이 안 됩니다. 하지만 하는 사람들이 있습니다. 아니 있는 정도가 아니라 많죠. 그리고 사람이 할 수 없는 것도 아니고 이미 너무 많은 사람들이 복수전공을 하고 있는데, 본인은 왜 그걸 못할 것 같다고 생각하나요?

판단하건대 미리 겁을 먹은 것 같습니다. 결국 이 부분에 있어서는 하고 싶기는 한데 하기는 싫은 거라고 할 수 있죠. 이 경우에는 대부분 하게 된다면 중간에서 포기하게 됩니다. 죽도 밥도 안 되는 경우라고 할 수 있습니다. 사람이 의지가 있어야 뭐든 되는 것인데 지금의 상태로 보면 이 부분은 본인의 의지가 별로 없어 보입니다.

열정과 노력은 다른 말입니다. 열정은 말로 해도 됩니다. 있다고 하고 눈만 이글이글 타오르게 하면, 있는 줄로 상대방이 오해할 수도 있죠. 하지만 노력은 몸으로 하지 않으면 절대 할 수 없습니다.

대부분의 학생들이 자신은 열정이 있다고 합니다. 하지만 노력은 안 하죠. 노력 없는 열정은 그래서 허상입니다. 그냥 농담하고 비슷해서 전혀 가치가 없습니다. 모든 젊은이들이 다 가지고 있어서 특별하지 않고, 보이지 않아서 특별하지 않습니다. 이것도 잊으세요.

남은 것은 편입인데, 이것은 제가 얘기 안 해도 어려운 것을 아실 테니 달리 얘기 안 해도 될 것 같습니다. 편입을 하는 것이 제일 좋습니다.

편입은 지금 대학에서 '탁'하고 튀어 올라 자신의 시그널을 바꿀 수 있는 가장 강력한 장치입니다. 하지만 어렵고 적어도 국내 10위권 대학 안에 갈 목표가 아니라면 굳이 할 필요 없다고 생각합니다. 할 수 있다면 이걸 하시고 그럴 용기와 그럴 의지가 없다면, 괜히 편입공부한다고 학과 성적 떨어질까 겁납니다. 두 가지를 병행해야 하는데 할 수 있을까 싶은데요. 그렇다면 다 제하고 나니 할 것이 없습니다.

제가 하고 싶은 얘기는 본인의 희망이 아니라 본인의 의지입니다. 세상의 모든 일은 본인이 얼마나 간절히 원하느냐에 따라 달라집니다. 어떤 사람은 본인의 희망을 위해 멀쩡히 사회생활을 하다가도 회사 때려치우고 학교를 들어갑니다. 뭔가에 이끌려 주체하지 못하고 전과나 유학을 가는 학생들도 아주 많죠. 결론은 뭐가 답이 아니라 본인이 패션기획MD가 되기를 얼마나 간절히 바라고, 그것을 비전과 목표로 생각하느냐에 따라 달라집니다. 의지와 노력이 있다면 뭐든 상관없습니다.

우선 그게 있는지, 그걸 할 수 있는지를 스스로 결정하세요. 세상을 살다 보면 그게 무엇이든 하나를 가지기 위해서는 반드시 버려야 하는 것이 있기 마련인데, G양의 지금 고민은 아무것도 버릴 마음이 없어 보입니다.

패션기획MD가 되는 것보다 버려야 하는 수많은 노력, 많은 공부, 남들이 2년 동안 쌓은 실력을 극복할 피나는 노력 등이 아까운 것 같습니다. 그게 아까우면 아무 것도 할 수 없습니다.

한 곳에 미쳐서 뭘 해도 잘 안 되는 것이 세상인데 지금 같은 의지의 수준이면, 시작하지 않는 것이 본인을 위해서 좋을 것 같습니다. 나중에 진짜로 원하는 것이 무엇인지가 결정나면 그때 하세요.

유학에 대해서는 걱정하는 것만큼 '군학일계(群鶴一鷄)'가 아닙니다. 그럼 모든 인턴들과 신입사원들이 유학파여야 하는데 실제로 그렇지는 않습니다. 유학하지 않고 인턴되는 경우도 많고 MD되는 경우도 많습니다. 유학을 다녀온다면 사람들이 외부에서 봤을 때나 스스로도 뭔가를 위해 준비와 투자를 했다고 보이겠죠? 결국 본인이 어떻게 준비하느냐에 따라 달라지는 것이지, 반드시 유학이 답이라고는 할 수 없습니다.

유학한 애들 보다 본인이 준비를 더 잘했으면 인턴도 하고 취업도 하는 겁니다. 결과는 유학의 유무가 아니라 준비의 유무에 따라 달라집니다.

유학이 정답이 아니라고 믿는 멘토가

4) 전공 문제

고3이 된 남학생의 패션바잉MD에 맞는 전공 정하기

안녕하세요. 저는 이제 막 고3이 된 학생입니다. 어렸을 때부터 패션 쪽에 관심이 많았습니다. 그런데 부모님한테는 말도 못 드려보고 혼자만 꿈꿔 온 꿈이 바로 패션MD입니다.

저는 지금 경영학과에 진학하려고 열심히 공부 중입니다. 직접 상품을 바잉해 오고 하는 MD는 경영학과보다는 의상학과나 섬유학과와 같은 학과가 유리하다고 하던데, 어떤 전공을 하는 것이 맞는 건가요? 블로거님께서 MD에 대해 잘 알려주셨으면 합니다. 의상학과 같은 학과는 실기도 중요하다고 하던데, 저는 미술을 초등학교 이후에 해본 적이 없습니다. 궁금한 질문에 대하여 답변을 부탁드립니다.

꿈을 키우고 있는 고3 학생 A군

반갑습니다. 직접 의류를 포함한 패션상품을 해외에서 바잉해 오는 사람이라면, 패션에 대해서 제일 잘 아는 것이 중요합니다. 보통은 패션의류나 잡화류를 제일 많이 바잉하는 것으로 알고 있으니까, 그런 의미에서 의상학이나 패션관련학과에서 공부를 하는 것이 순서상으로는 맞는 얘기입니다. 하지만 지금 고3이면 그럼 수능이 제일 문제 아닌가요?

수시로든 정시로든 우리나라에서는 좋은 학교에 들어가야 뭔 얘기가 되는 겁니다. 공부는 전공이 안 되면, 부전공을 해도 되고 복수전공을 해도 되고 연계전공을 해도 되고 나중에 모자라면, 대학원을 가도 됩니다. 의지만 있고 이유만 분명하면 전공은 전혀 문제가 안 됩니다. 그런데 지금은 그걸 가능하게 하는 것, 아니 가능보다는 수월하게 하는 것이 우수한 수능결과로 인한 좋은 대학으로의 진학입니다. 설사 수시, 입학사정관 제도를 이용해서 대학에 갈 생각이라도 기본 내신이 도와주질 않으면 말짱 도루묵입니다. 엉뚱한 얘기지만 지금은 학교공부가 제일 중요합니다. 과는 나중에 성적 나온 다음에 생각해도 전혀 늦지 않습니다.

오히려 내가 부탁을 하고픈 것은 지금은 학과에 대한 생각보다는 내신과 수능에 대한 생각을 먼저 하는 것이 좋겠습니다.

수능 보기 전까지는 경영학과니 패션관련학과니 이런 것은 마음속으로만 생각하고 무조건 공부에 집중하는 게 먼저입니다. 시험 잘 보고 내신 좋으면 미술 실기 못해도 갈 수 있는 패션관련학과와 학교는 아주 많으니 걱정을 하지 않아도 됩니다.

열린 가능성을 믿는 화양동 멘토가

전공선택의 기로에선 여학생의 패션MD되기

저는 25살로, ○○대학교 사회학과 경영학 복수전공을 하다가 올해 2012년 ○○대학교 의류학과와 ○○대학교 소비자 정보학과에 지원하여 합격하게 된 여학생입니다. 제가 하고 싶은 일은 패션마케터, 패션컨설턴트, 패션MD입니다. 의류학에 관심은 있지만 의류디자인으로는 관심이 없습니다. 늦은 나이에 편입을 마음먹은 이유도 이 일들을 하고자 방향설정을 다시금 하고 싶었기 때문입니다.

사실 패션산업에 대해 관심은 많지만 전공자도 아니고, 겉으로 보이는 것만이 관련 직무의 전부가 절대 아니라는 점을 알고 있고, 또 부끄럽지만 개인적인 정보력 부족 탓에 앞서 언급한 저런 일들의 차이점들을 아주 구체적이고 전문적으로 알지는 못합니다. 그러나 전적 대학에서 사회학과 경영학을 전공하였고 특히, 경영학에서 마케팅 관련 과목을 위주로 들었기에 마케팅과 관련된 기초 지식은 마련된 상태라고 생각합니다.

그런데 제가 취업하고자 하는 기업은 제일모직, LG패션, 한섬 같은 대기업입니다. 더 나아가서 분야에서의 전문성이 쌓이면 대기업 편집매장에 기획MD일이나, 브랜드 컨설팅 쪽으로 일을 하고 싶습니다.

질문은 다음과 같습니다.

1. 지금 현재 두 가지 전공을 두고 선택을 해야 하는 입장에서 학부에서 의류학을 전공하는 것이 나을지, 아니면 보다 포괄적인 학문인 소비자정보학을 전공하는 게 나을지에 대한 판단이 서지 않습니다. 현업에서 일을 해보신 결과, 제가 하고자 하는 진로의 방향을 고려할 때 두 전공 중 어느 전공을 선택하는 것이 좋을까요?

2. 제 나이가 25세인 만큼 특히 여사원의 경우 기업에서는 나이를 많이 따진다고 들었습니다. 2년간의 학교생활을 마치고 바로 취업을 할 계획입니다. 그리고 취업 후에는 현업에서 직무경험을 쌓을 것이고 취업 후약 4~5년 후에는 미국 '파슨스'나 'FIT'에 패션마케팅 대학원 과정을 이수하거나, 경영학 MBA를 생각 중에 있습니다. 이렇게 대학졸업 후의 취업계획, 취업 후의 대학원 진학계획을 고려했을 때 의류학과 소비자정보

학 둘 중에서 학사학위는 어느 쪽을 선택하는 것이 맞을까요?

이런저런 사정도 많고, 이미 마음속에 계획하고 있는 것들이 있어 내용이 길어진 점 너그러이 이해 부탁드립니다.

선택의 기로에선 B양

축하합니다. 편입을 공부하는 사람들은 많은데 의외로 성공하는 사람들이 적은 세상이라 모처럼 편입에 성공한 학생을 만나는군요.

거두절미하고 본인이 패션에 관련된 일을 할 예정이라면 패션을 공부하는 게 맞습니다. 당연히 의류학을 전공해야 합니다. FIT의 경우에도 패션디자인이 아닌 패션머천다이징 과정에 들어가도 1년은 꼬박 디자인을 공부합니다. 이유가 뭘까요? 패션에 관련된 모든 비즈니스는 기본이 패션디자인인 겁니다. 그걸 할 줄 아는데 안 하는 것과 할 줄 모르는 것은 천지차이입니다.

한 사람에게 모든 솔루션이 나오는 사람이 정말 실력있는 사람입니다. 마케팅만 하면 맨날 입으로는 말이 많은데 실제로 한번 해보라고 하면 못하거든요. 그런 사람은 너무 많습니다. 의류학을 전공하시고 경영학을 복수전공하시면 어떨까요?

나중에 대학원을 가실 때도 실무경험을 가진 후에 경영학에 대한 정보를 무장하는 것이 훨씬 강력하니까 후회하지 않을 겁니다.

대학생활을 하면서 패션MD나 유통마케팅 쪽의 인턴 경험을 쌓을 수 있는 기업과 기회에 대해서는, 요즘에는 학교 내 경력개발센터들이 아주 활발하게 움직이는 것 같던데 지혜롭게 이용해 보시기 바랍니다. 별 것 없을 거라고 생각하지 말고 그 중에서 '별 것'을 찾을 생각으로 도움을 받는 게 좋겠습니다. 그거 다 등록금에 포함되어 있는 서비스입니다. 그래서 등록금이 비싼 것 아닐까요.

아무튼, 잘 준비했으니 고삐를 늦추지 말고 더욱 매진하시기 바랍니다.

편입을 축하하는 멘토가

한국화과를 졸업한 25세 학원생의 패션MD되기

선생님, 안녕하세요. 저는 ○○대학교 한국화과를 작년 2월에 졸업한 25세 학원생입니다. 순수미술을 전공했기 때문에 경영이나 유통 쪽에 대해 솔직히 말하면 문외한입니다. 1주 전쯤 선생님 특강을 듣고, 블로그를 구경하다가 저도 조언을 좀 구하고자 이렇게 메일을 씁니다. 저는 패션 MD가 되고 싶어 현재는 'MD전문학원'을 다니고 있고 '토익스피킹' 공부를 하고 있습니다. 블로그를 보니 경영학과, 식품공학과, 영문학과 등 MD에 가까운 과를 다니고 있는 친구들은 많고 저처럼 관련 없는 학과를 다닌 친구들은 별로 없는 것 같아 궁금한 점이 많습니다.

1. 관련 없는 학과로 전공을 하여 준비할 게 많다고 생각이 되는데요. 경영학 지식, 머천다이징 지식, 패션에 대한 지식 이런 것들을 책을 통해 공부를 해야 하는지? 구체적으로 어디서, 어떻게 준비해야 되는지 궁금합니다.

2. 토익스피킹 공부를 하고 있는데 앞으로 1~2개월 내에 레벨 6 이상을 얻고, 그 이후에 영어회화 공부와 더해서 중국어 공부를 하려 하는데 이것에 대해 어떻게 생각하시는지, 계획은 이번 연도 하반기 공채가 목표라 시간이 별로 없는 것이 사실인데요.

제게는 특별한 무기가 없으니 생각한 것이 중국어인데 무리일까요? 취업하기 전에 하는 중국어 공부가 취업에 도움이 될지 궁금합니다. 한다면 어느 정도 공부를 해야 하는지, 아니면 영어공부 하나만 더 완벽하게 공부를 해야 하는지 궁금합니다.

3. 25살이기 때문에 시간이 넉넉한 나이는 아니라고 생각합니다. 그래서 학원 수강 과정 6개월 동안 최대한 준비를 해서 하반기 공채가 목표입니다. 중간에 인턴으로도 일할 계획이 있습니다. 하지만 이력서에 쓸만한 이력이 별로 없어서요. 해봐야 영어점수, 인턴 경력, 포트폴리오뿐입니다. 이력서에 쓸 수 있는 어떤 것을 더 준비해야 할까요?

유통관리사 자격증이나 샵마스터, 컬러리스트 이러한 '자격증'도 같이 준비해야 하나요? 그리고 이 짧은 시간에 '블로그' 준비하는 것도 도움이 될까요?

4. 남들이 하지 않는 것을 하라고 하셨지요? 그래서 생각이 난 것인데 한 사이트를 통해 인터넷 상점을 열어 제가 쓰지 않는 물건들을 판매하고 있는데요, 여기서 겪은 일들이나 느낀 것들을 경험으로 이력에 넣을 수 있을까요?

5. 선생님께서 생각하셨을 때 제가 MD의 길로 갈 수 있는 가장 최적의 방법이 무엇인지 궁금합니다.

특강에서 만난 P양

우린 특강으로 만난 사이군요. 현재 학원에서 공부를 하고 계시다고 하니, 실은 학원에서 가르치는 것만 잘 하셔도 될 것 같습니다. 학원에는 특강도 있을 것이고 스터디도 있을 것입니다. 그런 활동들을 통해서 다양한 것을 체험하시는 것이 일단 지금으로서는 최선일 것 같습니다. 그냥 혼자서 책을 통해서 익히는 것이 아니라 스터디를 통해서 알아가는 것이 훨씬 도움이 되실 겁니다.

토익스피킹 공부는 계획대로 하고 예상된 결과까지 한방에 나오면 참 좋은데 과연 1~2개월 공부해서 스피킹이 레벨 6 이상이 나올까 싶습니다. 지금은 얼마나 하시는지 모르겠지만요. 그거 하루 이틀에 나오는 점수가 아니거든요. 물론 할 만하니까 하겠다고 하는 거겠죠? 토익은 한 850점 이상은 되시는 거죠?

중국어를 얘기해서 좀 놀랐습니다. 몇 급 정도 되세요? 최소한 신HSK 4급, 경쟁력 있으려면 5급은 되어야 합니다. 당연히 회사에 취업하더라도 중국어 공부는 계속해야 합니다. 그래야 잊어버리지 않으니까요.

만약 토익 800점이 안 되는 상태라면 무조건 영어부터 하세요. 영어도 안 되는데 중국어까지 넘본다는 것은 '방자한' 일입니다. 영어가 기본입니다. 그러나 영어가 충분하다면 중국어는 아주 좋습니다.

이력서에 쓸만한 내용은 대부분 준비된 것 같습니다. 유통관리사 자격증은 별로 필요 없고 샵마스터 자격증도 공인된 것은 아니니까, 군이 필요 없습니다. 컬러리스트자격증 정도나 필요할까?

블로그를 준비하는 것은 당연히 좋습니다. 단, 남의 얘기가 아닌 본인의 얘기와 본인만의 시선을 담도록 하세요. 남의 기사를 퍼 나르는 것, 남의 본문을 스크랩해 놓는 것은 재료의 복사일 뿐 별로 가치가 없습니다. 자기의 것이어야 경쟁력이 있습니다.

P양이 MD의 길로 갈 수 있는 가장 최적의 방법이 무엇인지는 제가 잘 모르겠습니다. 제가 무슨 무당도 아니고 본인의 백그라운드나 관심에 대한 충분한 이해 없이 단 한통의 메일로 어찌 그 '신묘막측 (神妙莫測)'한 일을 알겠습니까?

학원에 다닌다고 하니 제 생각에는 학원에 문의하시는 것이 맞지 않을까요? 학원에 낸 돈에는 수업료 이외에 진로 컨설팅 비용과 개인 상담 비용이 포함되어 있습니다. 당당하게 물어보고 코칭도 받으세요, 학원이 당연히 해줘야 하는 일입니다.

패션MD를 뽑는 사람의 입장에서 본인이 패션을 전공한 사람들보다 어떤 점이 더 우수하기에 본인을 채용할지, 그걸 잘 생각해야 됩니다.

한때 대생과 공감으로 미래를 가려고 했던 멘토가

외식산업학을 전공하는 4학년 여학생의 식품MD되기

멘토님, 안녕하세요. 저는 현재 지방에 있는 사립대를 다니고 있습니다. 학과는 외식산업학과이며 올해 4학년이 됩니다. 저는 식품MD를 하고 싶은데요. 저희 학과에서 유통이나 마케팅 쪽으로는 수업을 많이 하지 않아 그쪽 지식이 없습니다. 또한 교직이수 중이라 경영학과 수업을 청강하기란 좀 어려웠습니다.

그런데 제가 내년에 식품분석 쪽으로 대학원을 갈 생각이었습니다. 물론 MD와 맞지 않는다는 것은 알지만 식품 쪽으로 좀 더 전문적인 지식을 얻을 수 있으리란 생각이 들었습니다. 그런데 저번에 특강을 들은 후 확신이 들지 않습니다. 나이가 어릴수록 좋다는 말에 대학원은 나중에 가야 할 것 같았지만, 제가 유통 쪽에 지식도 없는 지방대인데 MD계열로 취직이 가능할지는 확신이 안 듭니다.

그리고 제가 대학원을 가게 된다면 식품분석과 호텔경영쪽 중에서 어느 쪽이 MD직무에 좀 더 도움이 될까요? 지금부터 혼자서 공부를 시작하면 어떤 것을 먼저 공부해야 도움이 될까요?

앞으로의 비전이 궁금한 J양

우선 왜 식품분석 쪽으로 대학원을 가려고 했는지가 궁금합니다. 사실 본인이 예측한 대로 식품분석 분야는 식품 연구원이 되는 데는 분명히 도움이 되겠지만 식품MD가 되는 것과 별로 상관없어 보이거든요.

아울러 정말 본인이 무엇이 되고 싶은지, 어떤 일을 하는 사람이 되고 싶은지에 대한 비전과 함께 살고 싶은 삶에 대한 정의와 개념도 바로 잡혀야겠습니다. '이것도 좋고 저것도 좋고', 혹은 '이래도 되고 저래도 되고'라는 식의 생각은 현저히 공격력과 추진력을 떨어뜨립니다. 의도가 분명해야 됩니다.

아마 강의를 듣고 갑자기 MD로 급선회하게 된 경우인가 봅니다. 비록 지금은 유통지식이 좀 부족하고 설사 지방대 출신이라고 해도 식품을 전공한 전공자로서 식품MD로 취업을 하는 것은 분명히 장점이 있다고 생각됩니다. 일단 본인 스스로 자신감을 가지고 적극적으로 덤비실 필요가 있어 보입니다. 현재는 너무 공손함이 느껴집니다.

적극적인 것과 함께 본인은 식품MD로 취업을 하기 위해 마케팅과 외식경영에 대해서도 어느 정도 지식을 가지고 있어야 합니다. 이유는 당연히 저만 해도 누군가가 자신을 외식산업학과 졸업생이라고 소개하면 '외식산업에 대한 이해와 외식경영과 마케팅'에 대해서 공부했을 것이라고 생각하기 때문입니다. 경영학에서 나오는 일종의 원산지 효과입니다.

게다가 요즘 외식은 식품영양학 이런 거 공부 안 합니다. 누가 요즘 영양소 따지고 있나요, 그건 개발도상국 때 얘기고 지금 우리나라는 선진국인데, 다 마케팅입니다. 당연히 외식경영에 대한 공부를 했을 것이라고, 경영학에 대한 기본 이해는 있다고 생각할 것입니다. 그러니까 그런 사람들의 기대에 부응하도록 외식산업과 경영에 대한 공부도 준비를 해 두시는 것이 맞겠습니다.

식품MD를 원하고 있는데 뭔 일인지 대학원을 가야 한다면 식품분석법보다는 호텔경영이나 외식경영, 하여간에 경영과 마케팅 공부를 하는 것이 유리하다고 생각됩니다. 실제로 현장에서 식품MD가 식품분석할 일은 거의 없고 그냥 다 외주주면 됩니다.

늦었다고 생각할 때가 제일 빠른 때랍니다. 빨리 목표를 정하시고 목표가 정해졌으면 뒤 돌아보지 말고 달리기를 하세요.

속도보다 방향이 중요하다고 생각하는 멘토가

의상학과에 재학 중인 여학생의 패션MD를 위한 부전공 선택하기

안녕하세요. 저는 현재 ○○대학교 의상학과에 재학 중인 이제 2학년 올라가는 학생입니다. 먼저 선생님의 책을 읽고 진로를 택하는데 많은 정보를 얻을 수 있었던 것에 감사드립니다. 이렇게 제가 직접 메일을 보낸 계기는 전공 선택에서 제가 많은 혼란을 겪고 있기 때문입니다.

저는 고등학교 때부터 패션MD가 되고 싶어 의상학과를 선택했습니다. 하지만 블로그의 많은 글들을 읽으니 의상 쪽의 전문적인 지식뿐만 아니라, 마케팅 쪽으로의 정보도 많이 필요한 것 같습니다. 저희 학교에는 무역학과가 있어서 무역학과를 복수전공을 하려고 하니, 의상학과 전공은 36학점이고 무역학과나 경영학과의 전공은 50학점 이상을 들어야 합니다.

하지만 저는 의상에 대해서 더 많이 공부를 하고 싶고 전공 수업의 모든 수업을 듣고 싶습니다. 그래서 심화단일 전공을 하고 총 이수해야 할 학점 중에서 남는 것은 자유롭게 들을 수 있는 6과목을 무역 쪽에서 자체적으로 선택해서 듣고 싶습니다. 마케팅쪽 지식을 얻기 위해서 이번 겨울

방학부터는 유통관리사 자격증 준비를 시작하여 다음 1학기에 시험을 준비를 계획 중입니다. 이미 토익 900점을 가지고 있어 이번 겨울에는 교환학생준비를 위해 토플학원을 등록했습니다.

심화단일 전공을 하면서 자격증으로 마케팅, 유통 쪽으로 지식을 얻기로 한 제 선택이 복수전공보다 나은 선택일까요?

나중에 취직할 때 졸업장에 복수전공으로 마케팅 관련된 과가 찍혀있다면 더 유리할까요? 조언 부탁드립니다.

착실하고 잘 준비된 P양

개인적으로는 무리하게 복수전공을 하는 것보다 심화단일 전공이 더 좋을 것 같습니다. 이 정도로 계획뿐만 아니라 성과를 보이는 학생이라면 굳이 복수전공할 필요는 없어 보입니다. 회사에서 면접볼 때 전공 많이 했다고 점수 더 주지 않고 들어가서도 월급 더 많이 주지 않습니다. 대신 그야말로 '심화'니까 정말 심도 있게 공부해서 지적 성숙은 물론, 의상학에 대한 깊은 이해를 하는 것이 더 좋겠고 기회가 된다면 꼭 교환학생도 반드시 다녀오기 바랍니다.

요즘은 모든 분야에 마케팅이 활성화되어 있어서 마케팅과목이 의상학과에도 분명히 있을 겁니다. 조금 번거롭겠지만 굳이 부전공이라는 타이틀이 아니어도 청강을 할 수도 있고요. 필요한 경우 경력지원센터나 취업준비를 도와주는 곳에 요청을 하시면 필요한 강의들도 분명히 열어줄 겁니다.

나중에 취직할 때 졸업장에 복수전공으로 마케팅 관련된 과가 찍혀있다면 얼마나 유리할지에 대해서는 제가 다 알 수 없는 부분입니다. 개인적으로는 '뽑는 사람 맘'일 것 같습니다. 하지만 '전공에 따라 직무를 구분한다'라는 명제에서 보면, 옛날에는 대학을 다니는 사람들이 많지 않아서 부전공이라도 한 사람을 찾던 때가 있었지만, 지금은 대학 나온 사람이 이렇게 많은 세상인데 굳이 전공한 사람을 놔두고 부전공한 사람을 채용할 리가 없습니다. 또 대부분의 회사들은 신입사원을 채용한 후 두 가지 일을 동시에 시키는 일이 없이 결국 한 가지 일을 시킵니다. 의상관련 지식과 실력은 단기간에 배우거나 연습할 수 있는 것이 아니지만, 마케팅은 그보다는 훨씬 빨리 현업을 통해서도 익힐 수 있으니 제가 P양을 채용하더라도 일단 의상 쪽으로 채용한 후에, 일이 익혀지면 자연스럽게 마케팅에 대한 것을 익히도록 하게 할 것 같습니다. '감'이 있는 사람은 훨씬 빠르거든요.

그럼에도 불구하고 본인이 좀 불안하고 좀 더 공부해야겠다 싶으면 앞서 얘기한 대로 마케팅 동아리나 대기업에서 하는 마케터체험단 같은 활동을 하는 것이 좋겠습니다.

심화에 걸맞은 탁월한 전공실력과 대외적으로는 교환학생, 연합동아리, 마케팅 활동 등을 하면서 지금처럼 영어 놓지 말고 950점까지만 잘 유지하면 됩니다. 그리고 1년에 한 번씩 유럽이나 아시아 지역 백화점 패션코너 투어, 미국 동부 패션코너 투어 등 이런 것을 자체적으로 기획해서 다녀오고 자료로 남겨 리포트로 정리해 놓습니다. 또 가끔 거기서 만난 외국친구들과 사진도 찍고 그걸 블로그에 올려놓으면 괜찮을 것 같습니다.

지금처럼 잘만 관리하면 우리나라에 많은 일자리를 창출시킬 훌륭한 사람이 될 것 같습니다.

가능성이 높은 후배를 새로 발견한 멘토가

고등학교 2학년에 재학 중인 남학생의 패션머천다이징학과 가기

안녕하세요. 저는 인문계 고2 학생으로 MD를 하고 싶습니다. 디스플레이어 쪽에 관심이 많아서 백화점 디피나 그런 것을 굉장히 하고 싶습니다. 머천다이징은 그런 것도 하고 마케팅 등 이것저것 다하는, 좀 더 전문적인 것 같아서 너무 하고 싶습니다. 그래서 미대를 가려고 하는데 무엇보다 MD를 하려면, 경영학 등 마케팅 분야의 학과와 미술학과를 복수전공하는 것이 좋다고 들었습니다.

질문이 있습니다. 대구에 보니까 계명대학교라고 있던데 거기 패션머천다이징학과가 있는데, 거기 가면 뭘 배우게 되고 실제로 MD가 될 수 있을까요?

전 미술을 이제 시작하여 사실 실기가 걱정이 됩니다. 실기보다는 수능 성적을 더 많이 치는 것 같아서 그쪽을 노리고 있는데(성적은 언어 1, 외국어 2, 사탐 1, 수리 3등급이고요) 맞는 선택일까요?

학원에서 상담을 받아도 될까요? 학원은 굉장히 상업적으로 상담을 해준다고 들었습니다. 답답하고 MD를 하기 위해서 어떻게 진로와 학과를 정해야 할지도 잘 구분이 안가는 상황에서, 어디서 상담을 받는 것이 제일 이로울지 모르겠네요. 좀 도와주세요.

열의에 찬 미래의 머천다이저 T군

이걸 제가 얘기하는 게 맞는지 모르겠습니다. 이미 학교까지 딱 언급을 해놓은 상황이라서 개인적으로 판단할 때는 학교로 찾아가시거나 거기서 상담을 하시는 것이 더 맞다는 생각이 들어요. 아무리 저나 다른 사람이 얘기해도 학교가 말하는 것이 정답 아니겠습니까? 하지만 블로그에 와서 보는 친구들도 있을 테니까 질문들을 하나하나 밟아보겠습니다.

우선 MD를 하고 싶다고 하는 말과 디스플레이어 쪽에 관심이 많다는 말은 좀 연결이 매끄럽지 않습니다. 물론 MD가 VMD도 공부를 합니다. 하지만 T군이 상품기획이 아닌 디스플레이 쪽에 더 많은 관심이 있다면 패션머천다이징학과를 갈 것이 아니라, 시각디자인이나 인테리어 관련학과를 가는 게 더 맞아 보입니다. 거기 가시면 하고 싶어 하는 '백화점 디피나 그런 거' 아주 많이 하실 수 있을 겁니다.

패션머천다이징은 머천다이징보다는, 더 어렵고 더 많은 변수들을 생각해야 하는 직무입니다. VMD를 포함해서 기획과 영업, 마케팅 등을 해야 합니다. 디스플레이 쪽을 강화할 것인지 아니면 경영이나 마케팅 쪽을 강화할 것인지에 따라 전공도 달라지겠네요. 그런데 그나저나 지금 고2라면 이런 거 신경 쓰지 말고 일단 학교에 들어갈 수 있는 상태를 만들어 놓는 것이 급선무 같습니다.

대구 계명대학교는 개인적으로 제가 멘토링을 해주는 후배의 출신학교라서 잘 보고 있습니다. 해외복수 전공프로그램도 있고 다양한 제휴프로그램이 있는 것 같더군요. 들어가서 보시겠지만 패션머천다이징학과에 가보시면 커리큘럼이 소개되어 있습니다. 아주 디테일하게 나와 있으니까 참고하면 될 것 같습니다. 당연히 거기서 그 일과 그 일을 할 수 있는 역량을 가르쳤다면 졸업을 하고 나서 MD가 될 수 있겠습니다. 다만, 기업에서 어떻게 생각을 하고 있을지, 기업이 원하는 과목을 가르쳤는지, 기업이 흡족할 만한 사람으로 교육되었다는 전제하의 얘깁니다.

들어가기 위해 실기시험을 보는지는 모르겠습니다. 안 본다고 들은 것 같기도 하구요. 하지만 운 좋게 없다고 해도 들어가서는 미술을 해야 할 겁니다. 더군다나 본인은 VMD 쪽에까지 관심이 있으니까 무조건 해야 합니다. 그 대신, 하면서 미술과 함께 사진기술도 함께 배워놓기 바랍니다. 관련된 소프트웨어(일러스트나 포토샵)도 다룰 수 있어야 합니다.

학원에서 상담받는 것에 그렇게까지 부정적일 필요는 없어 보입니다. 물론 상업시설이니 어쩔 수 없는 부분은 있겠지만 바꿔 생각하면, 상업시설이기 때문에 더 좋은 정보를 줄 수 있는 겁니다. 계명대학교 패션머천다이징학과 4년 커리큘럼은 계명대학교 패션마케팅학과 사이트에 들어가서 알아보기 바랍니다. 저도 배워보지 않아서 질은 어떤지 모르겠습니다. 사이트를 살펴본 결과 양은 충분해 보입니다.

머천다이징 학과에 관심이 아주 많은 멘토가

통계학을 전공한 취업준비생의 인터넷 쇼핑몰MD되기

안녕하세요. 저는 25세 취업준비생 여자입니다. 블로그를 알게 된 후로 즐겨찾기 해두고 종종 들어가서 잘 보고 있습니다. 다름이 아니라 이번에 제가 ○○닷컴의 MD직무에 인턴으로 면접을 보게 됐습니다. 선생님의 조언을 좀 구할 수 있을까 싶어 용기를 내 메일을 보내봅니다.

저는 통계학 전공자이고, 자격증은 사회조사분석사 2급, 마케팅조사분석사 2급, 컴퓨터활용 1급, 정보처리기능사 이렇게 보유하고 있습니다.

MD라는 직무가 생소하긴 한데 운 좋게 서류는 통과했던 것 같습니다. 이제 면접만 잘 통과하면 MD인턴으로 첫 사회경험을 시작할 수 있을 것 같은데요. 이번 상반기 동안 타 직무의 면접 경험도 몇 차례 있었지만 번번이 고배를 마셔왔는데, 이번 MD직무는 제 전공도 아닌 탓에 더욱 자신이 없습니다. 바로 질문 드리겠습니다.

1. 저의 전공인 통계학이랑 MD직무를 어떻게 잘 연관지어 면접 때 어필할 수 있을까요? 마케팅 자격증처럼 제가 현재 보유한 자격증 등으로

충분히 어필할 수 있을까요?

2. 지금까지 줄곧 IT직무나 시장분석 직무로 지원을 해왔는데, MD직무는 처음입니다. 물론 저의 의지와 애착이 가장 중요하겠지만 비전공자인 제가 앞으로 MD라는 직업으로의 성장 가능성이 있을까요?

3. 지금이라도 MD업무에 필요한 자격증 또는 준비해야 할 것이 뭐가 있을까요? 상반기가 끝나가는 마당에 어렵게 잡은 기회인 만큼, 꼭 이번 MD면접을 잘 보고 싶습니다. 마지막 남은 면접이거든요. 어차피 인턴이라 두 달 동안은 업무에 대해 교육 위주로 실습을 하겠지만, 이번 기회에 MD라는 직무를 꼭 경험해 보고 싶습니다.

제가 처음부터 MD를 목표로 준비해왔던 것이 아니기 때문에, 조금 더 조심스럽고 걱정되는 부분이 많은 건 사실입니다. 하지만 어쩌면 이번이 저의 평생 직업을 결정하는 기회가 될 수도 있다는 생각에 반드시 다가오는 면접에 꼭 후회 없이 준비해보고 싶습니다. 답변을 부탁드립니다.

잘 준비한 K양

반갑습니다. 본인이 공부한 통계학은 MD직무에 있어서 중요한 학문입니다. 결국 모든 비즈니스는 통계와 확률에 대한 얘기거든요. 그 정보를 알아야 제대로 된 상품기획도 마케팅 계획도 수립할 수 있으니, 실전에서는 통계학에서 배운 자료나 분석 기법들이 아주 큰 도움이 됩니다.

지금은 연관성에 대해서 얘기를 해야 하니 우선 면접 시에 질문을 받게 된다면 통계학을 4년 동안 공부하면서 분석하는 버릇이 생겼다고, 뭐든 그냥 지나치지를 못하고 이유를 살펴보고 통계를 내보고 수치의 이유를 생각해보고 알아보며, 변화요인들을 파악하는 것이 재미있어졌고 그래서 더 자연스럽게 몸에 배게 되었다고 얘기하면 될 것 같습니다. 충분히 설득력 있는 얘기거든요.

현재 보유한 자격증을 어필하는 것도 좋은 방법입니다. 분석을 위해 공부를 하다 보니 비교적 쉽게 땄다고 하세요. 공부하는 동안 세상에 관심이 많아졌고 통계학 공부하기를 잘했다고 생각한 일이 여러 번 있었다고 말하는 것도 좋겠습니다. 요즘은 전공에 애착과 전공에 대한 이해가 높은 사람을 기업이 선호합니다. 다들 스펙을 따느라 전공에 대한 지식은 오히려 모자라는 사람들이 많기 때문입니다.

비전공자인 본인이 MD라는 직업을 가진 사람으로서의 성장 가능성에 대해서 의문을 가지는 것은 아직 경험이 없어서 입니다. 일 해보면 알겠지만 통계학이 머천다이징에 밀접한 관련이 있습니다. 그리고 이게 위로가 될지 모르겠는데 우리나라에는 아직 MD전공학과가 없어요. 패션머천다이징학과가 있기는 하지만 패션에 국한되어 있고, 유통학과가 몇 곳 있기는 한데 상품기획이나 머천다이징에 대해서는 깊은 과정이 없어요. 그러니까 어차피 모두 비전공자입니다.

자신감을 가져도 좋겠습니다. 서류전형에 합격한 것만 봐도 알 수 있죠? MD업무에 필요한 자격증은 따로 없습니다. 들어가서 일을 하는 것이 최고입니다.

면접이 언제인지 모르겠지만 잘 보시기 바랍니다. 눈 크게 뜨고 눈에 힘을 주며, 자신감을 가지고 분명하고 또렷하게 말하세요. 상품에 관심이 많고 사람에 관심이 많다는 얘기도 꼭 하시기 바랍니다. 잘 될 것 같은데요? 결과가 나오면 알려주세요. 잘하면 내가 ○○ 미팅하러 갈 때 한번 볼 수 있겠네요. 파이팅입니다.

마케팅 조사 아노바(Anova)분석 때문에 머리 아픈 멘토가
P.S, 일주일 후에 최종 합격했다고 연락 옴.

아이엠MD

제5장

현직 MD 8명이 말하는
"나는 이렇게 MD가 되었다"

현직 MD 8명이 말하는
"나는 이렇게 MD가 되었다"

1) B2B MD

성명 : 김윤희

전공과 경력 : 중앙대학교 경영학부 경영학과

연수 : 입사 5년, MD경력 4년

회사명 : (주)코오롱 이플랫폼

담당카테고리 : 안전용품

1. 'MD'라는 직업을 선택하신 이유와 계기는 무엇입니까?

제가 사람 만나는 것을 참 좋아해요. 결국 MD라는 역할은 다양한 협력업체를 계속해서 만나야 하는 직업이잖아요. 저는 제가 가장 편하고 자연스럽게 할 수 있는 감정 중에 하나가 커뮤니케이션이라고 생각했습니다. 더군다나 저는 어려서부터 유통에 관심이 많았는데 MD라는 일이 직업의 특성상 주로 발로 뛰는 일이라 왠지 '잔뼈가 굵은 사람'이라는 이미지가 있어서 그 부분이 아주 매력적이었습니다. 책상에 앉아 있는 것보다는 저도 뭔가에 잔뼈가 굵은 사람이 되고 싶다는 생각을 했었습니다. 그래서 저는 회사지원도 계속해서 유통 쪽만 지원했었습니다.

대학교 때 건설회사 구매팀에서 잠깐 아르바이트를 한 일이 있었는데 분명히 스트레스를 받는 일이었지만 너무 재미있더라고요. 이익이 있고 판매를 하고 수익을 늘리고 하는 로직이 제가 무역을 전공했지만 실전에서 보니 더 흥미가 있었습니다. 개인적으로는 '나중에 제가 배운 무역을 회사에 적용함으로써 해외에 적절한 사무소도 운영하고 거기서 적당한 상품을 소싱함으로써 가장 이상적인 이익을 주도할 수 있지 않을까!' 하는 생각을 하며 유통 분야에서 일을 하고 싶었습니다. 저는 비교적 명확하게 MD에 대한 의도를 가지고 있었던 편이라고 할 수 있습니다. 사실은 중학교 때부터 무역에 관심이 있었습니다.

2. 본인이 생각하는 MD는 어떤 직업이며, 그에 따라 필요한 자질이나 성격, 지식은 어떤 것이 있을까요?

MD는 세상에서 제일 재미있는 직업이라고 생각합니다. 저는 정말 MD가 '뭐든지 다하는 사람'의 약자로 생각하는 사람이거든요. 자기가 기획을 하고 준비를 해서 판매를 한 제품이 매출과 수익으로 연결되는 과정을 보면, 제가 한 일이 한 부분이 아니라 전 부분에 걸쳐있어 각 부분에서 시키는 일 뿐 아니라, 플러스알파까지 했다고 생각하기 때문입니다. 더군다나 저의 시장예측으로 인해 다른 회사들은 상품이 없어서 판매기회를 놓치고 있을 때, 제가 기획한 상품은 때마침 물량을 확보해서 매출이 집중될 때의 짜릿함은 진짜 말로 표현하기 어렵거든요. 그래서 MD는 정말 재미있는 직업이라고 생각합니다.

이를 위해 MD에게 필요한 자질의 기본은 커뮤니케이션이라고 생각합니다. 다음이 분석력과 기획력입니다. 흔히 MD라고 하면 말만 잘하면 되고 협의만 잘하면 된다고 생각하는 경우가 많은데 제가 해보니 결국 데이터거든요. 어떤 일이나 특정한 시즌에 대한 연관관계를 알지 못하면 왜 결품이 생기는지 알 수가 없고 또, 알 수가 없으니까 예측도 할 수 없으니 흐름을 알고 있어야 하는 것이죠. 이런 것을 위해서는 데이터를 관리하고 분석하는 능력이 제일 중요하다고 생각합니다. 그럴 수 있으려면 계속해서 데이터를 돌려보고 파악을 해야 하는데, 당장의 일과 당장의 매출에만 신경쓰다보면 멀리 보지 못하니까 큰 그림을 그릴 수가 없는 거죠. 잘하는 MD와 못하는 MD를 나눠보라고 하면 제일 먼저 구분되는 것이 분석력인 것 같습니다. 일단 현재 있는 것을 제대로 분석을 해 놓고 나서 해야 하는 것을 모두 해 놓은 다음, '이런 것도 더 추가해 볼까', '이런 것을 더 해보면 어떨까'하는 기획력까지 더할 수 있으면 최상이 되는 것 같습니다. 분석력까지가 80%, 나머지 20%가 기획력인 것 같습니다.

3. MD가 되고자 본인이 준비한 과정은 무엇이 있습니까?

저는 무역공부를 했습니다. 학부 때에 트렌드에 대한 지식, 책을 좀 의도적으로 많이 봤던 것, 특히 마케팅이나 시장흐름에 관한 책을 많이 읽었던 것이 좋은 영향을 미친 것 같습니다. 특히 대학교 1학년 때 교수님이 경제지를 읽으라고 하셔서 그때는 그게 싫고 귀찮았는데 지금 보니 아주 도움이 많이 되었습니다. 그래서 저는 지금도 상품을 뭘 해야 할지 모르겠다고 하는 후배들이 있으면 제일 먼저 시키는 일이 신문부터 보라고 하는 일입니다.

4. 의도하지 않았지만 결과적으로 어떤 활동이 취업에 유효했다고 생각하나요?

작년에 처음으로 제가 해외에서 상품을 수입하는 일이 있었습니다. 그때 어학을 준비했던 것이 큰 도움이 되었습니다. 전 사실 다른 사람들과 달리 입사를 위해서 어학을 공부한 경우는 아니었고 그냥 살면서 필요할 것 같아서 어학을 했었습니다. 요즘은 어차피 스펙이라든지 입사를 위해서는 영어를 해야 하니까 외국어 공부는 해두는 것이 좋을 것 같습니다. 국내 내수MD는 큰 필요가 없지만 자기를 위해서는 글로벌MD가 될 수 있는 역량을 준비해 놓은 것이 좋다고 생각하는데 그 기본이 외국어인 것 같습니다. 보통 친구들은 학교 때 열심히 외국어 스펙을 쌓아서 인사팀이나 재무팀으로 가면 영영 쓸 일이 없어요. 그런데 MD는 정말 그렇지 않습니다. 그리고 '회사 다니면서 공부를 한다'는 것이 쉽지 않고 실제로 두 가지를 병행하는 것은 너무 힘들어요. 그러니까 대학교 다니면서 자유롭게 할 수 있을 때, 외국어는 꼭 해 두는 것이 좋은 것 같습니다.

5. 예비 MD에게 당부하고 싶은 말이 있다면 무엇인가요?

제가 제일 후회하는 것이 동아리나 다른 활동을 좀 게을리 해서 선배들에게 많은 도움을 받지 못했다는 것입니다. 만약 그런 모임을 통해서 먼저 MD를 하고 있는 선배들을 만나 풍부한 대화를 나누고 유통에 대해서 막연한 것이 아닌 좀 더 정확한 실체를 이해하고 들어왔다면 더 좋았을 것 같습니다. 그런 과정을 통해서 MD에 대한 막연한 환상이 아닌 정말 이 일이 자기와 잘 맞는지, 정말 좋아할 만한 일인지, 자기가 견딜 수 있는 일인지를 봐야지 무턱대고 "난 유통이 트렌드야, 멋있는 것 같아."라는 마음으로 입사를 하면 제 주변 친구들만 해도 1년을 못 채우고 나오는 애들이 너무 많습니다. 실제로 MD로서 일을 해보면 물류부터 배송, 포장, 심지어는 판매까지 모든 일을 해야 하기 때문에 유통이 진짜 어렵고 손이 많이 가는 일입니다. 저도 기대를 많이 하고 들어왔는데 막상 들어와 보니, 모든 것이 물류와 엮이니까 신경 쓸 일도 많고 또 몸으로 해야 하는 일도 생각보다 많습니다.

또, 유통에 있으니까 '갑'인 줄 알고 들어오지만 실제로 '갑'이 아닌 경우도 너무 많고 특히 절품이나 품절이 난 경우에는 협력업체에 사정을 해서 겨우 채워 넣는 일도 많기 때문에 악수하고 멋있게 사인하고 이런 일로 MD업무를 생각하고 왔다가는 큰 실망만 한다는 것입니다. 유통이 정말 어렵습니다. 저는 대학교 때 유통에 관심이 있었는데도 이렇게까지는 알지 못했었거든요. 실전과 실제를 알 수 있는 기회들을 많이 경험하는 것이 좋을 것 같습니다.

2) 소셜커머스MD

성명 : 민경우
전공과 경력 : 건국대학교 경영학과
연수 : 입사 3년, MD경력 3년
회사명 : (주)티켓몬스터
담당카테고리 : 육아

1. 'MD'라는 직업을 선택하신 이유와 계기는 무엇입니까?

저는 SNS MD를 꿈꾸었거나 준비를 했었던 경우는 아닙니다. 대학교 때는 막연하게 유통에는 관심이 있었지만 온라인보다는 오프라인에 관심이 더 많았던 것 같습니다. 그런데 제게 두 달간 티몬에서 인턴을 할 수 있는 기회가 생긴 거죠. 일하면서 보니 티몬이라는 회사가 대표님부터 젊고 새로운 비즈니스 영역으로, 다양한 상품을 취급하는 곳으로 보였기 때문에 그런 회사의 분위기와 더불어, 그런 분들과 함께 일하는 것이 좋겠다는 생각이 들어서 지원을 하게 되었습니다. 저는 2개월간의 지역영업 인턴으로 처음 시작했었습니다. 힘은 들었지만 지역의 음식점을 다니면서 회사소개를 하고 새로운 비즈니스를 설명하는 것 자체가 제겐 큰 경험이 되었습니다. 2개월 후 새로운 팀으로 이동할 수 있는 기회가 생겼는데 그때 작게 생겼던 팀이 티몬스토어였습니다. 주로 배송상품을 취급하는 팀이었고 당시에는 회사에서 비중도 크지 않은 팀이었지만 MD를 잘 모르는 상태에서, 다양한 상품과 무엇보다 MD에 대해서 배울 수 있을 것 같다는 생각으로 선택을 했었습니다. 그리고 MD업무를 시작했는데 정말 일하면서 너무 많은 것을 배웠고 시간이 지나면서 MD라는 일에 대해 더욱 만족하게 되었습니다.

2. 본인이 생각하는 MD는 어떤 직업이며, 그에 따라 필요한 자질이나 성격, 지식은 어떤 것이 있을까요?

비유적으로 이런 생각을 한 적이 있었습니다. 'MD는 영화감독이다.' 마치 영화감독이 좋은 배우와 시나리오를 가지고 다양한 장르 중에 어떤 장르의 영화를 만들어 언제 개봉을 할 것인지를 고민하는 것처럼, MD도 마치 영화감독과 같이 영화 속의 배우와 같은 상품을 소싱해서, 그 상품을 어떻게 더 효과적으로 런칭해야 하는지를 고민하는 사람이라고 생각합니다. 특히 저희는 오직 인터넷에 스크롤로만 보이는 공간에서 상품을 구매할 수 있도록 해야 하기 때문에, 이 공간에서 어떻게 하면 상품을 고객들에게 더 쉽고 편하게 쇼핑을 할 수 있을지를 생각하고, 영화의 시나리오를 짜듯 어떻게 구성을 하여, 어느 시기를 고려해서 보여주느냐에 따라 흥행이 달라지기 때문입니다. 관객과 같은 고객이 많이 들어오게 하기 위해서 시즌성이나 시대배경을 고려해야 하는 것도 모두 이 때문이라고 할 수 있습니다. 영화에도 흥행영화가 있고 독립영화가 있는 것처럼 대박나는 상품이 있는가 하면, 이 일에도 역시 판매는 많지 않아도 의미 있는 딜을 하는 경우도 있고 해서, 하면 할수록 MD는 영화감독 같다는 생각을 많이 하게 됩니다.

그래서 그런지 MD를 하기에 좋은 성격은 저도 부족하다고 많이 느끼는 부분이지만, 꼼꼼함과 다양한 업체를 관리해야 하는 직무특성상 결단력도 필요한 것 같습니다. 상품을 선정하고 가격을 결정하고 시기를 조율하는 과정에서 협력업체와 저희가 상담을 하다보면, 서로에 대한 의견이 잘 맞지 않아서 딜의 전체적인 방향을 잃는 경우가 있습니다. 사실 이럴 때 꼭 필요한 것이 우리의 데이터와 소셜커머스의 고객에 대한 이해를 하고 있는 MD의 결단력입니다. 그래야 협력업체에게 믿음도 줄 수 있고 소셜커머스에 맞는 방향으로 끌고 올 수 있기 때문입니다.

MD를 위해 필요한 지식으로는 카테고리에 떠나서는 이슈가 되는 현상과 타 채널에 대한 광범위한 지식과, 소비자들이 그때그때 찾는 상품에 대한 인식과 트렌드에 대한 인식이라고 생각합니다. 각 카테고리별로도 고객의 필요에 따라 예측되는 라이프 스타일에 대한 이해도 꼭 필요한 것 같습니다.

3. MD가 되고자 본인이 준비한 과정은 무엇이 있습니까?

저는 유통관리사 자격증 공부를 했었습니다. 하지만 이것 말고는 크게 준비를 한 것은 없고 마케팅이나 유통관련된 수업을 비교적 집중해서 들었고, 수업시간에 팀 프로젝트가 나올 때마다 잘 모르기는 했지만 일단 유통업에 관심이 많았기 때문에 열심히 했던 것 같습니다. 모르는 것은 교수님도 찾아가서 여쭙기도 했고 광범위한 동아리나 과외활동을 하지는 않았지만 수업시간에 집중해서 공부를 했던 것 같습니다. 별도로 학원을 다닌다거나 공모전에 집중을 한다거나 하지는 않았습니다.

4. 의도하지 않았지만 결과적으로 어떤 활동이 취업에 유효했다고 생각하나요?

수업시간에 배운 '유통전략론 수업'이 생각납니다. 수업 시간에 각각 어떤 제품을 정해서 어떤 유통에 어떤 콘셉트로 어떻게 런칭을 할지를 고민해서 발표하는 과제였는데, 그때는 아무 것도 정해지지 않은 상태라 어떻게 해야 할지 몰라서 고민만 많이 했었습니다. 그런데 입사를 해서 돌이켜보면 그때 과제를 제출하기 위해 했던 고민이 지금 제가 하는 일과 자연스럽게 연결이 되는 것 같습니다.

5. 예비 MD에게 당부하고 싶은 말이 있다면 무엇인가요?

본인이 희망하는 업태나 업종을 빨리 정해서 거기에 대한 집중적인 공부를 했으면 하는 생각이 듭니다. 각각 유통마다 특성이 있고 고객들이 그것을 방문하는 이유들이 있기 때문에 채널의 특성을 이해하는 것은 매우 중요해 보입니다. 본인이 어떤 쪽에 정말 관심과 성향에 맞는지 필요에 따라 이용도 해보고 방문도 해보는 것이 중요한 것 같습니다. 업태뿐 아니라 업종도 매우 중요하고 카테고리도 중요하니까 카테고리별로 상품에 대한 공부나, 취급되는 상품의 종류, 각각의 카테고리가 가지는 특징을 살피는 것도 중요합니다. 살필 때는 하나하나 꼼꼼하게 살펴야 하는 것이 중요하고 학생이라면 경영학에 관련된 수업을 듣는 것도 도움이 많이 됩니다. 제 경우도 수업을 들으면서 기업 입장에서 생각을 해 봤던 것이 협력사들을 대할 때 그분들의 입장에서 생각할 수 있는 계기가 되었고, 이를 통해 마인드의 변화도 온 것 같습니다. 이 일을 해보니까 관계를 맺고 유지한다는 것이 아주 중요하다는 것을 깊이 느낍니다.

마케팅에 관련된 수업도 집중해서 들을 필요가 있습니다. 상품기획자가 되고 싶다고 해서 상품 공부만 해서는 안 되고, 시간이 지날수록 마케팅에 대한 공부도 필요한 것이 아닌가 하는 생각이 듭니다.

3) 스페셜샵MD

성명 : 오영섭
전공과 경력 : 명지대학교 경영학과
연수 : 입사 5년, MD경력 4년
회사명 : (주)초록마을
담당카테고리 : 화장품, 잡화, 세제

1. 'MD'라는 직업을 선택하신 이유와 계기는 무엇입니까?

저는 사실 MD라는 직업은 몰랐고 유통에 대해서만 관심이 있었습니다. 제가 99학번인데 아시겠지만 98년 IMF가 터지면서 경황이 없었던 사이에 온라인 분야의 유통이 대단한 강세를 보였었습니다. 특히 홈쇼핑, 옥션, G마켓 등 쇼핑몰들이 큰 유행을 일으키면서 개인적으로 도대체 이런 물건들이 주문을 하면 어떤 경로를 거쳐서 배송이 되는 것인지 궁금하기도 하고 혼자서 물류창고의 크기도 상상해 보면서, 온라인 유통에서 일을 하고 싶다는 생각을 가지게 되었습니다. 그러던 중에 온라인 유통분야에 생각보다 다양한 직업이 있다는 것과 그 중에 MD라는 직업이 있다는 것을 알게 되었습니다. 전 상품이 오고가고 주문이 일어나고 배송이 되는 일련의 프로세스가 아주 재미있게 보였었는데 그 비즈니스에 가장 연관되어 있는 사람이 MD라는 것을 알고 온라인쪽 MD가 먼저 되려고 했었습니다. 현재는 초록마을에서 오프라인MD를 하고 있지만 커리어의 처음이 온라인MD였고, 지금도 온라인에 대해서는 관심이 많습니다.

2. 본인이 생각하는 MD는 어떤 직업이며, 그에 따라 필요한 자질이나 성격, 지식은 어떤 것이 있을까요?

저희들끼리는 '유통의 꽃'이니 이런 말을 들을 때마다 뭘 모르고 저런 소리한다고 말하는데요, 제 생각에는 누가 우리제품을 사는지를 정확하게 알아야 하는 냉정한 관찰자여야 하는 것 같습니다. 고객이 돈을 내고 산다는 것은 필요를 느꼈고 그 필요가 충족되었다는 것인데, 왜 그분들이 결제를 했고 무엇을 더 필요로 하는지를 찾아서 그 상품을 고르거나 찾아내고, 만들기도 해야 하는 사람이 MD인 것 같습니다. 어떻게 보면 고객의 입장이기도 하고 협력사의 입장이면서, 그리고 필요할 때마나 여기에도 조언을 해주고 저기에도 역할을 해서, 마치 박쥐처럼 오고가면서 조정을 해야 하는 직업인 것 같습니다.

이를 위해서 필요한 지식은 경영학과는 좀 다르겠지만 업종에 따라서 경영학과 출신이 아닌 공학이나 인문계, 자연계가 많은 업종에서는 기본적인 경영학관련 지식이나 마케팅에 관련한 지식들을 알 필요가 있습니다니다. 깊은 수준은 아니더라도 요즘이 마케팅의 시대니까 이런 부분은 알고 있는 것이 좋겠습니다. 평소에 가볍게 신문이나 경제지를 통해서 필요한 정보를 수시로 축적해 놓는 것이 좋겠다는 생각이 듭니다. 학점도 좋지만 MD는 일단 사회가 어떻게 돌아가고 있는지 경제에 대한 최소한의 지식 등이 시대에 맞게 정리되어 있어야 한다고 생각합니다.

성격은 아무래도 많은 사람을 만나는 직업이다 보니 사교성이 제일 필요해 보이고 요즘은 프리젠테이션 능력도 성격만큼 큰 역할을 하는 것 같습니다. 성격은 사실 크게 모나지만 않으면 되고 본인의 생각을 표현할 수 있고 진정성만 전달할 수 있으면 큰 문제는 없는 것 같습니다. 요즘에는 외국어에 대한 필요성이 회사에서도 정말 중요하게 부각되고 있기 때문에, 외국어에 대한 이해와 지식을 쌓아야 하는 것은 지금 시대 MD들에게 필요한 지식이라고 할 수 있습니다.

3. MD가 되고자 본인이 준비한 과정은 무엇이 있습니까?

유통관리사 자격증 공부를 했었습니다. 그리고 특별히 MD가 되기 위해서는 아니지만 회사원이 되기 위해서 MOS나 컴퓨터 활용에 관련된 자격증 공부는 했었습니다. 그리고 저는 코엑스나 킨텍스에서 하는 박람회를 일부러 찾아가서 잘은 모르지만, 거기서 보고 듣고 모르면 물어보고 했었던 것이 유통과 업체를 이해하는데 아주 큰 도움이 되었습니다. 일단 전시회에 나온 업체는 회사를 알리러 나온 업체이기 때문에 보통 사무실에서 전화가 와서 대답을 해 줄 때와는 기본적인 마음 자세가 다르거든요. 생각보다 너무 친절하게 알려주시는 곳이 바로 박람회인 것 같습니다. 특히 정보나 자료를 요청하면 농축된 자료를 주려고 하는 곳이기 때문에 박람회 참석은 제가 의욕적으로 다녔던 과정이었습니다.

그리고 저는 MD학원도 수료했습니다. 사실 내용은 제가 배운 경영학과 수업이랑 별 차이가 없어서 특별하지는 않았지만 선후배를 알게 되고 미리 어떤 것을 경험해 볼 수 있었다는 측면에서 나름 의미가 있었던 준비였다고 생각합니다. 또 남들에게 제가 MD가 되고 싶어한다는 의지를 좀 보여줄 필요가 있었는데 박람회 다녀온 것은 어떻게 표시가 나는 것도 아니고, MD학원 수료는 그래도 이력서에 한 줄을 쓸 수 있으니까 저의 MD에 대한 관심을 표현하는 차원에서 학원을 등록하게 되었습니다.

4. 의도하지 않았지만 결과적으로 어떤 활동이 취업에 유효했다고 생각하나요?

과거에 아르바이트로 물류작업을 하면서 SCM항목이나 각종 메뉴항목들을 봤던 것이 지금 MD를 함에 있어 많은 도움이 되었습니다. 그당시에 가끔 MD미팅을 할 때 담당하시는 분을 따라 가방을 들어주면서 함께 가기도 했었는데, 그때 협력업체로서 제가 느꼈던 부담이 지금 현재 제가 MD를 하면서 협력업체를 이해하는데 얼마나 큰 도움을 주는지 모릅니다. 그때 저는 담당도 아닌데 혹시 MD가 우리 상품을 어떻게 할까 혹시나 해코지는 하지 않을까 걱정했었거든요. 제가 MD를 해보니 지금도 그렇게 생각하는 협력업체들이 많으시더라고요. 전 전혀 그렇지 않거든요. 뭐 얼마나 대단한 일을 한다고요. 전혀 그렇지 않습니다. 언제, 어디서 어떤 모습으로 만날지 모르는데 실제로 보면 협력업체 사장님들이 대단한 분들이지, 저희는 그냥 잘 하실 수 있도록 함께 잘 되는 방법을 찾는 사람들인 거죠. 그때 겪었던 경험이 지금의 제 위치와 상황을 이해하는데 큰 도움을 주었습니다. 전방위적인 다양한 경험과 고민, 사고하는 습관, 연관된 활동을 꾸준히 했던 것도 큰 도움이 된 것 같습니다.

5. 예비 MD에게 당부하고 싶은 말이 있다면 무엇인가요?

　준비해야 할 것들은 특별히 몰아서 하지 말고 필요한 것들을 정해서 조금씩 조금씩 꾸준히 하는 것이 중요한 것 같습니다. 하지만 꼭 끝내 놓고 와야 하는 것이 있는데, 바로 외국어입니다. 영어만큼은 한번 정리를 하고 어느 정도 수준까지는 꼭 달성해 놓고 입사를 했으면 좋겠다는 생각입니다. 사실 회사 와서 공부를 한다고 해도 학생만큼 전력을 투자할 수 있는 기회가 있는 것은 아니거든요. 몰입해서 할 수 있는 학생 때의 시기를 잘 이용해서 외국어만큼은 꼭 끝내고 입사하면 좋겠습니다. 가능하면 사회 다방면에서의 경험을 쌓는 것이 좋은데 그것이 여행이든, 관람이든 이런 것들을 통해 사회전반적인 교양이나 상식은 담고 오는 것이 좋겠습니다. 아울러서 자기가 정말 뭘 좋아하는지 자기에 대한 관찰도 좀 해보는 것이 좋을 것 같습니다. 자기성찰이라고 할까요? 너무 급하게 마음먹지 말고 취업에 대한 스트레스가 닥치기 전에 시간을 좀 가지면서, 자기를 돌아보고 자기의 내면을 바라보면서 자기를 이해할 수 있는 기회를 마련하는 것이, 좀 더 쉽게 직장생활을 할 수 있는 지혜라고 생각합니다.

4) 프랜차이즈MD

성명 : 고민기
전공과 경력 : 경희대학교 조리서비스 경영학과
연수 : 입사 5년, MD경력 3년
회사명 : (주)BGF리테일
담당카테고리 : 즉석조리

1. 'MD'라는 직업을 선택하신 이유와 계기는 무엇입니까?

저는 처음 대학에 진학할 때에는 전문요리사가 되고 싶었습니다. 그래서 양식에 대한 요리사 자격증도 일찍부터 따고 열심히 준비를 했었는데, 대학이라는 곳이 필연적으로 여러 과목을 들어야 하는 과정이 있다보니 수업 중에 우연히 경영과목을 들을 일이 있었습니다. 경영에 대한 기본적인 공부였는데 수업을 들으면서 '내가 왜 꼭 요리사가 되려고 할까? 좀 더 큰 영역의 산업이 있지 않을까? 내가 좀 더 나의 성향을 발전시켜서 다양한 일을 해 볼 수 있지 않을까?'라는 생각으로 공부를 하던 중에 대학교 2학년 때 MD라는 직군에 대해서 알게 되었습니다. 이후로 관련된 과목들을 일부러 찾아서 들었던 것 같습니다. 그러던 중 조리와 경영을 함께 공부하면 외식업이든, 외식경영이든 뭔지는 잘 모르겠지만 더 좋은 것이 있을 것이라는 생각을 하게 되었고, 두 가지를 함께 공부하다 보니 MD를 할 수 있게 된 것 같습니다.

2. 본인이 생각하는 MD는 어떤 직업이며, 그에 따라 필요한 자질이나 성격, 지식은 어떤 것이 있을까요?

MD는 '아토즈(ATOZ)'인 것 같습니다. 흔히 말씀하시는 것이 시대를 잘 파악하고 시장조사를 철저히 하는, 마치 머리만 쓰는 일처럼 아시지만 결론적으로, MD가 하나의 상품을 선정해서 시장에 런칭하기까지는 실제로 엄청난 거래의 과정들이 발생하기 때문에 단순하게 한 분야만 잘해서 되는 일이 아닙니다. 기획부터 런칭, 사후관리까지 모든 부분을 자신이 주도적으로 결정하고 관여해야 합니다. 그래서 정말 A부터 Z까지 직무상 많고 다양하여 자잘한 일까지 해야 하기 때문에 '아토즈'라고 생각합니다.

처음에 저는 MD에게 필요한 성격이 치밀함과 분석력이라고 생각했습니다. 하지만 지금은 외향적인 성격이 더 중요하다는 생각이 듭니다. 제가 속한 편의점업태가 본사주도형으로 일방적인 정책이 결정되는 것이 아니라 가맹점주와 영업담당들과의 관계와 이해, 소통이 매우 필요한 업종이기 때문입니다. 제가 상품을 기획하고 구상을 하기는 하지만 점주분들을 상대로는 오히려 제가 영업을 해야 하는 경우가 많기 때문에, 오히려 지금은 외향적인 성격이 더 필요하다는 생각이 듭니다.

MD를 위해 필요한 지식은 처음엔 숫자 잘 보고 시장조사 잘하는 것 등 시장 전반에 대한 지식정도라고 생각했는데, 이 부분은 실제로 일을 해보니 어느 정도는 자연스럽게 알게 되는 지식인 것 같습니다. 그래서 오히려 지식보다는 이 일이 내 것이라는 책임감과 마음가짐이 더 필요한 것이라고 생각이 듭니다.

3. MD가 되고자 본인이 준비한 과정은 무엇이 있습니까?

학창시절에는 흔히 회사에서 MD로서 요구되는 역량에 대한 것을 먼저 파악해서 저는 경영과 유통, 소비자 관련 학문, 통계학 등의 강의를 들으며 사회과학과 관련된 지식을 쌓는 일을 준비했습니다. 유통에 관심 있는 친구들이 많이 있으니까 이들과 함께 스터디도 많이 하였고 카페활동도 비교적 활발하게 했습니다. 하지만 그 외에는 다른 스펙을 쌓기 위해 다양한 활동을 했거나 하지는 않았습니다.

4. 의도하지 않았지만 결과적으로 어떤 활동이 취업에 유효했다고 생각하나요?

실제로 MD가 되어서 일을 하고 있는 제 주변이나 동료들을 보면 저처럼 2학년 때부터 유통에 관심을 가지고 있었던 분들보다는, 우연치 않게 들어와서 전공과 전혀 상관없이 MD를 하고 계신 분들이 있기 때문에, 그 분들에 비해서 저는 아주 의도해서 준비한 경우라고 할 수 있습니다. 저는 2학년 때부터 유통과 MD에 대한 관심이 생겼고 그걸 구체화하는 과정이었기 때문에 의도하지 않았던 것은 별로 없었습니다. 하고 싶은 일이었고 되고 싶었던 역할을 하고 있는데도 막상 해보니 쉽지가 않습니다.

5. 예비 MD에게 당부하고 싶은 말이 있다면 무엇인가요?

MD에게는 필요한 자질이 있다고 생각합니다. 그러니까 'MD를 하고 싶다'라고 마음을 정하기 이전에 'MD가 정확하게 어떤 직무이고 뭘 하는 일이다'라는 것을 알아보고 자기에게 MD라는 기질이 맞는지를 먼저 파악해야 할 것 같습니다. 개인적으로는 천성적인 부분도 있는 것 같은데요, 예를 들면 호기심이 많다든지 관찰능력이 있고 능동적이며 책임감이 있는 사람들이 트렌드에 맞는 상품을 찾고 적용을 해내는 것 같습니다. 피동적으로 누가 시켜서 상품을 기획하는 경우에는 아무래도 성공하는 경우가 적다고 할 수 있습니다. 그 후에 MD나 유통에 관련된 서적이나 정보를 듣는 것이 도움이 되는 것 같습니다.

5) 슈퍼스토어MD

성명 : 도영호
전공과 경력 : 영남대학교 경제학과
연수 : 입사 4년, MD경력 3년
회사명 : (주)롯데슈퍼
담당카테고리 : 신선부문 야채담당

1. 'MD'라는 직업을 선택하신 이유와 계기는 무엇입니까?

저는 제가 MD를 택한 경우라기보다는 MD로 선택된 경우라고 하는 것이 더 맞습니다. 그 이유는 저희 회사는 신입MD를 채용할 때 따로 채용하는 것이 아니라 우선 전 사원을 매장영업으로 채용한 후에, 일정한 기간 동안의 매장영업 활동을 통해 보여준 실적이나 성과, 성격 등을 다각적으로 평가해서 MD직무에 맞는다고 판단되는 사람을 회사가 MD로 발령을 내는 시스템이기 때문입니다. 저 같은 경우는 입사 후부터 MD로 발령이 나기까지 약 1년간 매장영업을 했는데 그때 열심히 했었고 윗분들이 판단하실 때도, 제가 나름대로 열심히 했던 부분들이 좋게 평가되었던 것 같습니다. 그래서 1년 정도 지난 시점에서 다른 사람보다 좀 빠르게 MD로 직무가 바뀌었습니다.

2. 본인이 생각하는 MD는 어떤 직업이며, 그에 따라 필요한 자질이나 성격, 지식은 어떤 것이 있을까요?

MD는 상품을 미친 듯이 물어오는 직업인 것 같습니다. 이를 위해 가장 중요한 것은 창의적인 사고를 가져야만 하는 것 같고, 아울러서 항상 새로운 것을 추구해야 하니 그만큼 많은 생각을 해야 하고, 다른 직업을 가진 사람들보다 훨씬 부지런해야 할 수 있는 직업이라고 생각합니다. 새로운 상품을 기획한다는 일이 생각만큼 쉬운 일이 아니거든요. 부지런히 생각하고 움직여야만 결과가 나올 수 있는데 가장 기본은 창의적인 사고를 하는 것인 것 같습니다.

MD에게 필요한 성격은 기본이 성실인 것 같습니다. 또한 창의성도 중요하고 그 다음은 이를 실현시킬 수 있는 추진력이 아닌가 생각됩니다. MD가 되기 위해서 필요한 지식은 특별히 없는 것 같은데 MD를 하면서 필요한 지식은 많습니다. MD를 실제로 하는데 필요한 지식은 회사에서 알려주는 것도 있지만 어차피 카테고리별로 특수한 상황이 있을 수밖에 없기 때문에, 다양한 경험에서부터 얻어지는 지식이 제일 중요한 것 같습니다.

3. MD가 되고자 본인이 준비한 과정은 무엇이 있습니까?

매장영업을 할 때 정말 판매를 잘했습니다. 정말 열심히 팔았고, 그러다 보니 자연스럽게 상품에 대한 애착도 많았던 것 같습니다. 시간이 지나면서 상품에 대한 지식도 많이 알게 되었고 이 상품이 왜 판매가 잘되는지 소비자들에게 어떤 소구점(Appeal Point)이 있는지를, 구매패턴이나 상품추천을 하면서 많이 배우게 되었습니다. 상품의 특징이나 어떤 상품이 어떻게 되었을 때 잘 팔리는지도 현장을 통해서 알게 되었기 때문에, 꼭 MD가 되어야겠다고 생각을 해서 한 것은 아니었습니다. 그 순간 영업 현장에서 최선을 다하고 판매를 잘하기 위해서 집중했었기 때문에 나온 지금의 결과물이 제게는, MD를 준비하는 매우 중요한 과정이 되었던 것 같습니다.

4. 의도하지 않았지만 결과적으로 어떤 활동이 취업에 유효했다고 생각하나요?

저는 대학 시절에 다양한 아르바이트 일을 많이 했습니다. 가장 기억에 남는 것은 롯데백화점에서 보안요원을 한 일이 있었는데, 실제 보안요원이 백화점에서 특별히 하는 일이 별로 없습니다.

그러니까 시간이 날 때마다 거기 걸려있는 상품과 브랜드를 보고 팔리는 제품과 진열되어 있는 제품을 보면서 '이런 상품이 있구나!, 저런 상품이 있구나!' 하면서 트렌드를 보게 되었습니다. 물론 그때는 주로 봤던 것이 의류 위주였고 현재는 제가 식품을 하고 있기 때문에 큰 상관이 없는 것 같지만, 트렌드는 공존하는 부분이 있고 특히 패션 트렌드는 모든 것에 기본이 되기 때문에 감각을 익히는데 많은 도움이 되었습니다. 호주에서 워킹홀리데이를 했었던 것을 비롯해서 많은 경험과 다양한 활동을 했던 것이 취업에 상당한 도움이 된 것 같고 거기서 일하던 방식이나 경험들이 많은 힘이 되었습니다.

5. 예비 MD에게 당부하고 싶은 말이 있다면 무엇인가요?

MD라는 일이 마치 호수에 있는 백조와 같습니다. 겉으로 보기에는 화려하지만 물속에서는 정신이 없는데 마치 MD가 그런 것 같습니다. 자기 희생도 많이 필요하고 점포와 협력업체들을 상대한다는 일이, 상품을 기획하는 일과는 또 다른 어려움이 있습니다. 게다가 모두 결국엔 사람을 상대하는 일이기 때문에 불쑥불쑥 튀어나오는 어려운 일들이 많은 편입니다.

우선은 힘든 일이라는 것에 대한 인식이 필요합니다. 어려운 일이기도 하고 굳은 각오와 다양한 경험이 기본이 되어야 하는 일이니까, 이 부분을 집중적으로 훈련한다고 생각해야 할 것 같습니다.

실제로 해보니 좋은 점도 있고 나쁜 점도 있습니다. 제일 중요한 것은 경험인데 아직 어리고 잘 모르니까 실수를 할 수 밖에 없잖아요. 결국 내공이 좀 쌓여야 일이 되는 것인데, 이 부분은 지금으로서는 할 수 없으니 제 생각에는 오히려 책상 공부보다, 하고자 하는 일에 대한 전문지식과 경험을 쌓는 것이 더 필요하다고 생각합니다.

6) 홈쇼핑MD

성명 : 이응철
전공과 경력 : 경희대학교 식품영양학과
연수 : 입사 6년, MD경력 6년
회사명 : (주)GS홈쇼핑
담당카테고리 : 건강식품

1. 'MD'라는 직업을 선택하신 이유와 계기는 무엇입니까?

저는 사실 MD라는 직업에 대해서 잘 알지를 못했었습니다. 그런데 4학년 1학기에 현재 직장인 GS홈쇼핑에서 MD를 포함한 신입사원을 공개모집한다는 소식을 듣고 처음으로 MD라는 직업에 대해서 알게 되었습니다. 그래서 그때 처음으로 MD라는 직업에 대해서 알아보기를 시작했습니다. 주변에서 들은 얘기로 MD라는 직업은 상품을 기획할 수 있고, 협력사를 통해 상품을 제안받기도 하고, 직접 상품을 개발할 수도 있고 무엇보다, 활발하게 활동할 수 있는 직업이라는 얘기를 들어서 관심이 갔었습니다. 이후에는 많지 않지만 MD와 관련된 책도 읽어 보았는데 공부를 하면서 MD라는 직업이 너무 매력적으로 느껴졌습니다. 협력사로부터 상품을 제안받아 그것을 선정한다는 것도 좋았고, 사람들이 잘 모르는 것에 대해서 내가 먼저 공부하고 찾아내서 고객들에게 뭔가를 알려줄 수 있다는 것이, 무엇보다 매력적이어서 'MD를 해야겠다'라는 생각을 하고 준비를 하게 되었습니다.

2. 본인이 생각하는 MD는 어떤 직업이며, 그에 따라 필요한 자질이나 성격, 지식은 어떤 것이 있을까요?

MD는 기획자인 것 같습니다. MD는 기획하고 조율하고 운영하는 일의 주체자로 모든 일을 다 해야 하는 것이 필요한데 저는 그렇게 모든 일을 할 수 있다는 것이 아주 매력적인 직업이라고 생각합니다. 일이 많아서 부담이 될 때도 있지만 모든 프로세스에 걸쳐 자신이 뭔가를 결정할 수 있다는 것이 아주 매력적인 것 같습니다. 물론 그만큼의 책임도 따릅니다. 하지만 본인이 기획한 것이 런칭이 되었을 때 느끼는 성취감은 다른 사람이 느낄 수 있는 것과는 다른 것이라고 생각합니다.

이 일을 위해 필요한 자질은 새로운 것을 기획해 보려는 의지와 기획력, 그리고 커뮤니케이션 능력이라고 생각합니다. 만들어진 상품을 보다 잘 판매하기 위해서는 협상이나 프로모션을 협력사와 계속 소통해야 하기 때문에, 이 부분에 대한 스킬이 떨어지면 결국 흐름 자체가 원활하지 않을 수도 있고, 협력사와의 유대관계가 좋지 않다면 아무래도 관련된 정보나 업계 동향 등에서 뒤쳐질 수밖에 없기 때문입니다.

MD를 함에 있어 필요한 지식은 정보에 대한 서치능력이 오히려 더 필요한 것 같습니다. 현재의 지식보다는 유통시장의 변화에 따라 그 변화를 추적해 낼 수 있는 능력이 단편적인 지식보다 더 필요한 것이라고 생각합니다. 계속적인 시장 변화는 물론 특정한 상품이 처해진 시장에 대한 이

해와 지금의 트렌드를 읽을 수 있는 능력이 오히려 더 많은 지식을 알게
하는 것 같습니다.

3. MD가 되고자 본인이 준비한 과정은 무엇이 있습니까?

학교공부는 열심히 했는데 MD가 되기 위해서 이렇다 말할 만한 특별
한 것은 하지 않은 것 같습니다. 다만, 전공이 식품영양학이다 보니 식품
MD가 되고 싶다는 생각은 빨리한 것 같습니다. 그래서 책으로 지식을 쌓
는 것과는 별도로 실제 운영되는 홈쇼핑 방송을 보면서, 나라면 어떤 것
을 판매할 수 있고 어떻게 하면 잘 판매할 수 있을지를 스스로 고민해 본
일이 많았습니다. 방송을 보며 '다른 무엇을 기획할 수 있을까?, 특정상
품의 쿠폰은 방송할 수 있을까?, 절기별로 어떤 상품을 판매하는 것이 좋
을까?' 하는 것들은 제게 실제 홈쇼핑에 대해서는 아무 것도 모르는 상태
였지만, 어쨌든 그 유통을 상대로 고민을 하고 생각을 해봤었기 때문에
많은 도움이 되었습니다.

4. 의도하지 않았지만 결과적으로 어떤 활동이 취업에 유효했다고
   생각하나요?

저는 여러 가지 외부활동을 했었습니다. 공모전이나 기업의 모니터링
요원, 서울시에서 하는 식품위생감시단 등의 활동을 비교적 다양하게 한
편입니다. 이런 활동을 하면서 다양하게 겪게 되는 사람들과 커뮤니케이
션을 하면서 커뮤니케이션 스킬들을 공부할 수 있었습니다. 그러면서 그
사람들의 입장에 대한 이해를 할 수 있었고 특히 식품위생단 활동을 하면
서, 공무원과 함께 일을 하는 동안 그들의 생각과 일이 처리되는 과정을
대략적이지만 알 수 있게 되었습니다. 그래서 실제로 그때의 경험은 제가

지금 식품MD를 하면서 식약청 사람들을 대할 때 그분들의 생각이나 의도를 알 수 있게 하는데 큰 도움을 주고 있습니다. 또 다양한 경험을 해봤더니 협력사나 업계에 관련된 다른 분들을 만날 때도 이야기의 소재나 커뮤니케이션 소재들도 자연스럽게 나오는 것 같습니다. 특별히 의도하지는 않았지만 대학생의 신분으로 했었던 다양한 활동들이 많은 도움을 주는 것 같습니다.

5. 예비 MD에게 당부하고 싶은 말이 있다면 무엇인가요?

저는 MD가 아주 매력적인 직업이라고 생각합니다. 물론 영업직이기 때문에 매출에 대한 압박이나 스트레스는 무척 강하지만, 본인이 기획했을 때 느낄 수 있는 성취감은 정말 크기 때문에 진취적인 성격을 가질 필요가 있고, 그런 성격을 가지신 분들이 훨씬 좋은 성과를 내는 것 같습니다. 그러니까 내성적이고 수동적인 성격이라면 차라리 하지 않는 것이 더 나은 것 같습니다. 그래도 MD가 하고 싶다면 성격을 확 바꾼다고 생각해야 할 것 같습니다.

MD가 됨에 있어 성격은 꼭 그렇지는 않겠지만 어느 정도 맞을 필요가 있다고 생각합니다. 내성적인 성격보다는 외향적이면서 호탕하고 실적 스트레스가 있어도 좀 유연하게 넘길 수 있는 성격이 좀 더 유리한 것 같습니다. 유통시장이 의외로 별로 크지 않아서 만약 MD로 일을 하게 되어도 성격에 잘 맞지 않으면 금방 업계에서도 좋지 않은 평가를 받을 수 있기 때문에, 성격과 기질이 우선은 잘 맞는지 보고 결정하는 것이 좋겠습니다. 만약 맞지 않는다면 MD에 맞도록 본인이 노력을 해야 할 것 같습니다. 성격이 맞지 않으면 MD를 하다가도 직무 전환을 하는 분들이 의외로 많습니다.

7) 인터넷 쇼핑몰 MD

성명 : 김동준

전공과 경력 : 중앙대학교 공공인재학부 행정학과

연수 : 입사 3년, MD경력 3년

회사명 : (주)ISE커머스(www.wizwid.com)

담당카테고리 : 명품, 잡화

1. 'MD'라는 직업을 선택하신 이유와 계기는 무엇입니까?

저는 의류학을 부전공으로 했습니다. 그리고 그것을 공부하면서 디자이너와 MD라는 두 종류의 직업을 알게 되었는데 제 적성에는 왠지 MD가 맞는다고 생각되어서 MD를 선택하게 되었습니다. MD를 선택함에 있어 가장 결정적인 이유가 되었던 것은, 제가 상품기획을 하면 처음부터 모든 것을 할 수 있다는 것이, 가장 큰 장점이라고 생각했기 때문입니다.

제가 처음 MD라는 용어를 들은 것은 대학교 3학년, 패션마케팅이라는 수업이었습니다. 수업 중에 교수님이 패션마케팅을 실행하는 과정에 있어서 월별로 디자이너와 MD가 하는 일들을 설명해 주시는 것을 듣다 보니까 '이런 일을 실제로 하는 사람들은 누구일까?' 하는 생각을 가지게 되었고, 그때부터 좀 더 자세히 MD가 하는 일들에 대해서 찾아보게 되었던 것 같습니다. 하지만 그때는 지금처럼 이렇게 다양하고 많은 MD가 있는 줄은 몰랐고 기획MD만 있는 줄 알았던 것 같습니다.

개인적으로 저는 팀원으로 있는 것보다 주도적으로 일을 이끌어 가고 싶은 성향이 좀 강한 편이어서, 일이 많다는 것이 다른 사람에게는 부담스럽고 겁나는 것이었을지 모르겠는데 오히려 제게 더 어울리는 일이라고 생각했기 때문에, MD를 선택할 수 있었던 계기가 되었습니다.

2. 본인이 생각하는 MD는 어떤 직업이며, 그에 따라 필요한 자질이나 성격, 지식은 어떤 것이 있을까요?

MD란 겉으로 보기에는 화려하고 멋있는 직업이라고 생각되지만, 실제적으로는 해야 할 일도 많고 책임감도 강해야 하고, 자기가 맡은 일에 대해서는 누구보다 솔선수범을 해야 하는 사람이 MD인 것 같습니다. MD는 한마디로 '매출이 인격인 사람'이라고 정의할 수 있을 것 같고, '뭐든지 다하는 사람'인 것 같습니다.

이 일을 위해 필요한 자질은 아마도 제일 중요한 것이 수치능력인 것 같습니다. 제가 생각할 때 일정한 카테고리에서의 업무를 수행하기 위해 알아야 하는 업무적인 소양은 업무를 통해서나 혹은 충분히 자료나 직·간접적인 경험을 통해 배울 수 있지만, 수치에 대한 감각은 배울 수 있는 것이 아니고 이건 타고 나야 하는 것 같습니다. 예를 들어, 전체 매출을 100으로 볼 경우 매출의 80%를 만드는 것은 작년, 혹은 이전의 데이터로 인해 비롯될 수 있다고 생각합니다. 나머지 20%가 새로운 시도나 감각에 의해서 만들어 지는 것인데 결국 전공을 했다는 것은 이 20%를 가지고 있다는 것이기 때문에, 나머지 80%에 대해서는 데이터분석을 통해서 얻어지는 것입니다. 비중으로 보면 데이터를 보고 수치를 읽어내는 능력과 재능이 반드시 필요한 것 같습니다.

그렇기 때문에 이런 일들을 좀 수월하게 하려면 통계학과 같은 종류의 지식이 있어야 한다고 생각합니다. 특히 계량통계학이나 SPAA에 대한 이해를 하고 있는 것, 미니탭 등을 거부감 없이 받아들일 수 있는 지식을 가지고 있다면, 아주 좋은 준비가 될 것 같습니다.

요즘은 회사에서 통계에 관한 프로그램을 돌려서 굳이 회기분석 같은 것을 MD가 직접 하지 않아도 되지만, 적어도 필드의 값이 의미하는 것이 무엇이고, 필드 값의 변화에 따라 어떤 것들이 변화되는지, 변화의 값에 대한 가치를 이해하는 것이 중요하다고 생각합니다. "일을 알아야 남을 부릴 수 있다."는 말처럼 통계도 어떻게 이루어지는 줄을 알아야 내가 그 값의 의미를 알 수 있고 또 응용도 할 수 있다고 생각합니다. 그래야 값을 부릴 수 있습니다.

3. MD가 되고자 본인이 준비한 과정은 무엇이 있습니까?

저는 마케팅조사분석사, 통계자격증 등과 같이 필요하다고 판단되는 자격증 공부도 집중해서 한 편이고, 특히 한국커리어개발원이라는 곳을 통해서 매출프로젝트 활용방안 등에 대한 공부도 병행해서, 현재 관련된 자격증만 9개를 가질 정도로 열심히 준비를 하였습니다.

제게 이런 계기가 된 것은 3학년 때 LG전자에 아르바이트를 하면서 회의에 참석한 일이 있었는데, 그 회의에 참석한 모든 사람들이 단 하나의 추상명사조차 사용하지 않고 오직 숫자와 명사로만 발표를 하면서, 커뮤니케이션을 하는 것을 보고 '숫자에 대한 이해를 확실하게 해야겠다.'라는 생각을 더 가지게 되었던 것 같습니다.

특히 여러 자격증을 위한 과정을 듣는 동안 게임이나 실험, 프로젝트를 통한 프리젠테이션을 통해서 실제로 현장에서 있을 법한 일을 경험하게 함으로써, 다양하게 실전에 응용을 할 수 있도록 해주었습니다.

4. 의도하지 않았지만 결과적으로 어떤 활동이 취업에 유효했다고 생각하나요?

옷을 구매할 때 단순히 가격말고 원단도 보고, 제조회사도 살펴보고, 각 매장에서 하는 프로모션이나 행사도 주의 깊게 보고, 비교해 보고 구매를 했던 것이 도움이 된 것 같습니다. 물론 가격이 중요하기는 하지만 자연스럽게 비슷한 제품이나 원단을 사용한 제품도 각각 유통에 따라서 다르게 판매하는 것을 보면서, 다양하게 파는 방식에 대해서 이해를 할 수 있었습니다. 남자들이 대부분 목적구매를 많이 하는 편인데 사실 저는 쇼핑을 즐겼고 티셔츠 하나를 살 때에도 두세 시간 둘러보고 사기 때문에 그런 활동들이 취업에 도움을 준 것 같습니다.

5. 예비 MD에게 당부하고 싶은 말이 있다면 무엇인가요?

MD가 되기 위해서 후배들에게 얘기해 준 기억이 있는 것이 바로 3,3,3,3에 평균 3이라는 것입니다. 이는 각자 가지고 있는 능력이 사람에 따라 분명히 2,3,3,4인데 많은 사람들이 이것을 억지로 평균 3에 맞추려고 한다는 것입니다. 제가 생각하기엔 각자 가진 장점을 충분히 살려서 나는 수치에 밝은 MD, 나는 기획에 밝은 MD, 나는 감각에 밝은 MD 등 자신이 가진 강점을 최대한 극대화하는 사람이 되었으면 좋겠습니다. 즉 너무 외국어나 학점, 어학연수 등의 '스펙'에 준해서 규격화되고 표준화된 사람보다는, 자신의 장점이 무엇인지를 찾아 그것을 최대한 특화시킴으로써 4, 3, 3, 3으로 만들 수 있다면, 더 높은 수준의 평균을 유지할 수 있기 때문에 오히려 그런 사람이 더 좋은 직무, 더 좋은 업무결과를 만들 수 있다고 생각합니다. 자신의 장점을 발견하고 그것을 더욱 강화시키는 일을 하라고 말해주고 싶습니다.

8) 도서MD

성명 : 김규영
전공과 경력 : 이화여자대학교 법학과
연수 : 입사 6년, MD경력 5년
회사명 : (주)예스24
담당카테고리 : 도서3팀(영서담당)

1. 'MD'라는 직업을 선택하신 이유와 계기는 무엇입니까?

저는 원래 MD가 되겠다고 생각해서 준비를 한 경우는 아닙니다. 저는 MD가 되기 전에 외국계 은행에서 약 1년간 근무를 했었습니다. 은행의 경우는 졸업을 하면서 그냥 별 생각 없이 지원을 했던 곳인데 첫 번째 지원에 합격을 하는 바람에 정말 운 좋게 입사를 해서 약 1년 정도 근무를 했었습니다. 그런데 시간이 좀 지나면서 제가 좀 힘들어 하는 것을 느꼈습니다. 우선은 직무가 적성에 잘 맞지 않은 것 같았고 업무의 특성이나 제 성격, 또 그 회사 안에서의 비전을 생각해 보니 개인적으로 한계가 느껴졌었습니다. 그러면서 앞으로 '내가 일을 하며 먹고 살 것이라면 이왕이면 내가 좋아하는 것에 관련된 일을 하자!'라고 생각하게 되었습니다. 그래서 생각해봤더니 어렸을 때부터 정말 책을 좋아했었더라고요. 책 읽는 것을 어찌나 좋아했는지 엄마가 책 그만보고 나가서 놀라고 하면 엄마 몰래 화장실에 가서 책을 읽을 정도였습니다. 물론 그때까지도 MD가 되어야겠다는 그런 구체적인 생각을 한 것은 아니었지만 책에 관련된 일이면 좋겠다고 생각을 했었습니다.

그래서 그때 책을 출판하는 회사에 입사를 할까 생각도 했었는데 이왕이면 좀 더 다양한 분야의 책을 다양한 시각으로 많이 봐야겠다는 생각을 하게 되었고, 무작정 '책에 관련된 일을 할 거야!'라고 생각하던 그때 우연히 보게 된 것이 지금의 직장인 YES24 신입MD 공채광고였습니다. 그래서 부끄러운 얘기지만 구체적으로 MD가 무슨 일을 어떻게 하는지도 모르는 채 입사지원을 했고, 운 좋게 합격하여 콘텐츠팀에서 업무를 배우고 MD업무를 시작하게 되었습니다.

입사를 해서도 저희 회사 같은 경우는 다른 회사와는 좀 다르게 MD라는 직군으로 신입사원을 바로 채용하는 경우가 없습니다. MD가 되려고 하는 모든 직원은 채용 즉시 1~2년간 콘텐츠팀에서 글쓰기와 글읽기에 대한 훈련을 받아야 하고, 신간서적에 대한 DB를 만들어 올린다든지, 책 소개를 작성한다든지, 보조자료를 작성한다든지 하는 등의 기획자로서 필요한 준비가 되면 그 후에 도서MD, 기프트MD, 온라인 쇼핑몰MD, e북,

마케팅 등으로 직무가 정해지는 시스템을 가지고 있습니다.

2. 본인이 생각하는 MD는 어떤 직업이며, 그에 따라 필요한 자질이 나 성격, 지식은 어떤 것이 있을까요?

고객들을 위해서 '가장 최상의 서비스를 제공하는 사람'이라고 할까 요? 우리가 제공하는 여러 가지 서비스 중에 우리의 고객들이 가장 필요 로 하는 최상의 서비스와 상품을, 독자들 대신 골라주고 합리적인 가격 으로 구매할 수 있도록 때로는 시장을 이끌어가고, 최상의 서비스가 제 공될 수 있게 필요에 따라 시장의 토대를 만들기도 하는 직업이라고 생 각합니다.

또 멀티플레이어의 능력이 필요하다고 생각됩니다. 순발력도 필요하고 자기만 잘 팔려고 하거나, 자기만 드러나겠다고 하는 자세로는 좋은 관계 를 만들어 나갈 수 없습니다. 그래서 올바른 소통과 협력사와의 유기적인 WIN-WIN 관계를 위해서는 진솔함도 필요하다고 생각합니다. 시장에 대 처하는 능력이나 많은 사람을 만나야 하는 일이다 보니, 사교성도 꼭 필 요한 자질인 것 같습니다.

MD를 잘하기 위해 필요한 지식은 도서MD의 경우에는, 출판업계에 대 한 현황과 분위기와 함께 자신이 취급하고자 하는 카테고리와 상품에 대 한 지식을 가지고 있고 이해를 하고 있어야 합니다. 물론 현업을 통해 알 게 되는 것이 더 많고 더 중요한 지식인 경우가 많지만, 출판업계 전반에 대한 지식과 특정 카테고리를 연관지어서 상품에 대한 지식을 가지는 것 은 매우 중요하다고 생각합니다. 저 같은 경우는 이런 지식을 신문이나 인터넷, 관심 있는 카테고리의 사이트 등을 통해서 쌓았는데 다양한 지식 을 섭렵을 위해서 종이신문을 구독했고 인터넷 신문으로는 더 전문적인 기사나 소식들을 모아서 봤던 것 같습니다. 조금 아쉬운 것은 MD가 뭘 준비해야 하는지를 알았다면 더 준비를 잘 했을 것 같은데 지나고 보니 아쉬움은 남습니다. 하지만 카테고리를 정하고 꾸준히 관련된 배경지식을 쌓는 것은 기본적으로 아주 중요하다고 생각합니다.

3. MD가 되고자 본인이 준비한 과정은 무엇이 있습니까?

특별한 것은 없었습니다. 하지만 저는 어려서부터 글 쓰는 것을 좋아했었기 때문에 콘텐츠팀에서 계속해서 글을 쓰는 훈련을 한 것이 유효했고 다른 경쟁사의 MD들은 어떻게 글을 쓰고 구성을 하는지 관심 있게 보았습니다. 그리고 책에 관련된 사이트뿐 아니라 많은 사람들이 좋아하는 재미있는 사이트도 방문해서 MD가 말한 카피나 'MD의 한마디' 같은 것들을 즐겼고 출판사 카피들도 많이 보았던 것이 도움이 되었습니다.

4. 의도하지 않았지만 결과적으로 어떤 활동이 취업에 유효했다고 생각하나요?

잡식성으로 책을 많이 읽었던 것이 주요했던 것 같습니다. 여러 종류의 책을 읽었던 것이 배경이 되어서 지금까지 경력이 긴 편이 아님에도 불구하고 가정, 건강, 비즈니스를 거쳐 지금 원서를 담당하고 있는 것도 경계 없이 할 수 있게 된 것 같습니다. 또 누구나 취업을 위해 준비하는 것이지만 열심히 했던 영어공부가 영서를 담당하게 되니까 도움이 되는 것 같습니다. 하지만 요즘은 영서를 하지 않더라도 아마존(미국의 인터넷 쇼핑몰)에서 외국의 유명한 작가가 쓴 책이 판매되는 것을 보면, '우리나라에는 언제 출간될까?'라는 기대도 하게 되고 미리 조사도 하게 됩니다. 그렇기 때문에 출판사에서 제안을 받기 전에, 책에 대한 정보를 알 수도 있게 됩니다.

그래서 영어든 혹은 다른 외국어든 하나쯤은 잘하는 것이 좋습니다.

5. 예비 MD에게 당부하고 싶은 말이 있다면 무엇인가요?

1등 정신이 필요합니다. 어떤 분야든 자기가 맡은 분야에서 최고가 되겠다는 욕심을 가졌으면 좋겠습니다. 물론 저도 약간의 포토샵 외에는 특별히 MD가 되기 위해서 특별한 과정을 배우거나 많은 공부를 하지 못했습니다. 하지만 내가 어떤 MD가 되고 싶다고 마음먹었고, 이왕에 하기로 했다면 거기에 따르는 필요한 공부와 준비는 하는 것이 좋다고 생각합니다. 그리고 준비한 사람들은 회사에서 인터뷰를 할 때도 자연스럽게 준비한 부분이 보이기 때문에 그냥 무조건 맹목적으로 하기 보다는, 명확하게 목표를 가지고 그 분야에서 만큼은 '내가 1등을 해야겠다, 내가 제일 좋은 서비스를 고객에게 제공해야겠다.'라는 의지를 가지고 준비를 한다면 좋은 결과가 있을 것 같습니다.

맺는말

유럽 왕가의 이야기를 담은 여러 기록물들을 집필한 작가 토마스 커스틴(Thomas Kirsten)은 19세기 벨기에 왕가의 흥망성쇠를 다룬 책을 쓴 일이 있습니다. 그 중 '3명의 에드워드(Three Edward)'라는 글이 있는데, 그 글은 레이놀드 에드워드(Reynolds Edward)라는 왕자를 주인공으로 삼고 있습니다.

벨기에의 국왕을 이어받을 첫째로 태어난 레이놀드는 너무 먹을 것을 좋아했던 나머지 '뚱뚱한 것보다 더 뚱뚱하다'는 뜻의 크라수스(Crassus)라는 별명을 가지고 있을 정도로 식탐이 많은 사람이었다고 합니다. 그러던 어느 날 뜻하지 않게 부왕이 갑작스런 서거를 당하자 그의 동생인 또 다른 에드워드가 쿠데타를 일으켜 정권을 차지하게 되었습니다. 보통 이런 경우 동생은 자신의 정권 유지에 부담스러운 존재인 형을 죽이는 것이 일반적이지만, 둘째 에드워드는 시민들을 안정시키기 위해 형을 절대로 스스로 죽이지 않겠다고 약속하며 쿠데타를 합리화합니다. 이때만 해도 레이놀드는 탐욕스러운 동생으로 인해 당연히 올라야 할 권좌에 오르지 못하는 것처럼 보였습니다.

권력을 독점한 동생은 '유커크'라는 성에 감옥을 만들고 형인 레이놀드를 그 안에 가두었습니다. 그는 유커크성의 모든 출입구를 막고 방에는 오직 밖으로 나올 수 있는 작은 창문 하나만을 만들었습니다. 그리고 그 안에 갇힌 형에게 이렇게 말했다고 합니다.

"형님은 언제든지 원하면 이 창문으로 나올 수 있습니다. 그리고 자유인이 되실 수 있습니다."

문제는 동생이 뚱뚱한 형을 위해 만든 창문은 아주 작아서 레이놀드가 살을 빼지 않고는 도저히 나올 수 없는 크기였다는 것입니다. 레이놀드는 몸무게를 줄여야만 그 창문 바깥으로 나가서 자유인이 될 수 있었던 것입니다.

그리고 형을 감옥에 가둔 채 왕이 된 동생 에드워드는 동요하는 신하들을 모아 자신의 집권을 정당화하기 위해 이렇게 말했다고 합니다.

"만약 형이 몸무게를 줄여서 저 창문을 통해 나온다면, 형은 대단한 의지를 가진 사람임에 틀림없다. 그는 자신을 관리하는데 성공한 사람이므로, 나는 기쁘게 형에게 왕의 자리를 양보할 것이다. 하지만 만약 그가 나오지 못한다면 그는 자기 몸무게 하나도 관리할 수 없는 사람임이 증명된 것인데 어떻게 나라를 맡아 다스리겠는가! 내 결정이 옳다고 생각하지 않는가?"

신하들은 동생 에드워드의 설득에 수긍을 했고 쿠테타는 그렇게 일단락 정리되었다고 합니다. 그러자 동생은 간수들에게 형을 철저하게 지킬 것을 명령하며 그날부터 매일 형에게 매 끼니마다 세상에 있는 모든 산해진미를 제공하기 시작했습니다. 술과 고기, 풍족하게 먹고 마실 것을 가득 주었고 정해진 끼니 외에도 형이 원하면 언제든지 기름기가 흐르는 맛좋은 간식을 풍족하게 먹을 수 있도록 배려했습니다. 어떻게 되었을까요? 레이놀드는 옥탑 유커트성을 빠져나올 수 있었을까요?

먹는 것을 너무 좋아했던 레이놀드는 항상 '오늘까지만 맛있게 먹고 내일부터 살을 빼자'라고 마음먹었다고 합니다. 결국 레이놀드는 성에 갇힌 지 10여년이 지난 후까지 성 밖으로 한걸음도 나오지 못했습니다. 그는 동생 에드워드가 전쟁터에서 전사하게 된 후에야 비로소 시민들에 의해 창문이 아닌 벽을 허물고 건져냄을 받아 자유의 몸이 되었습니다. 하지만 얼마 지나지 않아 계속된 비만으로 병들어 죽고 말았다고 합니다.

처음 이 얘기는 동생으로 인해 왕위를 찬탈당하고 억울하게 감옥살이를 한 불행한 역사의 인물과 간교한 동생의 계략이 만들어낸 비극처럼 보였습니다. 하지만 한 번 더 생각해 보니 이것은 자신이 당장 해야 하는 것을 알면서도 전혀 개선하지 않은 채 지금 하고 싶은 것만 즐기며 한평생 지금 말고 나중, 여기 말고 다음, 오늘 말고 내일로 결정을 미룸으로써 스스로를 병들게 한 탐욕이 만들어낸 한 사람의 비극에 대한 얘기였습니다.

강의를 하고 블로그를 통해 조언을 시작한 이래 제가 기억하는 것보다 더 많은 학생들이 스스로 '멘티(Mentee)'라고 생각하고 있고, 저를 '멘토(Mentor)'라 칭하며 자신의 처지에 대한 조언을 해달라는 하는 요청을 많이 받게 됩니다. 그러면 저는 개개인의 사정을 일일이 알지 못하고 때로는 얼굴도 모르는 후배들에게 동일한 톤의 억양과 색으로 아무도 잘 꺼내지 않는 바닥의 얘기를 해주곤 합니다. 그러면 어떤 이는 그것을 통해 자신의 삶과 방향에 적용할 방법을 찾아 즉시 수정하고 대입하는 모습을 보여줍니다. 하지만 더 많은 후배들은 남의 얘기로 흘리며 여전히 해야 하는 것은 하지 않은 채 'MD하고 싶다'는 말만을 합니다. 그리고는 남들과 똑같이 영화보고 클럽가고 인터넷을 떠돌며 근거 없이 달달한 정보에 세월을 맡기는 모습을 보여줍니다. 더 이상 먹지 말아야 하고 이젠 다이어트를 시작해야 하는데 이들은 모든 결정을 다음으로, 내일로, 내년으로, 휴학 후로 미루기 일쑤입니다.

『갈매기의 꿈』을 쓴 리처드 바크(Richard Bach, 1936~)는 "그 어떤 문젯거리도 우리에게 줄 선물을 함께 들고 오게 마련이다."라고 했습니다. 우리에게 일어나는 모든 일들을 선물로 볼지 저주로 볼지는 철저하게 자신의 선택이라고 생각합니다. 그리고 얼마든지 그 선택에 따라 그것을 문제로 받아 더 괴로워질 수도 있고, 혹은 선물로 받아 자신의 인생을 바꾸는 도구로 삼을 수도 있다고 믿습니다.

며칠 전 서울의 모 대학에 추가합격을 했다며 제게 합격의 소식을 알려
준 멘티가 있습니다. 이 친구는 고등학교 2학년 때부터 패션MD가 되기
위해 나름대로 많은 준비와 공부를 했던 친구였는데 목표했던 수시전형
입학에 모두 실패하고 많은 낙담을 했던 친구였습니다. 뜻밖의 실패로 인
해 심한 낙담을 했던 여학생에게 제가 한 말은 고생했다는 위로였고 열심
히 준비했으니, 결국엔 잘 될 것이라는 얘기였습니다. 그리고 얼마가 지
났을까요? 낙담했던 미래MD는 추가합격이라는 선물을 받게 되었고 제
게까지 그 기쁨을 나누어 주었습니다.

안녕하세요. 선생님!
저 기억나시나요? 대학 다 떨어져서 힘들어했던, 선생님이 나중에 서
울 오면 밥 사준다고 연락하라고 하셨던 고3 학생입니다.
얼마 전 기쁜 소식을 듣게 되었어요! 제가 대학 떨어져서 힘들어했던
것이 엊그제 같은데, ○○대학교 의상학과에 추가합격이 되서 입학하
게 되었어요. 정말 원하던 학교라서 무척이나 기쁘고 좋았습니다. 그
리고 이 소식을 선생님에게도 말씀드리고 싶어서 오늘, 이렇게 메일
을 보내게 되었어요.
정말 힘든 기간이었지만 제가 보낸 메일에 선생님이 '애썼다'라며 답
장해주신 글이 '아 그래도 이때까지 해왔던 것들이 헛된 것만은 아니
었다.'라는 생각이 들며 큰 위로가 되었고, 제 나름대로 학원도 다니
면서 정말 보람차게 지냈습니다. 정말 감사합니다.
곧 저는 학교 때문에 서울로 상경하게 될 것이고, 그때 말씀해주셨던

밥은 꼭 사주셔야 해요.

배움의 설렘도 크지만, 사회에 대한 두려움도 아직은 학생이기 때문에 좋은 말씀과 조언 많이 들으며 성장해나가고 싶습니다.

마지막으로 정말 감사합니다.

추운 겨울인데 감기조심하세요!

선생님을 존경하는 학생 ○○○배상

멋진 MD를 향해 한걸음씩 나아가는 후배MD들과 맛있는 밥을 먹을 일이 더 많아졌으면 좋겠습니다.